아차산 기슭에서 에베레스트 정상까지

장로회신학대학교 채플 설교

장영일 지음

머리말

할렐루야! 은혜롭고 감동적인 설교를 통하여 뭇 성도들에게 잊을 수 없는 깨달음과 기쁨과 행복을 끼치고 싶다는 것은 모든 복음 사역자들의 한결같은 소원이요 꿈일 것입니다. 더 나아가 자신이 강단에서 외쳤던 설교들을 정리하여 한 권의 책으로 엮어 뒤따라오는 후배들에게 물려주고 싶다는 것은 모든 은퇴 사역자들의 또 다른 간절한 염원일 것입니다.

열한 살이라는 꽤 이른 나이에 목사가 되기로 하나님께 서약한 후 지금까지, 부흥사 이성봉 목사님이나 빌리 그레이엄 목사님, 그리고 무디 선생과 스펄전 목사님 같은 훌륭한 설교자가 되고 싶다는 꿈을 한 번도 포기한 적이 없는 한 사람의 목사로서, 아직은 존경받는 설교자가 된 것도 아니고 일선에서 물러나야 할 나이도 아니라고 생각되지만, 부족하나마 이처럼 보기 좋은 설교집을 출간할 수 있도록 필자를 여기까지 인도해 주신 우리 하나님께 모든 감사와 찬양과 영광을 돌려 드리지 않을 수 없습니다.

믿으면 믿을수록 더욱 사랑하게 되고 눈물 어린 감사로 예배드리지 않을 수 없는 우리 하나님께서 이 부족한 종에게 이처럼 영광스런 선물을 남겨 주시기까지 배후에서 도와주신 여러분들의 은혜를 잊을 수 없습니다. 우선 지난 36년의 결혼 생활 가운데서 한결같은 사랑과 정성으로 이 부족한 종과 동행해 주었을 뿐만 아니라 쫓기는 시간 가운데서도 이 부족한 종의 설교들을 녹취하느라 밤을 새우며 수고한, 천사같이 아름다운 나의 아내 김순덕 사모에게 이 자리를 빌려 최고의 감사와 존경을 표하고 싶습니다.

지나친 과대망상인지 모르지만, 필자는 종종 사도 바울처럼 말은 부족하나(고후 11:6) 글은 힘이 있다는 평을 들어왔는데, 이번에 모아 둔 카세트테이프와 영상들을 통해서 그동안의 설교를 시청해 보니, 이와 같은 평가가 틀림없다는 생각이 들 정도로 필자의 말솜씨는 엉망이었습니다. 이처럼 듣기에 거북할 정도로 모세처럼 입이 둔한 필자의 설교 녹음과 영상들을 녹취하느라 금쪽같이 소중한 시간들을 기꺼이 할애해 준 여러 조교들, 10여 년 전의 양성희 조교와 김안성 조교, 최근의 김성은 조교와 서재덕 조교, 총장실의 김지은 비서와 정홍원 비서, 그리고 우리 가문의 자랑스러운 첫딸 혜종이와 백석대에서 장학금을 받으며 열심히 공부하고 있는 조카딸 김다나, 이 모든 사람들의 노고를 치하하고 싶습니다.

사실대로 말한다면, 이 책은 필자가 지난 24년 6개월 동안 구약학 교수로서 그리고 지난 3년 반 동안 장신대 총장으로서 내놓는 마지막 작품인 셈입니다. 주후 2012년 8월 31일은 필자가 총장으로서뿐만 아니라 구약학 교수로서의 모든 직책에서 물러나야 하는 마지막 은퇴일이기 때문입니다. 이 부족한 종의 마지막 피날레를 이처럼 아름다운 설교집으로 장식할 수 있도록 제안해 주신 대외협력처의 오규훈 교수님, 그리고 계속 지연되는 원고에도 불구하고 노심초사 끝까지 기다려 주신 김애교 대외협력실장님께도 진심으로 감사드립니다.

   끝으로 이와 같은 설교집이 출간되기까지 설교의 현장으로서 채플에 참석하여 필자의 설교를 경청해 주신 장신대의 모든 교수님들과 직원들과 신학도들에게도 애뜻한 감사의 말씀을 전하고, 필자의 졸고를 우아하게 편집하고 기획하고 출판해 주신 쿰란출판사 이형규 장로님께도 감사드립니다.

   아무쪼록 이 부족한 종의 메시지를 읽는 사람들이 우리 장신대를 더욱 사랑하게 되고, 한국 교회에게 맡겨주신 지구촌 70억 영혼들을 향한 뜨거운 선교 열정을 다시 한 번 다짐하는 계기가 될 수 있기를 기대하면서, 부족하나마 총장으로서의 마지막 인사를 대신합니다. 샬롬!

주후 2012년 8월 31일 금요일
장로회신학대학교 총장 장영일 올림

Contents

머리말 …… 2

01 네 발에서 신을 벗으라 …… 7
02 하나님의 영광 …… 21
03 죽은 자를 살리려면 …… 35
04 그러나 성령이 네게 임하시면 …… 50
05 그것이 네게 무슨 상관이냐, 너는 나를 따르라 …… 66
06 회개의 은혜 …… 80
07 부활과 영생의 소망 …… 92
08 엠마오로 가는 길 …… 106
09 용서받은 죄인 …… 119
10 땅과 인생 …… 132
11 전도자의 꿈 I …… 146
12 전도자의 꿈 II …… 159
13 부활과 영생의 비전 …… 171
14 자유인의 삶 …… 179
15 상처 받은 치유자로 오신 주님 …… 191

16	사랑의 주제	⋯⋯ 204
17	고귀한 사명, 위대한 생애	⋯⋯ 218
18	다윗의 마음, 위대한 리더십	⋯⋯ 231
19	십자가와 부활, 그 후 이야기	⋯⋯ 239
20	아름답고 위대한 새 출발	⋯⋯ 249
21	학기말과 여름방학, 그리고 그다음에는	⋯⋯ 253
22	아차산 기슭에서 에베레스트 정상까지	⋯⋯ 257
23	새 포도주는 새 부대에	⋯⋯ 272
24	이것은 주님의 명령입니다	⋯⋯ 277
25	마지막으로 웃는 사람	⋯⋯ 282
26	날로 새로운 영성의 기쁨	⋯⋯ 288
27	믿음으로 보이는 세상만사	⋯⋯ 295
28	'하나님 나라'의 비전과 영광	⋯⋯ 300
29	성탄의 서곡	⋯⋯ 307
30	깊은 데로 가서 고기를 잡으라	⋯⋯ 313

■ 주후 1992년 5월 21일 장신대 신대원 채플

01

네 발에서 신을 벗으라

모세가 그의 장인 미디안 제사장 이드로의 양 떼를 치더니 그 떼를 광야 서쪽으로 인도하여 하나님의 산 호렙에 이르매 여호와의 사자가 떨기나무 가운데로부터 나오는 불꽃 안에서 그에게 나타나시니라 그가 보니 떨기나무에 불이 붙었으나 그 떨기나무가 사라지지 아니하는지라 이에 모세가 이르되 내가 돌이켜 가서 이 큰 광경을 보리라 떨기나무가 어찌하여 타지 아니하는고 하니 그 때에 여호와께서 그가 보려고 돌이켜 오는 것을 보신지라 하나님이 떨기나무 가운데서 그를 불러 이르시되 모세야 모세야 하시매 그가 이르되 내가 여기 있나이다 하나님이 이르시되 이리로 가까이 오지말라 네가 선 곳은 거룩한 땅이니 네 발에서 신을 벗으라 또 이르시되 나는 네 조상의 하나님이니 아브라함의 하나님, 이삭의 하나님, 야곱의 하나님이니라 모세가 하나님 뵈옵기를 두려워하여 얼굴을 가리매 여호와께서 이르시되 내가 애굽에 있는 내 백성의 고통을 분명히 보고 그들이 그들의 감독자로 말미암아 부르짖음을 듣고 그 근심을 알고 내가 내려가서 그들을 애굽인의 손에서 건져내고 그들을 그 땅에서 인도하여 아름답고 광대한 땅, 젖과 꿀이 흐르는 땅 곧 가나안 족속, 헷 족속, 아모리 족속, 브리스 족속, 히위 족속, 여부스 족속의 지방에 데려가려 하노라 이제 가라 이스라엘 자손의 부르짖음이 내게 달하고 애굽 사람이 그들을 괴롭히는 학대도 내가 보았으니 이제 내가 너를 바로에게 보내어 너에게 내 백성 이스라엘 자손을 애굽에서 인도하여 내게 하리라 모세가 하나님께 아뢰되 내가 누구이기에 바로에게 가며 이스라엘 자손을 애굽에서 인도하여 내리이까 하나님이 이르시되 내가 반드시 너와 함께 있으리라 네가 그 백성을 애굽에서 인도하여 낸 후에 너희가 이 산에서 하나님을 섬기리니 이것이 내가 너를 보낸 증거니라 (출 3:1-12)

'네 발에서 신을 벗으라' 는 제목으로 우리 함께 하나님의 은혜를 나누겠습니다. 아마도 1992년도 졸업생에게는 제가 드리는 마지막 설교가 될 것 같습니다. 왜냐하면 제가 가을 학기에 6개월 동안 연구 학기를 맞아 내년 2월에나 돌아오게 되기 때문입니다. 따라서 그동안 광나루 캠퍼스에서 3년 동안 공부하신 신대원생들에게는 아마도 고별 설교가 될 것 같습니다. 모세도 임종 직전에 모압 평지에서 이스라엘 백성들에게 고별 설교를 했습니다. 그것이 바로 '신명기'라는 책인데, 저는 모세만큼은 못하겠지만 최선을 다해 보겠습니다.

우리가 읽은 성경 본문을 문헌적으로 분석할 때 학자들은 'Call Narrative', '소명 설화', 또는 '예언자적 소명 이야기'(Prophetic Call Narrative) 라 부르는 문헌입니다. 다시 말하면, 이 본문은 문학적 장르로 이해할 때 '예언자의 소명에 대한 이야기'라고 할 수 있습니다. 구약에는 예언자들의 소명에 관한 이야기가 여러 번 나옵니다. 그 대표적인 것이 바로 이사야 6장, 예레미야 1장 이하, 에스겔 1~3장으로서 이사야와 예레미야 그리고 에스겔이 어떻게 예언자로 선택되고 부르심을 받았는지에 대하여 소개하고 있습니다. 이 외에도 모세의 소명 이야기, 엘리사와 그 외의 많은 예언자들의 소명 이야기의 공통점에 착안하여 학자들은 하나의 문학적 장르로서 '소명 설화'라 부르는 것입니다.

예언자적 소명 설화의 공통점은 거의 모든 예언자들이 환상을 본다는 데 있습니다. '선견자'(히브리어로 로에/Ro'eh)는 본래 '라아'(Ra'ah/본다) 라는 동사에서 파생된 명사로서 '보는 자'라는 뜻을 갖고 있습니다. 따라서 예언자가 환상을 보지 못하면 자격 없는 예언자/선견자로 간주하였던 것 같습니다. 이사야는 여호와의 보좌와 그 위에 앉으신 영광스러운 모습 외에도 그룹들(Cherubs)에 대한 환상을 봄으로써 그의 사역을 시작하고 있습니다. 예레미야 1장에서 예레미야도 환상 가운데 살구나무 가지를 보고 있습니다. 에스겔도 네 개의 생물을 비롯한 여러 가지 환상을 본 보고로 소명 이야기를 시작하게 됩니다.

예언자들의 소명에서 또 다른 공통점은 한결같이 소명을 받을 때 일단 주저하거나 사양한다는 것입니다. 그리고 자기를 부인하는 대목이 나옵니다. 예레미야를 보면 "주 여호와여 보소서, 나는 아이입니다. 나는 말을 할 줄 모릅니다"라고 사양합니다. 이사야도 우리가 기억하는 대로 "화로다! 나는 입술이 부정한 사람"이라고 자기 겸양, 또는 사양의 말을 하는 것을 볼 수 있습니다. 에스겔도 간접적이긴 하지만 그가 백성들을 두려워하기 때문에 "나는 갈 수가 없습니다"라고 사양하자, 여호와께서는 "백성이나 그들의 말을 두려워하지 말라. 그들의 협박하는 저돌적인 말을 두려워하지 말라"고 말씀하십니다.

한 걸음 더 나아가 소명 설화의 또 다른 공통점은, 이와 같은 소명 받은 사람의 사양에도 불구하고 언제나 여호와 하나님께서는 소명을 받아들일 것을 설득하고 강권하신다는 것입니다. "너는 가서 말하라. 너를 내가 누구에게 보내든지 가서 말하라!" "두려워하지 마라!" 이렇게 대부분의 소명 설화는 여호와의 권고로 끝맺고 있습니다.

이와 같은 '예언자 소명 이야기' 라는 문학이 태어난 근본적인 동기로서 학자들은 예언자로서의 정통성, 즉 예언자의 권위를 변호하기 위한 동기에서 이와 같은 문학 장르가 나온 것으로 해석합니다. 다시 말해, 백성들이 예언자를 만나게 될 때 "누가 너를 보냈느냐? 너는 예언자의 자격이 있느냐? 하나님의 사람으로 부르심을 받은 확실한 증거가 있느냐?" 등의 질문을 하게 되고, 이와 같은 질문에 응답하기 위하여 환상을 본 것이나 여호와의 음성을 들은 경험을 말하면서 틀림없이 여호와께서 자기를 보내셨다고 변호해야 할 필요가 있었고, 그 결과 백성들은 예언자가 선포한 하나님의 말씀의 권위와 정통성을 인정하게 되었다는 것입니다.

이와 같은 예언자 소명 이야기는 예언자들 자신의 정체성(Self-identity)을 확립하는 데 사용되었을 것으로 보입니다. 다른 예언자들이 모세의 소명 이야기를 읽을 때 자기들의 소명 경험과 비교하면서, "정말 내가 소명을 받은 자인가? 나의 소명이 올바른 것인가?" 하고 확인했다는 것입니다. 우리가 모세를 가리켜 '예언자들의 아버지' 또는 '예언자들의 대부'라고 부르는데, 오늘 읽은 성경 본문에 나타난 모세의 소명 이야기도 이 점에서 예외가 아니라고 봅니다.

모세의 이야기를 자세히 살펴보면 '라아'(Ra'ah)라는 히브리어 동사가 여섯 번 이상이나 나옵니다. "이 큰 광경을 본다"라고 할 때 사용된 '광경'(마르에)이라는 단어도 그 어원을 보면 '라아' 동사의 동명사 형태, 즉 '보는 것', '비전', '광경', '본 것'을 가리키는데, 고대 운문의 특징인 '언어 유희'(word play)가 구사되고 있습니다. 2절에서 "천사가 나타났다/보여졌다"(이르아), "모세가 그것을 보았다"(라아), 3절에서 "내가 보리라"(에르에), 4절에도 "여호와께서 그가 오는 것을 보았다"(야르으), "모세가 그것을 보려고"(리르올)라는 표현이 사용되는데, 이들 모두 한결같이 히브리어 '라아' 동사에서 파생된 단어입니다. 따라서 이 단어는 분명히 예언자들이 즐겨 쓴 전문 용어임을 부인할 길이 없고, 이러한 전승이 예언자들 가운데서 기원하고, 그들을 통해서 전해지고 발전되었음을 부인할 수 없습니다.

우선 모세의 소명 이야기에도 사양의 동기가 아주 분명하게 드러난다는 사실에 유의할 필요가 있습니다. 오히려 모세는 가지 않으려 하고, 안 가려고 하기보다도 자기가 예언자로서의 자격에 미달한다는 것을 느끼는 것입니다. 하나님께서 주신 소명은 좋지만 말입니다. 하나님께서 모세를 설득해서 결국은 모세가 마지못해 순종하게 되는 그러한 이야기입니다. 물론 이 이야기는 우리가 정경 비평의 입장에서 온 이스라엘이 이것을 읽는 순간, 결국 모세가 하나님을 만나는 순간과 이스라엘이 하나님을 만나는 순간을 동일시했음을 반영합니다. 모세가 가시덤불을 볼 때 결국 온 이스라엘도 함께 가시덤불을 보고, 함께 여호와 하나님을 만나고, 함께 소명을 받는 것입니다. 분명히 이것은 과거 이스라엘의 예언자들에게 주신 말씀이지만, 어떤 의미에서 이 말씀은 오늘 이 순간 예언자로 부르심을 받았다고 자처하는 우리 신학도들에게 주신 가장 적합한 말씀입니다.

모세의 소명 이야기를 우리가 살펴보면서 정말 내가 소명을 받은 자인가, 하나님께서 부르시지도 않았는데 나 스스로 나와서 앉아 있는 것이 아닌가 묻게 되고, 이 자리에 아직도 소명의 문제를 해결하지 못한 그런 사람은 없는가 물어보게 되는 것입니다. 하나님이 부르시지도 않았는데 와서 앉아 있다면 참 공허한 이야기가 아니겠습니까? 논산 훈련소에 어떤 청년이 들어왔는데, 징집 영장을 가지고 불려 왔습니다. "너 왜 왔느냐" 하고 묻자, "나도 몰라요. 남들이 오길래 따라왔어요"라고 대답한다면 아마 '무식한 놈' 소리를 듣지 않겠습니까? 누가 여러분을 신학교에 보냈습니까? 하나님이 보내지 않으셨다면, 그와 같은 정체성이 분명하지 않다면 여러분은 결코 참다운 하나님의 예언자가 될 수 없을 것입니다.

자신이 받은 소명의 정통성을 확인하는 방법을 세 가지로 나누어 생각해 보려 합니다. 무엇보다도 먼저 환상을 보아야 합니다. 모세가 본 환상 곧 'Burning Bush'는 '떨기나무', '불타는 떨기나무' 등으로 번역하는데, 이것은 잘못된 번역이라고 생각합니다. 영어로 최근에 번역된 것 가운데 'Thorn Bush'가 있는데 — 요즘 상영되는 영화 가운데 〈Thorn Bird〉(가시나무 돋친 새)라는 것을 본 적이 있습니다만 — 이 번역에 의하면 모세가 환상 가운데 본 나무는 '가시 돋친, 불타는 나무', '가시나무' 입니다. 시내 산 기슭에는 이 나무가 많고 '스네'(Seneh)라는 말 자체가 아카시아 나무 계통의 가시나무를 말합니다.

　이 불타는 가시나무의 신학적 의미에 대하여 참 많은 해석이 나왔습니다만, 전통적으로 초대 교회나 중세의 교부들 또는 종교 개혁가들이 이 '가시나무'를 예수님 자신으로 보기도 했습니다. 예수님은 육체적으로 가시나무와 같이 무가치한 육신을 입고 계신 분으로서 하나님의 불이신 성령과 함께 계시지만, 결코 타지 않는, 소멸하지 않는, 그래서 환히 불을 밝히는 예수님, 성육신하신 예수님으로 해석하기도 했고, 어떤 주석가들은 이 가시나무를 교회를 상징하는 것으로 보기도 했습니다. 불과 같이 혹독한 세상의 핍박 가운데에서도 결코 소멸하지 않는, 그래서 빛을 발하는 교회의 모습을 이 가시나무 가운데서 보았던 것입니다.

　그러나 전통적으로 랍비들이나 유대인 학자들은 이 가시나무를 이스라엘 자신과 동일시했습니다. 애굽에 있는 이스라엘의 모습으로서, 애굽의 혹독한 고난의 용광로 가운데에서 고난을 당하지만 결코 불타 없어지지 않는, 결코 망하지 않는, 하나님께서 특별히 선택하신 민족으로서, 결국 온 세계를 비춰주는 이스라엘의 모습을 이 가시나무 가운데서 모세가 확인하였다고 이스라엘의 주석가들은 해석합니다. 그것이 자신들의 모습이라고 생각합니다.

　가시나무는 참으로 무가치한 것입니다. 멸시의 대상입니다. 땔감으로도 별 효용 가치가 없는, 아주 부적당하고 무가치한, 무관심의 대상이었습니다. 그것이 애굽에서의 이스라엘의 실존이었습니다. 발길에 채이는 돌처럼, 큰 돌을 깎아 비돔 성과 라암셋과 같은 국고성이나 건축하며 소일하는 그러한 무가치한 이스라엘이지만, 모세는 그들이야말로 하나님이 택하신, 하나님의 성령이 함께하시는 불 붙는 가시나무인 것을 보았습니다.

그 당시에 모세가 그 가시나무를 실제로 그렇게 해석했을까 궁금하기도 하지만, 그러나 우리는 신학적으로 이스라엘 백성들이 나중에 이 기사를 읽을 때 또는 모세가 시내 산에서 백성들을 인도해 왔을 때, 과연 자기가 보았던 불 붙는 가시나무의 이야기를 이와 같은 식으로 해석했다고 볼 수 있습니다. 오히려 모세는 여기서 자기 자신의 모습을 보았다고도 할 수 있습니다. 광야 40년 생활 동안 그는 완전히 아카시아 나무로 전락한, 참으로 무가치한 존재였지만 하나님이 함께하시면 불이 붙어도 결코 꺼지지 않는 강력한 지도자가 될 수 있음을 이 환상을 통해 확인했다고 볼 수 있습니다. 그러므로 그는 이 가시나무를 통하여 그가 구원해야 할 대상 곧 이스라엘 백성의 정체를 보았고, 동시에 자기 자신의 현재와 미래의 정체성을 확인하고 동일시했다고 볼 수 있습니다.

환상을 본다는 것은 그 자체가 하나의 기쁨이요 환희입니다. 모세는 여기에서 하나님께서 자기에게 걸고 계신 기대와 소망을 확인했다고도 볼 수 있습니다. 하나님의 사랑도 확인했습니다. 이야말로 놀라운 광경이라고 했는데, 모세는 여기에서 참으로 놀라운 광경을 체험했습니다. 모든 예언자들 또는 영적인 지도자들은 이와 같은 환상을 갖지 않으면 결코 지도자로서의 발걸음을 옮길 수 없고, 옮긴다 한들 무가치한 발걸음일 뿐입니다.

둘째, 예언자 모세는 "모세야, 모세야" 이렇게 연속적으로 두 번이나 부르시는 여호와 하나님의 음성을 들었습니다.

이스라엘 백성이 여호와 하나님의 이름을 안다는 것 자체가 어떤 인격적인 관계를 의미하고, 하나님께서 그 종들의 이름을 부르실 때도 언제나 하나님과의 인격적인 관계를 가리키는 것입니다. '모세야, 모세야' 부르시는 순간, 40년 동안 광야에서 좌절했고 패배감에 짓눌려 있던 모세에게는 참으로 감격스러운, 그동안의 모든 피로가 풀리는 순간이었다고 볼 수 있습니다.

광야에서, 목자만 있고 아무도 없는 데서, 그는 그 누구도 자신을 인정해 주지 않는 고독을 경험했고, 자기 아들이 태어났을 때도 '게르솜' 즉 'a stranger in a strange land' 라는 이름을 지어준 것을 보면, 이방 땅에서 아무도 알아주지 않는 무가치한 객(客) 또는 이방인으로 전락한—과거에는 애굽의 궁중에서 최고의 교육과 최고의 권위를 갖고 생활했지만, 지난 40년 동안 완전히 아카시아 나무처럼 무가치하고 무력한 존재로 전락한—그 누구도 알아주지 않는 존재로 자신을 비하했던 것입니다.

이와 같은 상황에서 하나님께서 그를 지목하여 '모세야, 모세야' 하고 부르셨을 때 그는 과연 하나님께서 자신을 인정해 주시고 선택하시사 하나님 나라의 도구로 자기를 사용하실 의도가 있음을 확인하게 되고, 하나님이 자기에게 권위를 부여하여 높여 주시고, 영광을 부여하게 될 것을 알게 되었습니다.

하나님께서는 위대한 지도자들을 선택하실 때 한결같이 두 번 부르십니다. "사무엘아, 사무엘아!" "아브라함아, 아브라함아!"

저도 그랬습니다. 하나님께 기도할 때 하나님이 "영일아, 영일아!" 두 번 부르셨습니다. 죄송합니다. 제가, 이 부족한 사람이, 뭐 박사 학위라는 것을 받게 되어서, 어느 교회에 갔을 때 저를 모르는 사람이 저 보고 '장 박사님!' 이렇게 불러주면 그 순간부터 그 사람과 저 사이의 막혔던 것이 확 풀리는 것입니다. '저 사람이 나를 인정하는구나! 내가 그렇게 존경스러운 사람이 되었구나' 하고 생각할 때 얼마나 감사한지 모릅니다.

사람으로부터 호명을 받고 인정받는 것도 그렇게 좋은데, 모세는 사람들로부터 호명받은 것이 아니라 천지의 창조주이신 하나님으로부터 호명을 받았고, 지금까지의 모든 좌절과 고독과 패배감이 풀리는 경험을 했던 것입니다. 'Nobody'에서 'Somebody'로 바뀌는 경험을 한 것입니다. 천직(賤職) 즉 '로에'(목동/Ro'eh)에서 하나님의 선견자 '로에'(Ro'eh)로 바뀌는 경험을 한 것입니다. "지금까지 내가 광야에서 가진 모든 경건 훈련과 고독 훈련이 과연 의미가 있었구나. 나는 두 아들의 아버지, 한 아내의 남편, 또 사위, 거기서 끝나는 것이 아니구나. 졸장부가 아니구나. 하나님이 지목하시는 사람이구나!" 이와 같은 위대한 정체성 확인을 경험한 것입니다.

셋째, 모세는 신을 벗는 체험을 했습니다.

하나님께서 모세에게 "네가 선 곳은 거룩한 땅"(Holy Land)이라고 말씀하셨는데, '거룩한 땅'이라는 말은 '성전'이라는 뜻도 암시합니다. 이스라엘 백성이 성전에 들어갈 때는 언제나 신을 벗는 풍습이 있었는데, 이 자세가 무엇을 의미하느냐에 대해서는 여러 가지 해석이 있습니다.

첫째로, 이것은 성역에의 출입, 다시 말하면 모든 사람은 거룩한 곳에 들어갈 때 모든 먼지를 떨고 적나라한 맨몸으로 하나님 앞에 서는 상징적인 행위라는 것입니다. 우리가 성전에 들어갈 때 다 벗을 수는 없겠지요. 발만 씻으면 다 깨끗하다는 예수님의 말씀도 이와 같은 관점에서 이해할 수 있습니다. 신을 벗음으로써 우리는 성역에, 하나님을 만나는 자리에 들어와 있음을 확인하게 되는 것입니다. 둘째로, 신을 벗는 것은 종의 자세를 말합니다. 주인 앞에 선 종은 언제나 발을 벗게 되어 있습니다. 옛날에 종들은 신을 신지 못하게 되어 있었답니다. 그러므로 이 자세는 철저하게 하나님 앞에서 노예가 되는 자세를 의미한다고 할 수 있습니다.

오늘날 많은 사람들이 성역에 들어가는 경험을 하지 못합니다. 거룩한 하나님을 만나는 경험을 하지 못하는 것입니다. 저는 어떤 교회에 가면 고민되는 때가 있습니다. 저는 제가 너무나 못나고 부족하다고 생각하기 때문에, 설교하기 전에는 꼭 의자 앞에서 무릎 꿇고 이렇게 손을 모으고 머리를 숙여야 비로소 하나님 앞에서 적나라한 나 자신의 모습을 보고, 내가 지금 하나님의 사랑을 받는 자라는 의식을 하게 됩니다. 그때 참 기쁨이 있고, 눈물이 나옵니다. 제 목소리가 아주 나쁜데, 눈물이 나올 때는 제 목소리가 확 풀립니다. 그래서 제가 늘 그런 자세를 취하게 되는데, 어떤 교회에 가면 이 강단이 여기처럼 구두를 신고 올라가게 되어 있습니다. 그러면 참 고민이 됩니다. 무릎도 꿇을 수 없고, 신발을 벗을 수도 없습니다. 그래서 저는 가능하면 우리 채플실의 강단도 그렇게 고쳤으면 좋겠습니다.

우리가 성역에 들어와 적나라한 모습으로 설 때, 자기를 발견하게 되고 겸손한 자세로 주님을 만나게 될 것입니다. 본문에 보면, 모세가 자기 얼굴을 옷으로 가렸다고 말하는데, 거룩한 자 앞에 설 때 인간은 두려움을 느끼게 되고, 떨리는 마음을 갖게 되며, 무엇보다도 이 세상과도 결별하게 됩니다.

'거룩' 곧 카도쉬(Kadosh)라는 말 자체가 '분리', '구분', '결별', '격리'를 의미하는데, 거룩한 성도가 된다는 것은 속된 세상으로부터 결별된 사람을 의미합니다. 신을 벗는 것은 세상에 속한 것을 벗어버리는 것이요, 완전히 세상을 초월하는 것으로서, 마치 비행기를 타고 창공으로 올라가 밑을 내려다보는 차원과 같은 것인데, 이러한 경험이 참으로 우리 신학도에게 필요하다고 생각합니다.

이 부족한 사람이 그동안 태평양을 몇 번 왔다 갔다 했는데, 태평양뿐만 아니라 대서양도 왔다 갔다 했습니다만. 그때마다 제가 비행기를 타고 느끼는 것은 '저 아래 땅에서 살 때 참으로 내가 어리석었다!' 하는 것입니다. 서로 물고 뜯고 땅 뺏기를 하고, 멱살을 쥐고 싸우는 것이 위에서 내려다보면 마치 개미 새끼가 서로 자기가 더 크다고 뻐기고 밥풀 하나를 놓고 싸우는 것과 무엇이 다르겠습니까?

제가 학생처장이라는 보직을 맡았기 때문에 학부 학생들과 자주 부딪히면서 가장 괴로운 것이, 학생들이 거짓말을 참 많이 한다는 사실입니다. 대자보에 올린 글 가운데도 거짓말이 있습니다. 그때마다 학생처장으로서 이것을 경고도 하고 바로잡아야겠는데, 학생들이 잘못하고 있다는 사실을 말해 주어야 하는데, 그러나 또 한편으로는 제 맘속에서 '중과부적의 운동권 세력 앞에서 네가 지금 하려고 하는 행동이 마치 너 홀로 태평양 물을 다 퍼내려는 것과 무엇이 다르냐? 그리하지 말고 초연해라. 곁길로 가는 학생들을 놔두고, 네 할 일이나 해라' 하는 생각이 드는 것입니다.

우리가 하나님의 영역 곧 어떤 거룩한 영역에 들어가기에 앞서 처리해야 할 세상적 과제가 많이 있습니다. 그런 세상적인 과제에서 초연한 자세를 취해야 할 때가 있는 것입니다. 하나님께서는 모세를 40년 동안 광야로 몰아넣어 강제적으로 애굽과 결별을 시키셨습니다. 그래서 모세는 철저하게 거룩을 경험할 수 있었고, 이 떨기나무 앞에 선 것은 모세에게 있어서 훈련의 마지막 단계라고 볼 수 있습니다.

하나님께서는 모세로 하여금 광야의 경험을 통하여 참으로 애굽의 모든 풍습과 결별하고, 개미 새끼들의 세계에서 벌어지는 싸움과 증오와 혼잡으로부터 벗어나 하나님을 1대 1로 만나뵙는 위대한 경험을 하도록 인도하셨다고 볼 수 있습니다.

더 나아가서 신을 벗는 자세는 앞에서 말한 것처럼 주인 앞에서 노예가 되는 자세, 즉 인간의 모든 영광과 부귀를 포기하는 자세입니다. 종이라는 것은 결코 명예로운 직책이 아닙니다. 어떠한 사람이 훌륭한 노예입니까? 훌륭한 노예는 철저하게 무능할수록, 무식할수록 훌륭한 노예이고, 철저하게 가난할수록, 아무것도 소유하지 않을수록, 철저하게 자기 권리를 포기할수록, 그래서 생명까지도 "주인이여, 내 목을 마음대로 치려면 치십시오" 하고 내놓을 수 있는 그런 종이 철저하게 훌륭한 종입니다.

철저하게 주인에게 복종하는 종이 훌륭한 종입니다. 종이 타락할 수 있겠습니까? 물론 있습니다. 종이 타락할 때는 주인이 되려고 할 때, 그리고 어떤 소유물을 가지려 할 때 타락한 종이 되는 것입니다. 자기의 권리를 주장하려고 할 때 타락한 종이 됩니다. 그런 종은 주인이 그대로 놔두지 않을 것입니다.

우리가 타락하지 않는 방법은, 비록 '하나님의 종'이라는 직함이 세상적으로 볼 때는 결코 명예로운 직책은 아니지만, 영적으로 볼 때 한없이 명예로운 직책임을 깨닫고 철저한 종의 자세로 주님 앞에 설 때, 즉 주님 앞에서 우리의 모든 것을 포기할 수 있을 때 하나님의 종다운 종으로 쓰임을 받게 되는 것입니다.

모세의 40년 광야 생활은 한결같이 종이 되는 연습의 훈련이었다고 볼 수 있습니다. 하나님께서 "내가 너를 보내겠다" 하고 말씀하실 때 그가 당장 대답하는 말은 '내가 누구관대'였습니다. 그러니까 그는 이미 철저하게 훈련된, 자기가 완전히 부서진 종으로서, 자기 또는 자존심이라는 것은 모래알만큼도 남아 있지 않았던 것입니다. 과거에는 "내가 이스라엘 백성을 구원하겠다. 나는 구원할 능력이 있다. 지혜가 있다. 자격이 있다" 하고 말하던 그의 자아가 40년 동안 완전히 세척이 되고 완전히 소멸된 상태가 된 것입니다.

　하나님이 보실 때 모세는 이제 비로소 하나님의 종으로서 그리고 지도자로서의 자격에 접근해 있었던 것입니다. 모세는 자기가 너무나 무가치한 존재라는 사실을 경험했기 때문에, 나중에는 하나님이 화를 내실 정도로 "나는 입이 뻣뻣하고 혀가 둔합니다"라고 사양하는 모습입니다. 과거에는 그렇게도 말 잘하고 수사학과 모든 것에 통달한 사람이었는데, 이제 완전히 뻣뻣한 입이 되어버린 것입니다. 완전히 혀가 잘려버린 것입니다. 그러니까 철저하게 할 말이 없는 '하나님의 종'으로서 "이제 말씀만 하시옵소서, 종이 듣겠나이다"라고 순종하는 사람이 된 것입니다.

　그러나 이와 같은 훈련을 받았는데도 나중에 보면 "내게 능력이 있다. 내가 이 반석을 친다"라고 말하는 혀가 살아나게 되고, 이 경거망동한 종의 행실로 인하여 가나안에 들어가지 못하는 벌을 받게 되는 것을 볼 수 있습니다. 하나님께서 주의 종을 훈련하시는 방법을 여기서 다시 한번 확인하게 됩니다. 바로의 궁정에서, 그 학교에서 배운 것은 전두환 식으로 '하면 된다', 그리고 한국 교회의 많은 총회장 후보들처럼 '하면 된다'였던 것입니다. 우리 교단을 바라볼 때 가슴 아픈 것이 있다면 총회장 후보가 그렇게 많다는 것이고, '나는 못해' 하는 사람은 너무나 적다는 사실입니다. 물론 여러분 가운데에도 앞으로 총회장이 되겠다고 우후죽순처럼 나설 분들이 많을 것이라고 생각됩니다.

　예수께서 예루살렘에 입성하실 때 나귀를 타고 가셨습니다. 그 나귀는 아무도 타보지 않은 어린 나귀였고 순수한 나귀였습니다. 나귀는 꾀가 많습니다. 사람을 많이 태워 본 당나귀는 꾀를 부리게 되어 있습니다. 사람을 처음 태워보는 당나귀는 절대로 꾀를 부릴 줄 모릅니다. 꾀를 부리는 훈련이 되지 않았기 때문입니다. 왜 예수님께서 그 나귀를 타신 것입니까? 왜 그 어린 나귀, 아무도 타보지 않은 나귀를 타셨습니까?

참으로 모세는 '하나님의 종'이라는 트레이드마크를 받은 사람입니다. 신명기 34장에 보면 모세는 하나님의 사람, 하나님의 종, 모세보다 더 위대한 선지자가 일어남이 없다고 기록되어 있습니다. 가장 위대한 종이요, 가장 위대한 지도자가 되었던 것입니다. 이스라엘 백성들은 모세를 잊을 수가 없습니다. 그 한 사람의 가시덤불 환상을 통해서 200만의 오합지졸 곧 400년 동안 종의 의식으로 세뇌를 당한, 완전히 종의 종으로 전락했던 오합지졸을 시내 광야로 인도하여 세계 1등 국민으로 교육시켜 가나안으로 들여보낸 그 지도자, 그 예언자이기에 이스라엘이 잊을 수가 없는 것입니다. 모세는 지도자의 모델입니다. 우리가 다 그와 같은 지도자가 되기를 바랍니다.

하나님의 일꾼이 되어야만 하나님이 운행하시는 역사에 동참할 수 있습니다. 하나님은 반드시 일꾼을 선택하여 부르시는데, 여러분은 그런 소명이 있습니까? 아니면 아직도 방황하고 있습니까? 여러분은 가시덤불의 환상을 보셨습니까? 거룩한 지역에서 신을 벗는, 철저하게 종으로 서는 그런 감격과 하나님이 부르시는 그 음성을 들으셨습니까?

영적인 지도자로 나섬에 있어서, 미국 속담에 있는 것처럼, 성령 받지 못한 목사가 되는 것처럼 괴로운 일이 없는 것입니다. 가시나무가 불타며 이사야 35장에 있는 것처럼 황무지가 샘이 되는 그런 환상과 비전을 보지 못한 사람은, 그와 같은 환상을 통한 자기 정체성을 확인하지 못한 사람은 하나님께서 쓰시지 않는다는 것을 다시 한번 확인해야 하고, 우리 모두 그러한 비전이 있는지 늘 점검하고 감사하는 종들이 되어야 하겠습니다.

■ 주후 1993년 10월 15일 채플

02

하나님의 영광

나의 힘이신 여호와여 내가 주를 사랑하나이다 여호와는 나의 반석이시요 나의 요새시요 나를 건지시는 이시요 나의 하나님이시요 내가 그 안에 피할 나의 바위시요 나의 방패시요 나의 구원의 뿔이시요 나의 산성이시로다 내가 찬송 받으실 여호와께 아뢰리니 내 원수들에게서 구원을 얻으리로다 사망의 줄이 나를 얽고 불의의 창수가 나를 두렵게 하였으며 스올의 줄이 나를 두르고 사망의 올무가 내게 이르렀도다 내가 환난 중에서 여호와께 아뢰며 나의 하나님께 부르짖었더니 그가 그의 성전에서 내 소리를 들으심이여 그의 앞에서 나의 부르짖음이 그의 귀에 들렸도다 (시 18:1-6)

너희 안에 이 마음을 품으라 곧 그리스도 예수의 마음이니 그는 근본 하나님의 본체시나 하나님과 동등됨을 취할 것으로 여기지 아니하시고 오히려 자기를 비워 종의 형체를 가지사 사람들과 같이 되셨고 사람의 모양으로 나타나사 자기를 낮추시고 죽기까지 복종하셨으니 곧 십자가에 죽으심이라 이러므로 하나님이 그를 지극히 높여 모든 이름 위에 뛰어난 이름을 주사 하늘에 있는 자들과 땅에 있는 자들과 땅 아래에 있는 자들로 모든 무릎을 예수의 이름에 꿇게 하시고 모든 입으로 예수 그리스도를 주라 시인하여 하나님 아버지께 영광을 돌리게 하셨느니라 (빌 2:5-11)

할렐루야! '하나님의 영광' 이라는 제목으로 함께 말씀을 나누겠습니다. 빌립보서 2장 5-11절은 주석가들의 말에 의하면, 초대교회에서 유통되던 하나의 전통적 찬송시를 바울이 인용한 것으로 알려져 있습니다. 이 찬송시 가운데 마지막 구절이 가장 중요하게 생각됩니다. "하나님 아버지께 영광을 돌리게 하셨느니라."

다시 말하면, 빌립보서 2장 5절부터 언급되는 예수님 사역의 궁극적인 목적이 '하나님의 영광' 이었다는 것입니다. 물론 이것은 바울 자신의 사상이요 신학이라고도 볼 수 있습니다. 예수님의 일생을 어떻게 요약할 수 있겠습니까? 결국 그것은 하나님 아버지께 영광을 돌린 것으로서, 바울 자신도 그런 이해 가운데서 자신의 삶의 목표를 하나님의 영광에 두고 살았다는 것입니다. 고린도전서 10장 31절에서도 사도 바울은 "그런즉 너희가 먹든지 마시든지 무엇을 하든지 다 하나님의 영광을 위하여 하라"고 역설하고 있고, 또 그가 보낸 거의 모든 서신의 중요한 끝부분에서 이와 같은 '영광송' 곧 '독솔로지'(doxology)로 마치고 있는 것을 볼 수 있습니다.

예를 들어, 로마서 16장 26-27절에 보면 "이 복음으로 너희를 능히 견고하게 하실 지혜로우신 하나님께 예수 그리스도로 말미암아 영광이 세세무궁하도록 있을지이다"라고 끝맺고 있고, 같은 맥락에서 베드로 사도도 베드로전서 4장 11절 베드로후서 3장 18절에서 비슷한 영광송으로 말씀의 결론을 맺고 있는 것을 볼 수 있습니다.

구약성경에서도 비슷한 '하나님의 영광의 신학'이 발견되는데, 특별히 다섯 권으로 되어 있는 시편의 마지막 절마다 이 독솔로지(doxology)로, 다시 말하면 "할렐루야! 여호와를 찬양하라"라고 끝을 맺고 있다는 사실입니다. 시편 41편 13절, 72편 18-19절, 89편 52절, 106편 48절, 150편 6절에서, 특히 150편의 경우에는 이 시편 전체가 송영 또는 영광송이라 할 수 있는데, 다섯 권의 시편 모음마다 시편 편집자는 이 영광송으로 끝을 맺고 있습니다. "이스라엘의 하나님 여호와를 영원부터 영원까지 송축할지로다 아멘 아멘"(시 41:13). "홀로 기이한 일들을 행하시는 여호와 하나님 곧 이스라엘의 하나님을 찬송하며 그 영화로운 이름을 영원히 찬송할지어다"(시 72:18-19). "호흡이 있는 자마다 여호와를 찬양할지어다 할렐루야"(시 150:6).

그러므로 시편의 핵심 주제도 '하나님의 영광'입니다. 이것은 아마도 다윗의 심정을 그대로 표현한 것이라 할 수 있습니다. 물론 시편에 있는 모든 시들을 다윗의 저작으로 볼 순 없겠지만, 대다수의 시들이 다윗과 관련된 시라고 생각할 때, 이와 같은 다윗의 정신이 예수님에게, 그리고 바울과 베드로에까지 이어졌다고 볼 수 있습니다.

우리 장로교의 창시자로 간주되는 존 칼빈도 '솔리 데오 글로리아'(Soli Deo Gloria) 즉 오직 하나님께만 영광을 돌리는 것을 기독교 신학의 핵심으로 보았고, 우리 장신대도 이 정신을 이어받아 로고로 삼고 있는데, 그런 관점에서 우리 교단과 장신대가 그 어떤 교단이나 신학교보다도 올바른 성경적 정통 신학에 서 있음을 자부하게 되는 것입니다.

제가 스위스에 가서 확인해 보진 못했습니다만, 듣는 말에 의하면 존 칼빈 선생이 죽을 때 비석도 세우지 말고 무덤도 남기지 말라고 유언했다고 합니다. 그의 유언에 따라 지금도 칼빈의 무덤은 어디 있는지 아무도 모른다고 합니다. 철저하게 하나님께 영광을 돌리는 것이 그의 삶의 목표였음이 입증된 것입니다.

하나님께 영광을 돌리는 것은 다윗과 예수 그리스도, 그리고 사도 바울과 베드로 사도와 존 칼빈 선생만의 과제는 아닐 것입니다. 예수 믿는 모든 사람의 궁극적 목표가 이 하나님 영광과 직결되어 있습니다. 제가 어떤 명언집에서 사람이 얼마나 자신의 영광에 집착하는지에 대하여 살펴봤는데, 모든 인간에겐 근본적으로 항상 자기 영광을 추구하려는 그런 욕구가 있다는 것입니다. C. C. 타키투스는 《히스토리》라는 책에서 "The desire for glory clings even to the best man longer than any passion", 즉 모든 훌륭한 사람들에게 붙어 다니는 그 어떤 욕망보다도 강하고 길게 지속되는 욕구가 있는데, 그것이 바로 영광에 대한 욕구라고 했습니다.

우리는 그리 훌륭한 사람도 아니지만, 우리 자신을 돌아볼 때 우리의 근본적 욕구 가운데 하나가 영광을 차지하려는 것 또는 내게 영광을 돌리려고 하는 욕구가 아닌가 생각하게 됩니다. 이것은 모든 인간에게 공통된 욕구인 것 같고 어떤 의미에서 모든 인간은 자기에게 영광을 돌릴 것인가, 하나님께 영광을 돌릴 것인가 하는 근본적인 문제로 일생 투쟁하는 것이 아닌가 생각합니다.

사탄의 본성 가운데 하나가 바로 이처럼 하나님의 영광을 자기가 차지하려는 교만인데(사 14:14; 겔 28:13-18), 사탄이 하와를 유혹할 때도 이 근본적인 동기로 유혹하였습니다. 본래 영광의 천사였던 사탄이 하나님의 영광과 자신의 영광을 비교하게 되고, 결국 하나님의 영광을 차지하려다가 타락하여 공중으로 쫓겨나게 되었으며, 똑같은 경향이 인간에게도 있는 줄 알고 선악과를 먹으면 하나님처럼 된다는 말로 하와를 속였던 것입니다. 아담과 하와가 범죄한 이후, 그의 후손인 모든 인간이 이 유혹 가운데 살게 되었습니다.

하나님께서는 자기의 영광과 명예를 자기 외의 그 어떤 피조물에게도 양보하거나 빼앗기지 않으시고, 이와 같은 하나님의 절대 주권 아래 창조질서가 유지되는 것입니다. 이사야 42장 8절을 보면 "나는 내 영광을 다른 자에게, 내 찬송을 우상에게 주지 아니하리라"고 말씀하셨고, 43장 7절에서도 하나님께서 이스라엘을 창조하신 목적이 하나님 자신의 영광을 위해서라고 말씀합니다. 다시 말하면, 이스라엘로 하여금 하나님께 영광을 돌리도록 하시기 위하여 그들을 창조하셨다는 것입니다.

특히 예레미야는 이스라엘을 향한 하나님의 심판에 관하여 이런 메시지를 선포했습니다. "나의 백성 이스라엘은 나의 영광을 무익한 것과 바꾸었도다." 하나님께서는 온 우주 만물을 창조하신 분으로서, 이 창조주의 영광, 즉 가장 소중히 여김을 받으셔야 마땅한 가장 높은 지위를 다른 어떤 피조물에게도 절대 양보할 수 없고, 그 영광이 침범을 당하면 그 침범자를 가차없이 심판하신다는 것입니다.

하나님의 영광을 침범함으로써 심판을 받은 예는 성경 곳곳에서 자주 언급되고 있습니다. 그러나 또 한편, 비록 인간의 모든 영광이 본래 하나님의 것이고 응당 그분께 영광을 돌리는 것이 인간의 본분이지만, 하나님께 영광을 돌린 자에게는 오히려 그 영광을 되돌려 주시는 것을 성경이 증언하고 있습니다. 그래서 이 영광을 하나님께 돌리느냐 자기가 하나님 영광을 빼앗느냐에 따라서 인간은 복과 저주의 갈림길에 서게 되는 것입니다.

이사야 12장 12절 이하, 에스겔 28장 12절 이하에 보면 사탄의 본래 모습이 나옵니다. 광명의 천사(루시퍼)였던 사탄이 타락한 이유는 하나님의 영광과 자기 영광을 비교하고, 하나님의 영광을 탐했기 때문입니다. 이사야 14장 13절에는 "내가 하늘에 올라…… 높은 이와 같아지리라"고 말하는 루시퍼의 모습이 나오고, 에스겔 28장 17절에 의하면 "네가 아름다우므로 마음이 교만하였으며 네가 영화로우므로 네 지혜를 더럽혔음이여"라고 하였습니다. 즉 하나님께서 루시퍼에게 모든 지혜와 아름다움의 선물을 주셨는데, 황금보석으로 단장한 그가 아름답고 지혜롭다보니까 하나님과 비기려 하고, 이와 같은 탐심에 사로잡혀 하나님을 배반하게 되고 결국 타락하게 되었다는 것입니다.

그래서 오늘날도 이 사탄(대적하는 자/Adversary)은 성도들로 하여금 자기처럼 하나님을 배반하도록, 하나님의 영광을 가로채도록 유혹하고 있는 것입니다. "네가 스올 곧 구덩이의 맨 밑에 떨어짐을 당하리로다"(사 14:15). 하나님을 대항한 사탄이 결국 구덩이 곧 지옥의 맨 밑창에 떨어질 것을 예고한 것입니다. 아담을 비롯하여 가장 많은 사람을 유혹해서 하나님의 영광을 가로채게 한 그 마귀(사탄)는 가장 참혹한 죄를 지었기 때문에 가장 참혹한 심판을 받아 지옥의 맨 밑바닥에 빠지게 된다는 것입니다.

사도행전 12장 23절을 보십시오. 헤롯 왕이 두로 사람들과 화친하는 집회 가운데서 헤롯이 연설을 하자 두로 사람들이 "이것은 신의 소리요 사람의 소리가 아니라"라고 말했고, 그 영광을 하나님께 돌리지 않고 "어! 그럼 내가 하나님인가!" 하면서 자기가 하나님처럼 행세를 하다가 하나님의 사자가 그를 쳐 벌레에게 먹혀 죽게 되는 심판을 받게 됨을 볼 수 있습니다.

빌라도도 이와 비슷한 사람이라 할 수 있습니다. 빌라도가 예수님을 재판할 때 그는 분명히 예수님의 무죄를 확인했으면서도 무리에게 만족을 주기 위해, 즉 군중이 자기를 높이는 것을 기대하면서, 다시 말하면 무리로 하여금 자기를 비하하지 않도록 하기 위해서 예수를 정죄하는 것을 볼 수 있고, 그 결과 얼마 안 되어 그는 총독직을 박탈당하고 정신병에 걸려 유배당하는 것을 역사가 증언하고 있습니다.

하나님을 가장 많이 사랑했던 모세, 즉 하나님의 종으로서 200만이나 되는 이스라엘 백성을 종살이에서 구출하여 가나안으로 인도할 수 있었던 모세까지도 하나님의 영광을 가로챘을 때, 즉 물은 하나님이 주시는 것임에도 불구하고 자기가 주는 것인 양 "내가 너희에게 물을 주랴" 소리치며 하나님의 영광을 가로챘을 때, 구약에서 가장 위대한 지도자로 알려진 모세마저도 가나안에 들어가지 못하게 되는 것을 볼 수 있습니다. 하나님이 지시하신 대로 반석(예수님)을 향하여 물을 달라고 간청하여 물이 나와야 백성들이 그걸 보고 하나님께 영광을 돌릴 수 있었는데,

모세가 순간적으로 마귀의 유혹에 걸려 넘어졌던 것입니다.

어떻게 하는 것이 참으로 하나님께 영광을 돌리는 길이겠습니까? 바울은 우리에게 빌립보서 2장 5-8절 가운데서 예수 그리스도를 모델로 삼아 그 방법을 제시해 주고 있습니다.

다시 말하면 예수 그리스도께서 하나님 아버지께 영광을 돌리시기 이전에 오히려 즉 예수께서는 본래 하나님과 같은 영광을 갖고 계셨지만, 자신의 본래 영광 및 동등됨을 포기하고 자기를 비워 종이 되심으로써 하나님께 영광을 돌려드리고, 그런 다음에 종의 가장 본질적인 요소인 복종에 있어서 죽기까지 복종하심으로써 하나님께 영광을 돌리셨다는 것입니다. 이것이야말로 하나님께 영광을 돌리는 가장 복된 삶인 것을 확신하기에 바울 자신도 예수 그리스도의 발자취를 기꺼이 따르려고 하는 것입니다.

사도 바울이 예수님께 배운 바 하나님께 영광 돌리는 방법은 철저하게 자기를 부인하는 것이요, 철저히 낮아지는 것이었습니다. 예수님의 낮아짐은 말구유까지 낮아진 것이고, 제자들의 발을 씻기시기까지 종의 자리로 낮아지신 것입니다. 하나님의 아들이신 예수께서 마구간까지 내려오셨다는 것은 마구간의 말[馬]과 자신을 동일시한 것으로서, 모든 인간 밑으로 즉 모든 인간의 발아래 신세로 내려오신 것입니다. 그는 종이 되어 어디까지 낮아지셨는가 하면, 죄인 괴수가 되시기까지 낮아지셨습니다.

당시 십자가 형벌은 죄인 괴수들에게 주는 형벌이었습니다. 예수 그리스도는 온 인류의 죄를 홀로 담당하겠다고 생각하셨고, 온 인류의 죄를 합친 분량을 홀로 담당하셨으므로 세상에서 가장 많은 죄를 짊어진 죄인 괴수가 되신 것입니다. 자기를 팔 가룟 유다가 분명히 권고를 뿌리치고 배반할 것을 아시면서도, 세숫대야에 물을 떠다 놓고 그 배반자 앞에 무릎 꿇은 자세로 발을 씻기신 모습이야말로 문자 그대로 종의 모습을 반영하는 것입니다.

이번에 다시 성지 순례단을 인솔하고 다녀오면서 갈릴리에서 이런 생각을 해봤습니다. 예수께서는 갈릴리에서 자라나셨고, 그곳에서 많은 제자들을 부르셨고, 공생애 3년 동안에도 많은 시간을 갈릴리에서 보내셨는데, 여기에서 예수께서는 무슨 생각을 하셨을까 생각해 본 것입니다.

제 상상입니다만, 갈릴리 바다는 헬몬 산의 만년설이 녹아 지하로 스며들어 가이사랴 빌립보나 단에서 오아시스로 분출하여 상부 요단 강을 거쳐 갈릴리까지 내려와 큰 바다를 이루게 되는데, 그러나 거기서 끝나지 않고, 강물은 하부 요단 강을 굽이굽이 흘러 다시 죽음의 바다인 사해까지 낮아지는 것입니다. 사해 해면은 해발 마이너스 400m이고, 사해 수면에서 사해 바닥까지는 또다시 마이너스 400m나 깊답니다. 지구상에서 가장 낮은 지역입니다. 다시 말하면, 헬몬 산의 하얀 눈이 녹고 녹아 낮아지고 낮아져 결국 저주의 바다인 물고기나 식물 하나도 살 수 없는 죽음의 바다, 곧 사해까지 낮아지겠다는 그런 생각을 예수께서 하시지 않았을까 상상해 본 것입니다.

하나님께서는 이처럼 세상에서 가장 낮아진 예수를 억천만 인간 가운데 가장 높은 자로 세우셨다는 것입니다. 그것은 하나님의 창조 원리입니다. "이러므로 하나님이 그를 지극히 높여 모든 이름 위에 뛰어난 이름을 주사 하늘에 있는 자들과 땅에 있는 자들과 땅 아래 있는 자들로 모든 무릎을 예수의 이름에 꿇게 하시고 모든 입으로 예수 그리스도를 주라 시인하여 하나님 아버지께 영광을 돌리게"(빌 2:9-11) 하셨기에, 예수님이야말로 세상에서 가장 명예로운 이름을 차지하신 분입니다.

예수님께서 그 영광을 하나님께 돌리셨을 때, 하나님께서는 그 영광을 다시 예수님께 되돌려주심으로 가장 영광스런 지위를 차지하게 되신 것입니다. 이것이 하나님의 창조원리이고, 우리가 참으로 명예로운 길이 무엇인가, 참으로 영광스러운 사람이 되는 것이 무엇인가에 대한 답변이라고 볼 수 있는 것입니다.

사도 바울의 삶은 철저하게 이와 같은 예수 그리스도의 발자취를 따르려고 했던 삶이었습니다. 그는 예수님처럼 자신도 어떻게 하나님께 가장 큰 영광을 돌려드릴 수 있을까 고민했던 것 같습니다. 디모데전서 1장 15절에 "미쁘다 모든 사람이 받을 만한 이 말이여 그리스도 예수께서 죄인을 구원하시려고 세상에 임하셨다 하였도다 죄인 중에 내가 괴수니라"고 했습니다. 자기 자신을 모든 죄인 가운데 가장 추악한 죄인 괴수로 자처하고 있고, 결국 그는 로마로 복음을 전하러 갈 때도 죄수의 신세로 배에 태워 끌려가는 모습을 볼 수 있습니다.

또한 빌립보서 3장 5절 이하에서도, "나는 팔 일 만에 할례를 받고 이스라엘 족속이요 베냐민 지파요 히브리인 중의 히브리인이요 율법으로는 바리새인이요"라고 말합니다. 갈라디아서에서도 자기야말로 당대 최고의 율법학자 가말리엘의 문하생이라고 합니다. 속된 말로 KS 마크가 붙은 일류 대학 출신으로서 모든 사상의 정상을 점령했다고 자처하던 사람이 자기 자신을 죄인 괴수라 자칭합니다. 예수 그리스도의 정신을 닮으려는 생각에서 비롯된 것이라 할 수 있고, 오늘날 우리가 신약의 신학과 사상을 연구할 때 예수 그리스도 그다음 자리에 바울을 앉히게 되는 것도 바로 하나님께서 이러한 영예를 바울에게 주신 결과라고 볼 수 있습니다.

어떤 목사님이 얼마 전에 설교하실 때 말씀하신 한 예화가 생각납니다. 성 프란체스코가 유럽 전역으로 그 명성을 날리던 그 시절에 그의 제자 하나가 꿈을 꾸었답니다. 천국에 올라갔는데, 하나님께서 훗날에 주님의 종들에게 하사하실 의자가 놓여 있었는데, 그 가운데 찬란하게 금으로 만든 의자에 '성 프란체스코'라는 이름이 적혀 있었고, "이 의자는 성 프란체스코가 천국에 들어오면 앉게 될 의자"라고 천사가 말하더랍니다.

평소에 자기 스승인 프란체스코를 존경하긴 했지만, 꿈을 깬 다음 가만히 생각해 보니 자기 스승이 그 정도로 훌륭한 것 같지는 않고, 또 스승에 대한 약간의 질투심도 느끼던 차에, 어느 날 단둘이서 마주 앉게 되어 스승에게 물었답니다. "선생님, 선생님은 자기 자신에 대하여 어떻게 생각하십니까?"

그때 성 프란체스코는 지체없이 "나는 이 세상에 있는 모든 인간들 가운데서 가장 악한 죄인이라 생각하네"라고 대답했답니다. 이때 그 제자는 "아니, 선생님, 그건 위선입니다. 선생님이 살인죄를 지었습니까, 간음죄를 지었습니까? 온 유럽 천지가 선생님을 성자로 받드는데, 그것은 일종의 위선이 아닙니까?"라고 물었답니다.

그때 성 프란체스코가 온유하고 겸손한 자세로 대답하더랍니다. "그것은 자네가 나를 잘 몰라서 그런 걸세. 참으로 잘못 알았구먼. 사실 나는 이 모든 사람들보다 더 참혹하고 극악한 죄인인데, 다른 것이 있다면 하나님께서 나에게 이들보다 더 큰 은혜를 주셔서 성자라고 불릴 뿐이지. 실제로는 그 악인들에게 하나님께서 내가 주신 은혜만큼 주셨다면 그들이 나보다 훌륭한 성자가 되었을 걸세."

또 어떤 목사님의 예화 가운데 이런 것도 있습니다. 중세 시대 아프리카에 롱가무스라 불리는 한 수도승이 있었는데, 하나님의 능력을 받아 많은 병자를 고쳤다고 합니다. 그의 이름이 시내 반도와 아프리카와 사우디아라비아 전 지역에 알려져 수많은 병자들이 물밀듯 그를 찾아왔다는 것입니다.

어느 날 그가 해변가를 거닐고 있을 때, 한 여자가 유방암을 앓았는지 - 옛날이나 지금이나 여자들에겐 대개 유방암이 있습니다 - 롱가무스의 수도원으로 황급하게 걸어가는 한 여자와 맞부딪치게 되었는데, 그 여자가 그에게 질문했답니다. "롱가무스인지 누군지 정확한 이름은 잘 모르겠는데, 그가 있는 수도원으로 가는 길이 어딥니까?"

이때 롱가무스는 "왜 그 수도원에 가려고 합니까?" 라고 반문했고, 그 여인은 "제가 유방암에 걸렸는데, 롱가무스에게 안수 받고 고침을 받기 위해서 가는 길입니다"라고 말했습니다. 그러자 롱가무스가 대답했답니다. "롱가무스는 더 이상 아주머니에게 필요없습니다. 그 롱가무스라는 놈 아주 나쁜 놈입니다. 자기만 알고, 모든 명예를 자기 혼자 차지하려는 아주 몹쓸 놈입니다. 저도 수도승인데 제가 당신을 위해 기도해 드리겠습니다" 라고 말하면서, 그 자리에서 그 여인을 위해 기도하자 병이 나아 돌아갔다는 것입니다.

그다음부터 그 여자는 "내가 롱가무스를 만났더라면 큰일 날 뻔했다. 그 나쁜 놈을 만났더라면 헛걸음할 뻔했다. 내가 다른 수도승을 만났고, 그가 예수 그리스도의 이름으로 기도해 주어 병이 나았다"고 소문을 퍼트렸고, 이후부터 롱가무스는 '나쁜 놈' 으로 알려지게 되었다고 합니다.

우리 한국에도 이제 기독교가 많이 팽창하여 인구의 25%가 예수를 믿어서인지 TV를 틀면 예수 이름을 높이는 그런 발언들을 자주 듣게 됩니다. 저는 1년 전에 TV에서 전국 어린이 노래자랑을 본 적이 있는데, 어린이와 부모가 함께 노래하는 프로그램이었습니다. 여러분처럼 저도 동요를 아주 좋아하는데, 제가 머리는 희지만 마음은 아직 동심입니다. '노아람'이라는 학생이 엄마와 같이 노래했는데, 아주 잘하더라고요. 아마 교회의 어린이 성가대원이 아니었나 생각됩니다만, 그 대회에서 노아람이 1등을 했습니다. 그런데 1등 한 소감을 말해 보라니까 "제일 먼저 1등 하게 해주신 하나님께 영광을 돌립니다"라고 말문을 여는 것입니다. 이 말을 듣는 순간 말할 수 없는 감동 가운데, 하나님께 울고 싶었습니다. 하나님께 '참 감사하다'는 생각과 함께 눈물이 핑 돌았습니다.

그보다는 약한데, 얼마 전 미스코리아 대회에서 궁선영 양도 1등을 한 다음 "제일 먼저 하나님 아버지께 영광을 돌립니다"라고 말하는 것을 들었습니다. 제가 바라건대, 진심에서 우러나온 말이기를 바랍니다. 그 노아람 군의 진심을 저는 의심하지 않습니다.

저 자신은 어떠한가, 그것이 문제입니다. 여러분이 가운을 입은 장영일을 볼 때, 머리가 희끗희끗 센 저를 약간 거룩하게 보실지 모르지만, 저야말로 극악한 악질입니다. 저의 삶을 지배해 온 것 가운데 하나가 라이벌 의식입니다. 남보다 더 앞서길 원하고, 남보다 더 좋은 칭찬을 받길 원하고, '장영일이 더 낫다'는 그런 인정을 받기 위해서, 어떤 의미에서 제가 박사 학위를 받은 것도 그런 동기에서 비롯된 것이 아닌가 생각해 봅니다. 요즘 와서 더욱 그런 생각을 하게 됩니다.

비행기를 타고 가면서 내려다보면 얼마나 세상이 작게 보입니까. 집이나 사람이 개미처럼 보입니다. '오십보백보', 별 차이 없습니다. 사람들은 서로 잘났다고 키 재기를 하는데, 모두 다 도토리 키 재기 아닙니까? 사람끼리 누가 더 좋은 논문을 썼건, 누가 1등을 했거나, 하나님이 내려다보실 때는 마치 개미들이 10m 경주를 할 때 "내가 1cm 더 빨리 갔다. 내가 더 잘했다" 하고 자랑하는 것과 무엇이 다릅니까? 얼마나 어리석은 일입니까? 얼마나 많은 시간을 거기에다 투자합니까? 얼마나 많이 속아 삽니까? 얼마나 많은 시간과 정력과 일생까지 투자하며 영광을 차지하려 애씁니까? 하나님 앞에 설 때 무어라고 대답할 것입니까? 하나님께서 나에게 "정말 너는 하나님의 영광을 하나님께 돌렸느냐?" 하고 물으실 때, 나는 무엇이라 대답할 것이며, 나의 비석에 뭐라고 새겨질 것입니까?

어떤 사람의 비석에는 "먹다 죽다"라고 새겨져 있었다는데, 아마 저의 묘비에도 "먹고 즐기고 자랑하다가 죽었다", "자기를 자랑하다가 죽었다" 라고 새겨질 것 아닌가 하는 생각을 하게 됩니다.

다이아몬드의 가치는 네 가지 또는 4C에 따라 달라진답니다. 첫째, 컬러(Color/색깔), 둘째, 클래리티(Clarity/투명도), 셋째, 캐럿(Carat/무게), 넷째, 컷(Cut/잘린 단면)입니다. 이 넷 중에 마지막으로 가장 중요한 것이 컷(Cut)이랍니다. 지도자를 다이아몬드에 비유할 때, 지도자도 자신이 얼마나 많은 잘림과 고통과 자기 부인을 겪었느냐에 따라 그 가치가 달라진다는 것입니다. 다시 말하면, 지도자가 얼마나 많이 자신을 비우고 깎는 겸손을 통하여, 하나님께 얼마나 많은 영광을 돌렸느냐에 따라 그 인격과 신앙의 값이 높게 매겨진다는 것입니다. 이 이야기는 이번 여름방학 중 성지 순례에서 다이아몬드 공장에 들렸을 때 배운 것입니다.

〈탈무드〉에 보면, 인간은 제6일째 마지막으로 창조되었으니까 벼룩보다 늦게 창조되었고, 결국 벼룩보다 못한 존재라는 것입니다. 인간은 벼룩 앞에서도 결코 자랑할 것이 없다는 것입니다. 이것은 웃을 일이 아니고 자기 자신을 돌아볼 때 그렇게 겸손한 마음을 가져야 한다는 뜻입니다. 정말 나의 삶이 하나님께 영광을 돌리는 삶인가, 말끝마다 하나님께 영광을 돌리는 삶인가 물어봐야 하고, 다윗의 시(시 18편)에서처럼, "나의 반석이시요 나의 힘이시요 나의 요새"이신 하나님께 모든 영광, 즉 모든 좋은 것을 돌려 드리는 그런 삶을 살 때, 이 세상에서는 물론이고 훗날 하나님 앞에 섰을 때도 주님처럼, 사도 바울처럼, 그리고 성 프란체스코처럼, 천군 천사들과 뭇 성도들 앞에서 하나님께 인정받고 높임받게 된다는 것을 잊지 마시기 바랍니다.

■ 주후 1994년 3월 3일 오전 10시 대학부 채플

03

죽은 자를 살리려면

여호와께서 권능으로 내게 임재하시고 그의 영으로 나를 데리고 가서 골짜기 가운데 두셨는데 거기 뼈가 가득하더라 나를 그 뼈 사방으로 지나가게 하시기로 본즉 그 골짜기 지면에 뼈가 심히 많고 아주 말랐더라 그가 내게 이르시되 인자야 이 뼈들이 능히 살 수 있겠느냐 하시기로 내가 대답하되 주 여호와여 주께서 아시나이다 또 내게 이르시되 너는 이 모든 뼈에게 대언하여 이르기를 너희 마른 뼈들아 여호와의 말씀을 들을지어다 주 여호와께서 이 뼈들에게 이같이 말씀하시기를 내가 생기를 너희에게 들어가게 하리니 너희가 살아나리라 너희 위에 힘줄을 두고 살을 입히고 가죽으로 덮고 너희 속에 생기를 넣으리니 너희가 살아나리라 또 내가 여호와인 줄 너희가 알리라 하셨다 하라 이에 내가 명령을 따라 대언하니 대언할 때에 소리가 나고 움직이며 이 뼈, 저 뼈가 들어 맞아 뼈들이 서로 연결되더라 내가 또 보니 그 뼈에 힘줄이 생기고 살이 오르며 그 위에 가죽이 덮이나 그 속에 생기는 없더라 또 내게 이르시되 인자야 너는 생기를 향하여 대언하라 생기에게 대언하여 이르기를 주 여호와께서 이같이 말씀하시기를 생기야 사방에서부터 와서 이 죽음을 당한 자에게 불어서 살아나게 하라 하셨다 하라 이에 내가 그 명령대로 대언하였더니 생기가 그들에게 들어가매 그들이 곧 살아나서 일어나 서는데 극히 큰 군대더라 또 내게 이르시되 인자야 이 뼈들은 이스라엘 온 족속이라 그들이 이르기를 우리의 뼈들이 말랐고 우리의 소망이 없어졌으니 우리는 다 멸절되었다 하느니라 그러므로 너는 대언하여 그들에게 이르기를 주 여호와께서 이같이 말씀하시기를 내 백성들아 내가 너희 무덤을 열고 너희로 거기에서 나오게 하고 이스라엘 땅으로 들어가게 하리라 내 백성들아 내가 너희 무덤을 열고 너희로 거기에서 나오게 한즉 너희는 내가 여호와인 줄을 알리라 내가 또 내 영을 너희 속에 두어 너희가 살아나게 하고 내가 또 너희를 너희 고국 땅에 두리니 나 여호와가 이 일을 말하고 이룬 줄을 너희가 알리라 여호와의 말씀이니라 (겔 37:1-14)

살리는 것은 영이니 육은 무익하니라 내가 너희에게 이른 말은 영이요 생명이라 (요 6:63)

'죽은 자를 살리려면' 이라는 제목으로 함께 은혜를 나누려 합니다. 이런 제목을 걸게 된 이유는, 최근에 죽음에 대해 생각할 계기가 있었기 때문입니다.

시골의 제 친척들이 가족 묘지를 예산군 봉산리의 야산에 구입하게 되면서 조상들의 주검에 대하여 이런저런 이야기를 하게 되었습니다. 앞으로 돌아가신 친족들의 유골을 새 묘지로 옮겨야 하는데, 그럴 경우 경기도의 어떤 사람들처럼 두 개의 묘만 만들어 하나는 영구히 뼈를 보존할 납골당으로 쓰고, 또 하나는 지하를 깊이 판 후 그때그때마다 돌아가신 분들의 시체를 묻어 일정 기간 뼈만 남을 때까지 기다렸다가 4·5년 뒤에 그 유골들을 납골당에 옮겨 보관하는 것이 좋지 않겠느냐, 그렇게 해야 우선 경제적으로 장례 비용도 절약할 수 있고, 국가적으로도 애국하는 길이라는 것이었습니다.

우리나라 영토가 증가하는 인구에 비하여 턱없이 비좁다고 아우성인데, 지금처럼 가족마다 묘지를 쓸 경우 우리 한반도가 온통 무덤으로 뒤덮여 후손들의 생활 터전마저 위협받는 상황이 벌어진다는 것입니다.

죽음을 생각한다는 것은 어떤 의미에서 종말론적인 사고를 시작하는 것이 아니겠습니까? 미국에서는 요즘 '죽음학' 이 유행하고 있답니다. 사람들이 죽을 때 흔히 발악을 하고, 누구를 원망 불평하고 욕하면서 죽는다는데, 그렇게 죽는 이유는 죽음에 대한 준비가 안 되어 있기 때문이라고 합니다. 따라서 죽기 전에, 사전에 사람들로 하여금 죽음에 대해 미리 준비하도록 도와줘야 한다는 이야기를 신문지상에서 읽었습니다.

죽음이란 것을 생각하다 보면, 여러분 학생들은 아직도 홍안 소년 소녀들이기 때문에 죽음에 대하여 거의 생각을 하지 않는다고도 볼 수 있는데, 분명한 것은 100년만 지나면 여러분 모두 몰골이 흉한 해골 신세가 되어 무덤에 들어가 있을 것입니다. 이것은 제가 예언하지 않아도 너무나 확실하지 않습니까?

죽음이란 것을 생각하면서부터 인간은 철이 든다고 합니다. 죽음에 대하여 알게 되면서부터 자기 자신의 실존에 대하여 심각하게 생각하게 되는데, 왜냐하면 죽음 자체가 모든 생명을 무효화시키는 무시무시한 파괴력이기 때문입니다. 즉 모든 인간의 7,80년 인생을 철저하게 백지화 시키는 것이 죽음이기 때문에 그렇습니다.

모든 인간이 죽음을 생각하면 좌절하게 되고, 절망하게 되고, 때로는 두려워하게 되는데, 모든 공부한 것, 그동안 사귄 모든 사람과 그동안 쌓아 놓은 모든 돈과 명예와 권세 등 이 모든 것이 죽으면 다 끝장나기 때문입니다. 글자 그대로 완전 무효가 되는 것입니다. 죽으면 더 이상 대화도 할 수 없고, 모든 인간관계도 단절됩니다. 여러분이 컴퓨터처럼 여러분의 머리에 지식을 많이 집어넣고 있는데, 죽으면 그것이 완전히 나가버리는 것입니다. 그것이 바로 죽음입니다.

그러나 저는 신앙적인 측면에서 죽음을 생각할 때, 기독교인 된 것이 얼마나 기쁘고 행복한지 모릅니다. 우선 죽음은 저와 여러분을 자유케 하기 때문입니다. 해방감을 맛보는 것, 그것이 기독교인이 죽음을 예견할 때 맛보는 첫 번째 베네핏(benefit)입니다. 죽는다고 하면 우선 욕심이 없어집니다. 내가 곧 죽을건데, 뭐 이런저런 소유욕 때문에 욕정에 사로잡혀 고민할 필요도 없게 되는 것입니다. 저도 대학 다닐 때 제가 좋아하던 거의 모든 여자들이 저를 싫어하여 굉장히 마음 아파하며 고민한 적이 있습니다만, 그 모든 욕망과 기대가 죽으면 말짱 헛일입니다.

바로 이것입니다. '왜 내가 그런 헛된 것을 위해서 죽자 사자 애쓰고 고민했던가?' 뭐 어떤 사람은 애인이 배반하면 자살도 하고 그러지 않습니까? 그게 다 이기적 욕망에서 나오는 것입니다. 아가씨들은 얼마나 정성을 쏟아 화장을 합니까? 사람들에게 예쁘다는 소리를 듣기 위해서 참 많이 애를 씁니다. 얼마 안 있으면 죽는다고 생각하면 그런 모든 욕망에서 해방될 수 있는 것입니다. 70년 뒤에는 해골로 돌아갈 얼굴에 뭐를 바르고, 뭐를 달고, 치장을 하는데, 남자인 저에게 그런 것들은 별로 상관이 없는 이야기이긴 하지만, 다른 사람들의 경우를 생각할 때, 만약 50년 뒤의 죽음을 기정 사실로 받아들일 경우에 그와 같은 수고와 번민과 애착으로부터 해방될 수 있지 않을까 생각됩니다.

또 한편으로 기독교인이 죽음을 생각할 때 누리게 되는 기쁨은 죽어도 살게 된다는 것입니다. 인간에게 있어서 가장 큰 기적은 죽음에서의 부활이라 할 수 있는데, 그 기적은 하나님께서 성도들에게만 주신 축복이고, 오로지 예수 그리스도를 통해서만 맛볼 수 있는 일종의 놀라운 엑스터시(ecstasy)라고 할 수 있습니다. 어떤 화가가 그린 그림 가운데 예수께서 부활하시고 재림하실 때 성도들이 환영하는 그림이 있는데, 이 그림의 주제는 '기쁨과 환희'인 것 같습니다. 기독교인은 죽음을 생각할 때 이 땅에서의 모든 부귀와 영화를 기꺼이 포기하게 되지만, 동시에 죽음 저편의 부활과 재림을 생각하면서 기쁨과 희열과 소망을 맛보게 되는 것입니다. 이와 같은 생각들이 말하자면 기독교인의 종말론적 사고입니다.

이와 같은 종말론적인 생각 가운데서 저는 오늘의 설교 제목대로 '죽은 자를 살리려면' 어떻게 해야 할지에 대하여 질문을 갖게 되었습니다. 어떤 의미에서 세상에는 죽은 사람이 너무나 많은 것 같습니다. 인격이 죽어 있는 사람, 몸만 죽은 게 아니라 인격 자체가 죽어 있는 사람이 많다는 것입니다. 이미 죽은 사람은 남에게 해를 끼치지 않지만, 인격이 죽어 있는 악한 사람들은 다른 사람에게 해를 끼칩니다. 인격이 죽은 사람들은 죽은 자보다도 몇 백 배나 더 악취를 풍기게 됩니다. 어제 TV에서 보니까, 두 차가 추월 경쟁을 하다가 차를 세워 놓고 다투는 과정에서 한 사람이 죽었습니다. 그와 같이 양보할 줄 모르는 인격이 곧 죽은 인격입니다.

요즘 부유층 여인들이 백화점의 외제 화장품 판매대에서 다시 싹쓸이를 한다고 합니다. 그 여파로 백화점마다 화장품을 모두 외제로 바꿔 놓는답니다. 우리나라 여성들이 국산보다 외제를 선호하기 때문입니다. 요즘 한국 화장품도 질이 많이 개선되어 외제와 다를 바 없다는데도, 허영심 때문에 외제를 선호한다는 것입니다. 이와 같은 여성들이야말로 죽은 사람, 죽은 인격이 아닐까요? 지금이 어떤 세상인데, 외제를 선호합니까? 참 가슴 아픈 일입니다.

특히 탁명환 씨를 살해한 대성교회의 임홍천 씨는 어느 신학교의 신학생이라 합니다. 26살 먹은 신학생이라니, 참 안타까운 일입니다. 이것이 여러분과 저의 자화상일지도 모르겠습니다. 정치가는 어떻습니까? 어린아이들이 모금해서 국방 성금을 보냈는데, 그걸 유용하여 사우나탕이 있는 국군회관을 지었다고 합니다. 폭력배들이 휘두르는 회칼, 참 생각만 해도 섬뜩하잖습니까? 생선을 베는 날 선 칼로 반대편 폭력배들을 난자하다니, 이게 있을 수 있는 일입니까?

이들이야말로 죽은 사람보다도 더 악취가 나는 죽은 사람, 죽은 인격입니다. 설 연휴 때 우리가 잘 아는 놀라운 사건이 있었습니다. 어떤 사람이 부부싸움 끝에 처갓집에 돌아와 있는 자기 아내를 돌려주지 않는다고 처갓집 다섯 식구에게 총을 쏴 죽였습니다. 그리고 자기도 쏘아 자살하였습니다.

어떤 사람은 전화 박스에서 자기 뒤에 서 있는 여자가 전화 좀 빨리 끝내라고 독촉하니까, 그 여자를 홧김에 찔러 죽였다고 하지 않습니까? 웃을 일이 아닙니다. 옛날 같으면 이런 사건이야말로 진짜 큰일입니다. '큰일 났다' 는 말이 이런 경우인 것입니다. 옛날에 돌멩이가 산 아래로 굴러떨어질 때 충청도 사람은 "아버지, 큰일 났어유!"라고 말했다는데, 요즘엔 그 정도는 큰일로 보지 않습니다. 여러분이나 저나 다 같이 웃었습니다만, 한 여인이 한 남성에게 폭행 살해당하는 충격적인 사건에도 별로 놀라지 않고 무관심 속에 웃어 넘기는 그런 세상으로 전락한 것입니다.

얼마 전, 미국 메사추세츠 주에서 재판이 있었는데, 어떤 사람이 해변에서 헤엄치다가 빠져 죽었는데, 옆에서 일광욕을 즐기던 사람이 그가 빠져 죽는 걸 뻔히 보고 있으면서도 그를 구해 주지 않았다는 것입니다. 그래서 그 죽은 사람의 가족이 그 사람을 고소한 것입니다. 그런데 물에 빠져 죽은 사람을 방치한 그 사람에게 무죄를 선고했답니다. 그에게는 물에 빠진 사람을 구해줄 의무가 없었다는 것입니다. 전적으로 물에 빠진 사람의 잘못이라는 것입니다. 얼마나 매정합니까? 다른 사람이 막 살려달라고 소리치는데, 하다 못해 밧줄이라도 던져 주었어야 하는 거 아닙니까? 그런데도 '너 죽어 봐라, 잘 죽는다' 라는 투로 이웃의 죽는 모습을 즐기는, 이 얼마나 타락한 인격, 타락한 사회입니까?

몇 년 전에 방글라데시에 다녀왔습니다. 우리 선배 가운데 정성균 목사님이 방글라데시에서 선교하다가 파키스탄으로 이동하여 그곳에서 순직했기 때문에, 그분의 일대기를 쓰기 위해 답사를 갔던 것입니다. 방글라데시의 다카 공항에 내렸는데, 도착하자마자 거지 떼들이 몰려와 저를 붙들고 놓아주지 않았습니다. 제 호주머니의 볼펜을 뺏어 가려 하고, 가방 하나라도 서로 들어주려고 자기들끼리 다퉜습니다. 짐을 들어주고 한 푼이라도 돈을 받으려는 것입니다.

철도역 옆에 있는 한 난민촌에 갔습니다. 비아리 캠프라고 불리는 그곳에서는, 한 가족이 적어도 대여섯 명인데, 한 평밖에 안 되는 천막에서 살고 있었습니다. 천막 바닥은 진흙 바닥이었고, 캠프 주변에서 대소변을 다 보고, 그 안에서 밥을 해 먹고, 비 오면 어떻게 자는지 모르겠습니다. 더운 나라인지라 아이들은 걸친 옷 없이 모두 발가벗긴 채였고…….

이런 장면을 처음 보는 일행 가운데 총신대 여학생 한 명이 있었는데 그 비참한 장면을 보고 엉엉 울었습니다. 그 난민촌 수용소에는 약 5-6만 명이 수용되어 있었는데, 먹을 것이 없는데도 천막 바닥에 양재기 하나 놓고 그 작은 방에서 대여섯 식구가 함께 구걸해 온 음식을 먹고 사는 것입니다. 그 장면을 보고 그 여학생이 나중에 간증할 때 울면서 이런 이야기를 했습니다. 자기가 한국에 있을 때 밥맛 없다고 투정하고 원망했는데, 냉장고에 넣어둔 음식을 너무 오래 두어 썩히고, 옷도 여러 벌이나 되어 자주 갈아입고……. 방글라데시 사람이나 자기나 같은 지구촌에 사는 똑같은 인간인데, 한 사람은 비참하게 빼빼 마른 채로 굶어 죽고, 한 사람은 음식 맛이 없다고 버리고……. 너무나 양심에 가책이 되어서 운다는 것이었습니다.

아프리카에서 참혹하게 죽어가는 빈민들을 보면서 여러분은 얼마나 짙은 아픔과 연민 가운데 구호 헌금을 보내고 절제하는 삶을 사는지 모르겠습니다. 굶어 죽는 사람들에 대한 관심이 없다면 여러분도 너무나 비인간적인, 어떤 의미에서 또 다른 죽은 인격이 아니고 무엇이겠습니까? 그런 비참한 장면을 보고 아무런 연민도 느끼지 못한다면, 이미 정상적인 센스(감각)가 죽어버린 것 아니겠습니까? 이와 같은 인격이 죽어버린 저와 여러분을 살리려면 어떻게 해야 하겠습니까? 여러분과 제 안에 존재하는 죽은 인격을 살리는 길이 무엇입니까?

오늘 성경 본문에 나오는 이야기는 우리 모두 잘 아는 내용입니다. 대체로 주석가들이 '해골 골짜기의 환상' 이라는 제목을 붙인 내용인데, 에스겔 선지자가 어떤 계곡에 갔을 때 하나님께서 보여주신 환상에 대하여 말하고 있습니다. 그 장소는 전쟁터였던 것 같고, 전쟁으로 인하여 그 장소에서 수많은 군인들이 죽었을 것이고, 세월이 지나면서 전사자들의 시체가 모두 썩고 뼈만 남아 있는 그 비참한 계곡에서 하나님은 에스겔에게 "이 뼈들이 능히 살겠느냐"고 물으십니다. 그때 에스겔은 "주께서 아십니다"라고 대답했고, 이어서 하나님은 에스겔에게 "이 뼈들을 향하여 대언하라"고 명령하십니다.

'대언하라' 는 말은 히브리 말로 '힌나베' 즉 '나바아' 의 히필 명령형으로서 '(이 뼈들을 향하여) 예언하라, 대언하라' 는 것입니다. 원래 '나바아' 라는 동사는 '대언하다', '예언하다' 는 뜻을 갖고 있습니다. 대언을 하면, 즉 그 뼈들이 하나님 말씀(다바르)을 들으면, 그 뼈에 힘줄이 입혀지고 살이 돋고 가죽이 덮여 살아날 것을 말씀하십니다. 그래서 그 말씀에 순종하여 에스겔이 대언했습니다. 뼈들을 향하여 예언했더니, 소리가 나고 움직이는 것이었습니다. '움직인다' 는 말은 히브리어로는 '라아쉬' 인데 지진 현상을 가리킬 때 사용되는 말입니다. 하나님의 말씀이 선포되니까 그 계곡이 울렸습니다.

그런 다음 뼈들이 서로 붙기 시작했는데, 그것 가지고는 뼈들이 살아나지 않았습니다. 사람의 모습은 회복되었는데, 마치 의식을 잃은 사람처럼, 의식이 없는 상태였습니다. 그때 하나님께서 다시 대언하라고 하셨는데, 이때는 바람 곧 생기(루아흐)를 향하여 대언하라는 것이었습니다. "생기야, 이 뼈들에게 들어가서 살해당한 자를 살게 하라."

에스겔이 그 말씀대로 대언했더니 이 루아흐, 곧 생기(또는 바람)가 그들에게 들어가면서 그들 모두 벌떡벌떡 일어나는데, 순식간에 수만 명이 일어나 큰 군대를 이루어 정렬하는 것이었습니다. 이것이 에스겔이 본 환상입니다. 물론 이 이야기는 개인적인 부활보다도 이스라엘 백성의 부활, 이스라엘 공동체의 부활을 예고하신 것이라고 볼 수 있습니다.

본문 11절부터 보면, 무덤에 들어가 있는 이스라엘 민족이 무덤에서 나올 것을 예고하고, 무덤에서 나와서 곧 고국으로 돌아가게 된다는 것입니다. 지금 이스라엘 민족 곧 유대인들이 바벨론에 포로로 가 있는 상태에서 에스겔은 이 환상을 보았던 것입니다.

우리가 여기에서 관심을 갖게 되는 것은, 에스겔이 본 바 뼈들이 살아나는 방법 세 가지에 대한 것입니다.

첫째는, 루아흐 곧 하나님의 영에 대한 것입니다.

'루아흐'(רוח)는 성경에서 여러 가지 의미로 번역되어 있는데, 여기서는 '생기'와 '신'(神)으로 번역되어 있습니다. 그러나 히브리어를 배운 사람은 알겠지만, '루아흐'처럼 다양한 뜻을 갖고 있는 단어도 없습니다. 하나님께서 천지를 창조하실 때, 하나님의 '신'은 수면에 운행하셨는데, 이때 사용된 단어가 바로 '루아흐'입니다. 또 하나님께서 흙으로 사람을 만들고 생기를 불어넣으셨다고 할 때 '느샤마'라는 단어를 썼는데, 이 용어도 루아흐와 같은 뜻을 갖고 있는 동의어입니다. 생기는 일종의 창조의 영 곧 살리는 영이고, 신약과 70인역에서는 '프뉴마'(πνεῦμα)라는 말로 번역됩니다. 어쨌든 생명이 없는 무생물을 살려주는 요소는 하나님의 영 곧 루아흐 또는 프뉴마입니다. 오늘 우리가 읽은 요한복음 6장 63절에도 "살리는 것은 영이니"라고 말씀하시면서 '프뉴마'라는 단어를 사용하고 있습니다.

둘째는, 하나님의 말씀입니다.

'다바르 야훼' 곧 여호와의 말씀, 주님의 말씀을 들을 때 마른 뼈들이 살아났던 것입니다. 하나님께서 천지를 창조하실 때, 요한복음 1장 1절 이하에 의하면 하나님께서 말씀으로 세상을 창조하셨다는 것입니다. '다바르 야훼' 곧 여호와의 말씀이 생명을 창조하며 죽은 자를 살리는 말씀인 것입니다.

셋째는, 대언하는 자가 있어야 했습니다.

대언하는 자는 에스겔 곧 예언자입니다. '나바아'는 '예언하다'라는 뜻도 있지만, 예언자가 황홀 상태에서 하나님의 말씀을 듣고 보며 하나님의 메시지를 전달하는 그런 상태를 가리키는 말입니다.

결국 에스겔이 여기에서 본 비전은 이스라엘 국가의 새로운 창조에 대한 비전입니다. 이스라엘 곧 유대인들이 주전 597년에 바벨론에 제1차 포로로 잡혀갔는데, 그때 에스겔도 25세의 나이로 포로로 끌려갔던 것입니다. 예루살렘 성전은 파괴되고 왕도 사라진 상태에서, 이스라엘이 자신의 소망을 오로지 예언자에게 걸었던 시대가 약 50년 지속되었던 것입니다.

이 같은 상황에서 이스라엘 백성들은 하나님의 약속을 잊어버린 상태였고, 결국 엄청난 절망이 유대인들을 지배하고 있었던 것입니다. 현대에는 전쟁의 참혹상을 잘 예측하기 힘든데, 옛날의 전쟁은 글자 그대로 참혹하기 그지 없었던 것입니다. 전쟁 상황도 비참했지만, 패전의 경우에 모든 고관들과 지식층이 벌거벗긴 채로 귀가 뚫리고 코에 사슬이 꿰인 채로 끌려갔던 것입니다.

여러분 가운데 귀걸이를 한 사람이 있는데, 그것은 자신이 옛날에는 포로임을 드러내는 표시였음을 아시길 바랍니다. 옛날에는 그것이 수치의 표시였습니다. 전쟁에 지면 군인들은 다 칼로 죽임을 당하고, 아내들도 다 빼앗기고, 아이들은 모두 종으로 팔려갑니다. 이것이 당시 포로의 상황이었습니다. 그야말로 모든 희망과 생명줄이 끊어진, 철저한 절망 상태가 바로 바벨론 포로기였던 것입니다. 더 이상 하나님의 약속에 대한 기대와 희망이 잊혀진 상태에서 회복의 가망이 보이지 않았던 것입니다. 우리도 일제 36년 동안 일본에게 억압을 당할 때 국토와 국어와 민족성마저 모두 빼앗기고 잊어버리고 상실했던 역사를 가지고 있습니다.

이 같은 상황에서 하나님께서 에스겔에게 주신 환상은 어떤 의미에서 앞으로 있을 이스라엘의 미래를 예고한 것이었습니다. 에스겔이 이 환상을 보고 예언한 시점을 생각해 보면, 대체로 주전 587년 이후였을 것으로 봅니다. 무슨 말이냐 하면, 주전 597년 즉 에스겔이 포로로 잡혀갔을 때는 1차 포로기였는데, 당시의 이스라엘 백성들은 과거의 하나님을 배반한 죄에 대한 형벌임을 깨닫기 시작하였고, 에스겔도 그와 같은 관점에서 예언했던 것입니다. 그러나 남유다 왕국이 마지막으로 주전 587년에 바벨론 제국에게 패망하면서부터 에스겔의 예언이 변하는 것을 봅니다. 다시 말하면, 주전 587년까지는 "이스라엘은 결국 망한다. 하나님께 죄를 지었기 때문이다. 그것은 음란의 죄 때문이고, 오홀라(북왕국)와 오홀리바마(남왕국 유다)가 번갈아 여호와를 배반하고 다른 남편 곧 애굽과 가나안의 신들을 섬겼기 때문이다"라고 예언합니다.

그러나 주전 587년에 남유다마저 바벨론 포로로 끌려감으로써 하나님의 심판과 형벌이 시작되는 시점에서는 에스겔의 예언이 희망의 메시지로 전환하게 됩니다. 하나님께서 이미 이스라엘을 향한 심판을 시작하신 상황에서, 다시 말하면 이미 하나님의 형벌을 받고 있는 상황에서,

이제는 그들을 다시 회개시켜 고국으로 돌아가게 해야 하는 그런 상황에서 에스겔의 희망적 예언이 시작된 것입니다.

방금 전에 말한 것처럼, 우리 주위에는 죽음을 생각하게 하는 수많은 썩어가는 사람들과 사건들이 널려 있습니다. 어떤 의미에서 여러분은 지도자의 길에 들어선 사람들이고, 옛날에는 상상조차 할 수 없었던 – 저의 아버지는 초등학교 문 앞에도 못 가보셨는데, 여러분은 대학까지 오셨으니까 – 지성인의 문에 들어선 것입니다. 지성인에게는 지도자로서의 인격과 자질이 요구되고, 예언자들처럼 자신의 정체와 사명을 의식할 뿐만 아니라 국가의 장래까지 내다보는 안목이 필요합니다. 아울러 사람들의 타락한 인격, 곧 죽은 인격을 보고 애타게 부르짖는 탄식도 요구되지만 동시에 죽은 인격들이 다시 살아나는 비전도 바라볼 수 있어야 합니다.

본래 '예언자'는 고대에는 '호제' 또는 '로에'로 불렸는데, 우리의 개역에는 이 두 용어를 모두 '선견자'로 번역하였습니다. 둘 다 '본다'라는 동사의 동명사형으로, 글자 그대로 '볼 줄 아는 자'를 가리키는 것입니다. 인간의 역사에서 자기 자신의 정체뿐만 아니라 세상 역사의 미래를 보는 것이 얼마나 중요한지 모릅니다.

여러분은 여러분 자신이 이미 죽은 것을 보십니까? 여러분 자신의 죄를 보십니까? 여러분 옆에 죄로 죽어 있는 사람을 보십니까? 죽어가는 세계를 보십니까? 이 민족이 살길이 어디에 있겠습니까? 죽어가는 세상을 살리는 길이 어디 있다고 생각하십니까? 바야흐로 동풍이 분다고 그럽니다. 세계 역사는 어제 서정운 총장님께서 설교하실 때 말씀하신 것처럼, 세계 곳곳에서 한국 사람들을 부르고 있습니다. 한국에서 파송된 선교사들이 이제 중국과 소련으로, 인도와 인도네시아와 아프리카로, 유럽까지 달려가고 있습니다. 동풍이 심하게 부는데, 여러분 그 바람을 피부로 느끼고 계십니까?

여기서 우리가 다시 한번 유의해야 할 것은, 결국 성령, 루아흐, 하나님의 영, 하나님의 생기가 들어와야 죽은 자가 살아나고, 또 성령을 체험해야 성도가 비전을 보고, 미래도 보이고, 자기 자신의 정체도 바로 보게 된다는 것입니다. 그런데 성경에 의하면, 구약이나 신약이나 이 성령에 대하여 언급할 때, '말씀'과 동일시 되어 언급된다는 사실을 기억해야 합니다. '다바르 야훼'(여호와의 말씀)를 성령과 동일시하는 신학은 특히 요한복음에서 강조되는데, 다름 아닌 '말씀과 성령의 신학'인 것입니다. 예수님께서도 "살리는 것은 영이니 육은 무익하니라 내가 너희에게 이른 말은 영이요 생명이라"(요 6:63)라고 말씀하셨습니다. 죽은 인간이 하나님의 말씀을 들을 때 생명을 얻어 살아나게 된다는 것입니다. 인간이 하나님의 말씀을 듣기 전에는 본질적으로 죽은 자로 볼 수밖에 없다는 것입니다.

다시 한번 말씀드립니다만, 죽은 자와 방불한 여러분 자신과 이웃과 조국을 살릴 수 있는 길은 말씀밖에 없음을 명심하시기 바랍니다. 여러분 가운데는 목회자가 될 분도 많고, 평신도로서 세계 평화를 위해 일하게 될 지도자들도 많은데, 이와 같은 지도자들에게 필수적인 도구가 말씀입니다. 말씀을 들을 때 성령을 체험하게 된다는 사실, 이것은 여러분 자신이 학기 초 사경회 때 모두 체험했지 않습니까? "예수 그리스도가 우리 죄를 위해 십자가 위에서 죽으셨다"라는 말씀을 받아들일 때 중생과 동시에 하나님의 자녀임을 확신하게 되고, 더 나아가 이웃과 미래도 보이기 시작한다는 것을 여러분이 다 체험하지 않았습니까? 요한복음 6장 63절에 언급된 '레마'라는 말은 구약의 '다바르'라는 말을 헬라어로 번역한 것입니다. 그러므로 여러분은 말씀에 치중하시기 바랍니다. 말씀 연구에 전력을 동원하시기 바랍니다. 음악을 하시는 분도 말씀에 깊이 잠길 때 영감 있는 노래와 연주를 하게 될 것입니다. 세계적인 예술적 대가들이 이 말씀을 통해 성령의 감동을 받고 그 결과 불후의 명작을 남긴 것을 역사가 증언하고 있습니다.

정작 우리가 앞으로 지도자로 나섰을 때 그때 한계를 느낀다는 말을 하면 안 됩니다. 이 말은 저 자신에 대한 말입니다만, 저는 교수로서 한계를 느낄 때가 한두 번이 아닙니다. 실력의 한계를 느끼고 인격의 한계도 느낍니다. 저수지에 물을 많이 저장하였을 때는 가뭄이 와도 걱정하지 않고 물을 마음껏 빼 쓸 수 있는 것처럼, 4년 또는 7년간의 말씀 공부를 통하여 더 많은 물을 저수지에 저장할 수 있기를 바랍니다. 말씀에는 창조의 능력과 개혁의 능력과 인간을 개조하는 능력이 모두 들어 있는 것입니다.

김영삼 대통령의 취임 1주년 기자회견 때 기자가 이런 질문을 했습니다. "개혁을 많이 했는데, 잘 안 되지 않느냐, 온통 안 되는 것뿐이지 않느냐, 왜 이런 문제가 생겼다고 생각하느냐?" 이런 질문에 대하여 김영삼 대통령은 답변하지 않았습니다. 말씀을 가르치는 구약 교수로서 제가 대신 대답한다면, 그것은 두말없이 인간을 개조해야 하는데, 그것이 안 되었기 때문에 각종 사건들이 터지는 것이 아니냐 하는 것입니다. 결국 사람이 바뀌어야 사회도 개조되는 것 아니겠습니까?

아파트 주차장에 주차하는 걸 보면, 대부분 그랜저나 소나타를 타는 사람들이 길을 막고 엉터리 주차를 하는 모습을 봅니다. 이들 부유층들이 밤에 2차 또는 3차 회식을 하고 와서 그런지는 모르지만, 인간이 바뀌지 않으니까 그랜저 아니라 그레이트 그랜저를 타도 못된 행실이 개선

되지 않는 것입니다. 그들의 인격을 어떻게 개조하겠습니까? 말씀 아니면 사회와 인간을 개혁할 수 없고 개조하실 수도 없는 것입니다. 하나님만이 인간을 개조하실 수 있는데 그것은 오직 하나님 말씀으로만 가능합니다.

"이는 힘으로 되지 아니하며 능력으로 되지 아니하고 오직 나의 영으로 되느니라"(슥 4:6).

'나의 루아흐' 즉 하나님의 영, 하나님의 말씀으로 된다는 뜻입니다. 여러분은 말씀을 더욱 열심히 연구하고 묵상하고 외우고 들으시기 바랍니다. 그 말씀을 겸손한 마음으로 받아들일 때, 마치 어떤 공간이든지 틈만 나면 공기가 들어가듯이, 우리 마음의 문을 조금만 열어도 하나님 말씀은 공기처럼 바람처럼 우리 마음에 들어와 죽은 자를 살리는 루아흐(생기), 곧 창조의 능력으로 충만케 하실 것입니다.

우리 모두 성령의 횃불 곧 말씀의 횃불을 손에 들고, "와서 우리를 도우라" 부르는 중국과 인도와 아프리카와 중동의 많은 영혼들에게 생기를 전해 주는 예언자들이 다 되시기 바랍니다.

04

■ 주후 1994년 10월 28일 채플

그러나 성령이 네게 임하시면

주 여호와의 영이 내게 내리셨으니 이는 여호와께서 내게 기름을 부으사 가난한 자에게 아름다운 소식을 전하게 하려 하심이라 나를 보내사 마음이 상한 자를 고치며 포로된 자에게 자유를, 갇힌 자에게 놓임을 선포하며 여호와의 은혜의 해와 우리 하나님의 보복의 날을 선포하여 모든 슬픈 자를 위로하되 무릇 시온에서 슬퍼하는 자에게 화관을 주어 그 재를 대신하며 기쁨의 기름으로 그 슬픔을 대신하며 찬송의 옷으로 그 근심을 대신하시고 그들이 의의 나무 곧 여호와께서 심으신 그 영광을 나타낼 자라 일컬음을 받게 하려 하심이라 (사 61:1-3)

그들이 모였을 때에 예수께 여쭈어 이르되 주께서 이스라엘 나라를 회복하심이 이 때니이까 하니 이르시되 때와 시기는 아버지께서 자기의 권한에 두셨으니 너희가 알 바 아니요 오직 성령이 너희에게 임하시면 너희가 권능을 받고 예루살렘과 온 유대와 사마리아와 땅 끝까지 이르러 내 증인이 되리라 하시니라 이 말씀을 마치시고 그들이 보는데 올려져 가시니 구름이 그를 가리어 보이지 않게 하더라 올라가실 때에 제자들이 자세히 하늘을 쳐다보고 있는데 흰 옷 입은 두 사람이 그들 곁에 서서 이르되 갈릴리 사람들아 어찌하여 서서 하늘을 쳐다보느냐 너희 가운데서 하늘로 올려지신 이 예수는 하늘로 가심을 본 그대로 오시리라 하였느니라 (행 1:6-11)

요즘 종교개혁 기념 주간을 맞이하여 우리 모두 개혁에 대해 생각하게 됩니다. 무엇을 개혁할 것인가, 어떻게 개혁할 것인가, 무엇이 진정한 개혁인가, 이와 같은 질문도 하게 됩니다. 특히 금년 10월에는 국가적인 차원에서의 개혁에 대하여도 많은 말들이 오가는 것을 듣고 있습니다. 성수대교가 무너진 뒤로 각계각층에 만연된 형식주의들이 드러나고 있고, 그동안 정부가 외쳐 왔던 개혁들이 구호에만 그친 것이 아니었나 생각되기 때문입니다.

제가 살고 있는 강동구 명일동 근처에 럭키금성에서 짓고 있는 14층짜리 아파트가 있습니다. 얼마 전까지만 해도 이 공사장에 '부실 공사 추방의 해'라는 대형 플래카드가 걸려 있었는데, 언제부터인지 그걸 뗐더군요. 성수대교 붕괴 이후로 사람들이 이 구호를 바라볼 때마다 "말만 해서 무슨 소용 있나? '부실 공사 추방의 해'? 흥!" 하며 콧방귀 낄 것을 미리 알고 스스로 뗀 것 같습니다. 그런 구호를 붙이기가 참 겸연쩍게 여겨졌기 때문일 것입니다.

금년에도 크리스마스가 다가옵니다만, 우리가 중·고등학교 다니던 시절, 크리스마스이브마다 교회에서 선물 교환 행사가 있었습니다. 이때 좀 더 재미있게 하려고 그랬는지, 선물 포장들을 얼마나 화려하게 꾸몄습니까! 큰 박스에 넣어 겉에는 예쁜 리본도 달고 꽃도 달았습니다. 그러나 선물을 개봉할 때 보면, 그 안에 왕겨가 들어 있고, 기껏해야 사과 하나 들어 있으니 받는 사람 입장에서 얼마나 실망이 크고 황당했겠습니까?

제가 사는 명일동의 삼익1차 그린아파트 201동 입구에 큰 주목 하나가 있고, 그 옆에는 어느 회사에서 기증한 15m 높이의 거대한 시계탑이 서 있습니다. 시계도 아주 큽니다. 비싼 시계인 것 같습니다. 그런데 그 시계가 죽은 지 석 달이 넘었습니다. 오늘 아침에도 출근길에 나오다 쳐다보니 여전히 4시 15분을 가리키고 있었습니다. 죽은 지 3개월 이상 된 그 시계탑, 얼마나 실망스럽습니까?

허울 좋은 목사도 있습니다. 그랜저 타고 다니고, D. Min. 학위를 갖고 있고, 유명 메이커 양복을 입고 다닙니다. 유명 메이커의 양복을 입고 있어야 '아 저 목사는 교인들한테 사랑을 받는 분이구나!' 교인들이 그렇게 생각한다고 합니다. 그리고 그랜저를 타야 "아, 저 목사는 정말 능력

있는 목회를 해서 교인들이 사 준 거야' 라고 생각을 한다고 합니다. 하지만 그 속에 말씀이 없고, 진실도 능력도 없다면, 그 호화로운 건물 속에 예수가 없다면, 그게 다 무슨 소용이 있겠습니까?

개혁은 정신을 개혁하는 것입니다. 사상을 바꾸는 것입니다. 의식이 바뀌어야 합니다. 아무리 "개혁, 개혁" 천번을 외쳐도 속이 바뀌지 않으면, 생각이 바뀌지 않으면, 무슨 소용이 있겠습니까? 내용 없는 목사, 무슨 소용이 있습니까? 목사가 되어도 알맹이 있는 목사가 되어야 하고 실력 있는 목사가 되어야 하는데, 껍데기와 형식과 스타일만 뻔지르르 하다면 무슨 소용이 있느냐는 말입니다.

요즘 극동방송을 들어보면 그렇게도 조용기 목사님의 음성을 모방하는 사람들이 많습니다. 일부러 'ㅅ'자만 나오면 "셔 셔" 합니다. 예를 들자면, "하나님께서"라는 말을 "하나님께셔…… 예수님께셔" 이렇게 발음하는 것입니다. 이 얼마나 공허한 모방입니까? 메시지는 텅 비어 있는데, "셔 셔" 한다고 하나님의 능력이 나타나겠습니까? 내용이 바뀌어야 하고, 알맹이가 바뀌어야 하고, 사람이 바뀌어야 합니다. 이것이 우리가 말하는 개혁이 아니겠습니까? 진정한 개혁은 사람을 바꾸는 것입니다. 대통령도 인간이 바뀌어야 하고 장관도 인격이 바뀌어야 합니다. "네가 먼저 바뀌어야 된다, 사람 자체가 바뀌어야 된다, 그건 너다, 바로 너다," 이것이 바로 개혁입니다.

성경 말씀으로 돌아가 봅시다. 요한복음 8장 1절에 무슨 얘기가 나옵니까? 바리새파 유대인들이 현장에서 붙잡힌 간음한 여인을 예수께 끌고 왔습니다. 그리고 예수님께 묻습니다. "율법대로 이 여인을 돌로 칠까요? 아니면 당신 말대로 이 여인을 용서할까요. 어떻게 할까요?"

그때 예수께서 땅에 앉아 무어라 쓰셨습니까? 그리고 일어나서서 "죄 없는 자가 먼저 돌로 치라" 하시지 않습니까? '네가 이 여자를 향해 정죄의 화살을 겨누고 있는데, 그 화살을 네게로 돌리라' 는 뜻 아닙니까? '비난의 화살을 네게로 돌려라, 네가 문제다' 라는 것입니다. 우리가 옷을 입을 때 단추를 꿰지 않습니까? 첫 단추를 잘 꿰어야 합니다. 자기 자신을 개혁하지 않고 무슨 말을 합니까? 문제는 자기 자신인데 무엇을 개혁하자는 것입니까?

어떤 목사님께서 설교 중에 인용한 한 예화를 소개합니다. 어떤 나이든 목사님이 한 말이랍니다. "청년 때에는 '주여, 온 세상을 뒤엎을 능력을 주소서' 라고 기도했고, 중년이 들어서는 '주여 만나는 사람들만이라도 변화시킬 능력을 주소서' 라고 기도했으며, 이제 나이가 들고 철이 든 노년 때가 되어서는 '주여, 저에게 제 자신을 변화시킬 능력을 주소서' 라고 기도하고 있다."

이것은 제 자신의 모습이기도 합니다. 제가 나이 들수록 느끼는 것은, 주님을 알면 알수록 깨닫는 것은, 결국 사랑의 한계인 것 같습니다. 능력의 한계, 지혜의 한계, 겸손의 한계, 진실의 한계를 느끼게 됩니다. '나야말로 껍데기만 번지르르한 인생이 아닌가, 가을 들판에서 모두 다 고개 숙이고 있는데 나만 홀로 머리 흔드는 가라지가 아닌가', 이런 생각이 드는 것입니다. '어떻게 하면 진짜가 될 수 있을까, 알찬 그리스도인이 될 수 있을까, 명실공히 이름뿐만 아니라 실제로 능력 있는 종이 되고, 하나님이 인정하는 사람이 되고, 하나님이 쓰시는 사람이 되는 비결이 무엇인가?' 모두 심각하게 물어 볼 때가 되었습니다.

오늘 읽은 두 본문 가운데서 성경은 분명하게 그 길을 가르쳐주고 있습니다. 구약에서는 '루아흐 아도나이' 곧 '루아흐 야훼' (여호와의 영)로, 신약에서는 '프뉴마 하기오스' (거룩한 영)로 표기된 이 두 용어는 똑같이 성령을 가리킵니다. 특히 신약의 본문은 좀 더 논리적이고 아폴로제틱(apologetic)한, 어쩌면 폴레미칼(polemical)한 요소를 갖고 있습니다. 그래서 제가 설교 제목을 '그러나' 라는 말로 번역했지 않습니까? 표준 새번역에서도 "그러나 성령이 너희에게 내리시면"(행 1:8)으로 되어 있습니다.

부활하신 예수님께 제자들이 다가와 "우리가 정치 제도를 바꿔야 되지 않겠습니까? 지금이야말로 예언자들이 예고한 메시아 시대, 즉 폴리티컬(political)한 메시아, 정치적인 메시아가 등장해야 할 때가 아닙니까? 지금이야말로 이스라엘을 회복할 때가 아닙니까? 세상을 뒤집어야 할 때, 메시아로 입증되신 당신께서 로마 제국을 쳐부수고 이스라엘을 회복해야 하지 않겠습니까?"라고 했습니다.

이와 같은 질문에 대해 예수님은 뭐라고 대답하십니까? "그러나, 그게 중요한 것이 아니다. 그보다 더 중요한 근본적인 것이 있다. 성령이다. 성령. 성령이 임하시면 네가 파워를 받게 된다. 뒤나미스($\delta\nu\alpha\mu\iota s$), 다이너마이트 같은 강력한 파워를 받게 된다. 그다음에 예루살렘과 온 유대와 사마리아와 땅 끝까지 달려가는 마르튀스($\mu\acute{\alpha}\rho\tau\upsilon s$)가 된다. 마터(martyr), 순교자가 된다. 진리를 위해서 생명을 바쳐 증언하는 증인이 된다." 이것이 사도행전 1장에 나오는 예수님의 답변입니다.

구약의 본문도 문맥은 같습니다. "나의 주 여호와의 성령(루아흐 아도나이)께서 내게 임하셨는데, 그것은 곧 여호께서 내게 기름을 부으신 것이다"(사역). '성령이 임하셨다' 는 말과 '기름 부음을 받았다' 는 말은 같은 뜻입니다. 기름 부음을 받음으로써, 다시 말하면 성령이 임하심으로써 비로소 환난 당한 자에게 복음을 선포할 뿐만 아니라 마음 상한 자를 싸매어 주게 되고, 포로된 자에게 해방을, 갇힌 자들에게 감옥 문이 열림을 외칠 수 있게 된다는 그 말입니다.

결국 신약과 구약, 이 두 본문에 의하면, 저와 여러분이 안고 있는 모든 문제의 해결책은 바로 이 '루아흐 아도나이' 곧 '주님의 성령'이라는 것입니다. 히브리어 '루아흐'(영/靈)를 헬라어로 번역하면 '프뉴마'(πνεῦμα)인데, 둘 다 '바람'을 의미합니다. 루아흐도 그렇고 프뉴마도 '바람, 생기' 등으로 번역될 수 있는데, 한글개역에서는 '신'(神)으로도 번역되었고, 때로는 '호흡' 또는 '생기'로도 번역되어 있습니다. 에스겔 37장에서는 '생기'라고 번역되어 있는데, 이 말은 또다시 '느샤마'라는 말과 동의어로 쓰였습니다.

에스겔의 경우 이 성령은 다름 아닌 창조의 영을 가리킵니다. 창세기 1장 1-2절에서 "태초에 하나님이 천지를 창조하시니라……하나님의 신(神)은 수면에 운행하시니라"라고 말할 때 그 '하나님의 신'(루아흐 엘로힘)은 삼위일체 가운데 한 분이신 성령을 가리키고, 그 성령은 창조의 영이셨던 것입니다. 다시 말하면 태초에 하나님께서 천지를 창조하실 때 성령도 함께 계셨음을 의미하는 것입니다.

창세기 2장 6절 이하에서도 여호와 하나님께서 사람을 지으시고 생기를 그 코에 불어넣으셨다고 할 때, 이 '생기'는 '느샤마'라는 히브리어로 되어 있지만, 이 '느샤마'는 '루아흐'와 동의어입니다. 에스겔 37장 9절 이하에도 마른 뼈가 가득한 그 해골 골짜기에서 이 생기를 향하여 대언하라(예언하라)는 주님의 명령에 따라 생기를 향하여 명령하니까 마른 뼈에 생기가 들어가 다시 살아났던 것입니다. 이 생기가 곧 사람을 살리는 성령입니다. 성령만이 죽은 자를 살릴 수 있는 것입니다. 썩은 시체라도 성령이 들어가시면 살아나게 되어 있고, 여러분과 제가 아무리 비참한 모습을 갖고 있다 할지라도 성령이 들어오시면 새 생명, 영원한 생명을 얻게 되는 것입니다.

성경에서 이 성령은 때때로 물 또는 강으로 비유됩니다. 이스라엘의 강들은 대부분 와디 즉 건기에는 물이 흐르지 않는 메마른 강인데, 이 와디가 우기에는 물 흐르는 강으로 바뀌고, 그 주위에는 죽은 것 같았던 산천초목이 다시 살아나게 됩니다. 다시 말하면 우리 사람의 경우에도 아무리 죽은 것같이 메마른 인간이라도 성령의 강이 흐르면 다시 살아나고, 병으로 죽은 것도 살아나고, 영적으로 죽은 것도 살아나는 것입니다.

또한 이 성령은 카리스마 곧 능력과 은사의 영입니다. 그래서 메시아(왕 또는 선지자)가 기름 부음을 받을 때 이 카리스마(능력, 은사)가 임하지 않습니까? 사사기에 보면, 여호와의 영 곧 루아흐가 임하니까 삼손과 기드온이 그때부터 능력이 충만하여 백성을 사랑하는 마음이 생기고 적군을 물리칠 수 있는, '600만불의 사나이' 처럼 강력한 힘을 얻게 되었던 것입니다. 사무엘상 10장 6절에도 사울이 선지자의 생도들을 만나게 될 때 여호와의 신(루아흐)을 받게 될 것이고, "너는 새사람이 될 것이다"라고 말하고 있지 않습니까? 사무엘의 말 그대로 사울은 여호와의 신에게 감동을 받아 새사람이 되고, 하나님과 백성을 사랑하게 되고, 곧이어 암몬 군대를 물리치는 위대한 카리스마를 행사하게 되는 것을 볼 수 있습니다.

그러므로 성령만이 살리는 영입니다. 고린도전서 15장 45절에도 그렇고, 로마서 8장 2절에서도 성령은 'Life-giving Spirit', 곧 생명을 주는 영인 것입니다. 첫 사람 아담은 살아 있는 영이었지만, 둘째 아담 예수 그리스도는 살리는 영인 것입니다. '생명의 성령의 법' 곧 생명을 주는 성령의 법이 우리를 자유케 하는 것입니다. 니케아 신조에서도 이 성령을 'Life-giver' 로 소개하고 있습니다. 그러니까 죽은 옛사람이 새사람이 되는 비결은 성령 외에는 없습니다.

또한 성령은 예수 그리스도의 영입니다. 예수께서 하늘로 올라가신 다음, 우리 가까이 계시기 위해, 우리와 동거하기 위해서 다시 오시는 분이 바로 성령입니다. 그래서 예수님께서는 요한복음 16장 7절 이하에서 '내가 가는 것이 너희에게 더 유익하다. 왜냐하면 내가 보혜사로 와야 되기 때문이다' 라고 말씀하십니다.

요한복음 14장 16-20절과 16장 7절 이하를 결합하여 성령을 소개하면 다음과 같습니다.

'실상은 내가 가는 것이 너희에게 더 좋다. 내가 영으로 너희에게 다시 올 것이기 때문이다. 성령은 나의 영이다. 내가 갔다가 영으로 다시 오게 됨으로써 너희가 내 안에 있고 내가 너희 안에 거하게 되며, 이로써 우리가 완전히 하나로 결합되고 영원히 함께 거하게 될 것이다.'

성령은 바람이요 공기와 같은 존재이신데, 공기는 얼마나 가깝습니까? 또한 공기는 얼마나 부드럽습니까? 우리 가까이에서 공기처럼 함께 계시기 위해서, '파라클레토스'(παράκλητος, 보혜사) 곧 곁에서 함께 존재하시는 보혜사로 오시기 위해 먼저 하늘나라에 올라가신다는 것입니다. 예수께서 성령을 '보혜사' 또는 영어로 '카운슬러'(counselor)라 부르신 이유도, 언제나 가까이에 계시사 가까이 사귀며 대화할 수 있는 영이심을 강조하신 것입니다.

재미있는 것은 구약에서 '야훼'(여호와)라는 하나님의 이름을 신약에서는 모두 '퀴리오스'(주님)로 번역했다는 사실입니다. 따라서 신약성경에는 '야훼'(여호와)라는 하나님의 이름이 단 한 번도 언급되지 않는 것입니다. 그 이유인즉, 구약의 '야훼'를 신약에서는 그리스도와 동일시하여 예수 그리스도로 보았기 때문입니다. 그러니까 '루아흐 아도나이' 곧 '주님의 영'은 신약에서 보면 '그리스도의 영'을 가리키는 것입니다.

구약의 입장에서 볼 때, '하나님의 영'은 우리 인간에게서 멀리 계셨습니다. 그러나 신약의 입장에서 볼 때, 때가 차서 '주님의 영'은 예수님의 모습으로 육체를 입으시고 세상에 가까이 다가오신 것입니다. 더 가까이 사람과 함께 있기 위해서, 인간이 누리는 가장 큰 축복, 즉 흙에 불과한 인간이 누리는 역사상 가장 위대한 복과 은사를 선물로 주시기 위해 영으로 오신 것입니다.

앞에서도 잠시 언급했습니다만, 성령은 뒤나미스(δύναμις)입니다. 다이너마이트입니다. 무서운 힘을 가지고 있습니다. 남산에 있는 외국인 아파트가 남산 경관을 가리기 때문에 시민들의 민원을 받아들여 이 아파트를 없애기로 하여, 어느 회사가 이 아파트를 철거하는 장면을 TV에서 본 적이 있습니다. 철거 공법에 따라 어떻게 파괴하는지 궁금했는데, 우선 다이너마이트를 그 아파트 층층마다 설치한 다음 버튼을 눌러 5분 내로 폭파하는 것이었습니다. 철거 장면을 보여주는데, 그 다이너마이트들이 연속적으로 터지면서 15층이 넘는 그 아파트가 일시에 폭삭 가라앉게 되었습니다. 그 거대한 아파트가 다이너마이트에 의해 무력하게 주저앉는 것이었습니다.

성령의 능력이 그런 것입니다. 아무리 강력한 원수의 능력이라도 다이너마이트 한 방으로 붕괴되는 것입니다. 성령 받지 않고서는 막강한 사탄의 권세, 즉 증오와 교만과 거짓을 물리칠 힘이 우리에겐 없습니다.

우리가 철이 들어 세상을 겪어보면 볼수록 크게 보이는 것은 사회악이 아닙니까? 얼마나 인간이 악하며, 인간의 마음은 얼마나 악으로 가득 차 있습니까? 우리 주변의 도둑과 깡패를 아무리 제거해도 여전히 남아 있지 않습니까? 하나님께선 왜 그 악을 파괴하시지 않는 것입니까? 우리에게 그 악을 파괴하는 능력을 주셨습니다. 그것이 바로 성령입니다. 성령은 로마제국까지도 넘어뜨리는 무서운 힘을 갖고 있습니다. 성령은 사랑과 겸손과 진실의 영이기 때문에, 이 사랑과 이 진리 앞에 교만과 거짓과 증오의 로마제국이 무너진 것입니다.

우리가 아는 대로 초대교회 제자들은 대부분 어부들이었습니다. 갈릴리의 가난한 민중들, 소위 오클로스(ὄχλος), 천대받은 사람들이었습니다. 이들이 성령을 받기 전에는 어떠했습니까? 베드로를 보십시오. 막 화를 내면서 예수님을 잡으러 온 사람들에게 달려들어 칼을 빼들고 말고라는 사람의 귀를 싹 베어 버리지 않았습니까? 일본 사무라이의 칼과 같은 걸로 말고의 귀를 쳤다고 생각해 보십시오. 당시 베드로의 표정을 한번 생각해 보십시오.

성령을 받기 전까지 사도 바울도 자기 딴에는 하나님을 가장 잘 섬긴다면서 얼마나 많은 기독교인들을 죽였습니까? 성령이 임하자 이 베드로와 사도 바울이 예루살렘이라는 바운더리를 벗어나, 소아시아의 바운더리를 벗어나, 그리스를 통과하여 로마까지 달려갑니다. 당시 로마는 세계에게 가장 막강한 제국이었습니다. 역사상 그보다 더 막강한 군대를 갖고 있는 제국이 없었습니다. 모든 민족이 그 로마 군대 앞에 굴복하였습니다. 군사 도로도 일사분란하게 뻗어 있어서 속국들의 반란을 즉각 진압할 수 있었던 것입니다. 그 제국이 누구에게 무너졌습니까? 참으로 나약한 베드로와 같은 제자들이 전해 준 사랑의 복음, 성령의 힘으로 그 제국이 무너졌던 것입니다.

성령은 온유와 겸손의 영입니다. 성령을 바람으로 표시한 것은 참 의미가 있다고 생각합니다. 바람이 얼마나 부드럽습니까. 바람은 누가 만져도 잡히는 것입니다. 그렇게 온유하고 부드러운 것입니다. 마태복음 3장 26절에는 비둘기로 표현했습니다. 비둘기는 얼마나 온유합니까? 요한복음 3장 5절에는 "성령으로 나지 아니하면 하나님의 나라에 들어갈 수 없느니라"는 말이 나오고, 마태복음 18장 3절에는 "너희가 돌이켜 어린아이들과 같이 되지 아니하면 결단코 천국에 들어가지 못하리라"고 말씀하십니다.

성령을 받으면 어린아이같이 온유해진다는 것입니다. 또 이 '프뉴마'(바람, 영)라는 단어는 본래 히브리어 '루아흐'를 번역한 것인데, 이 '루아흐'라는 단어는 놀랍게도 여성 명사입니다. 제 아내 얘기를 해서 죄송합니다만, 어떤 때는 무섭습니다. 점점 무서워지는 것이 아내인 것 같습니다. 그래서 출근했다가 집에 들어갈 때 눈치를 보게 되고, 기분이 좋은지 나쁜지 살피게 됩니다.

그런데 성경에서 말하는 성령, 곧 여성 명사로 표현되는 성령은 자애로운 어머니 같은 여성이라고 볼 수 있습니다. 실제로 여성의 손길도 그렇고 여성의 성품이 얼마나 부드럽습니까? "Softly and Tenderly"라는 유명한 노래에서처럼 얼마나 부드럽고 얼마나 온유합니까?

성령은 얼마나 온유하고 겸손한지, 우리가 마음을 열고 초청하기만 하면 절대 거절하지 못하고 금방 들어오시는 온유한 영이 바로 성령입니다. 이 시대는 사람들이 얼마나 사납습니까? 사나운 모습으로 복음을 전하기 때문에, 우리 백성의 마음을 감동시킬 수 없는 것입니다. 성령은 진리의 영입니다. 진실의 영입니다. 얼마나 거짓이 가득 차 있는 세상입니까? 얼마나 위선적이고 거짓말을 많이 합니까?

또한 성령은 기쁨의 영이십니다. 갈라디아서 2장 22절 이하에 오직 성령의 열매는 사랑과 희락, 즉 넘치는 기쁨이라 했는데, 특히 구약에서 예언자들이 성령을 받아 예언할 때 그 '예언하다'는 말은 '황홀경'(ecstasy)을 가리키는 것입니다. 참으로 나만이 아는 기쁨, 이제 죽어도 좋은 기쁨, 그런 기쁨이 바로 성령을 통해 주시는 기쁨입니다.

　문제는 어떻게 해야 성령에 충만할 수 있느냐 하는 것입니다. 그 방법에 대하여 저는 세 가지로 말씀드리려 합니다. 사도행전 2장 38절에 의하면 베드로가 설교할 때 "너희들이 각각 회개하면……죄 사함을 받고 성령을 선물로 받을 것이다"라고 말합니다. 아마 이것은 베드로 자신의 고백일 것이고, 자신의 경험에서 나온 얘기일 수 있습니다. 예수님이 승천하신 뒤에 베드로를 비롯한 120여 명의 제자들이 한 열흘 동안 마가의 다락방에서 기도에 전념했습니다. 그때 베드로도 철저하게 회개했을 것으로 봅니다. 그들이 회개했을 때 성령이 임하신 것입니다. 자신들의 죄를 철저히 회개했을 때 성령이 충만하게 임했던 것입니다.

　제가 설교 전에 참회의 기도를 드릴 때 모르는 죄도 회개한다는 말을 했습니다. 제가 요즘 깨닫는 진리입니다. 우리는 모르고 짓는 죄가 참으로 많습니다. 예를 들어 제가 어떤 사람을 싫어합니다. '저 사람 빨리 없어졌으면 좋겠는데……' 라고 생각하는데 그 사람은 내가 싫어하는 줄 모릅니다. 그 사람이 나에게 상처를 준 줄 모르는 것입니다. 입장을 바꿔서 생각하면, 저도 얼마나 자주 그와 같은 일을 했을지 모르는 것입니다. 상대편이 나를 볼 때 "아, 장영일 교수 없어졌으면 좋겠다" "길 가다가 소똥에 미끄러져 말똥에 코 박고 죽었으면 좋겠다"라고 욕을 했을 수도 있다는 것입니다. 그 정도로 저도 모르는 사이에 남의 마음을 아프게 하고 부지불식간에 저의 몰상식과 무례를 통하여 이웃에게 상처를 주었을 가능성이 많다는 것입니다. 아마도 이와 같은 생각을 여러분도 하셨을 것입니다.

　본질적으로 모든 죄는 교만에서 비롯됩니다. 우리 마음에 이 교만이 남아 있는 한 온유한 성령은 들어오지 않습니다. 성령은 온유하고 부드러운 분이시기 때문에 교만한 마음에는 절대로 들어오실 수 없는 것입니다. 온유한 성령에게는 죄가 맞지 않습니다.

제가 1992년도에 안식년으로 가족과 함께 미국의 컬럼비아 신학교에 다시 가서 지내던 중, 플로리다 주에 있는 탬파(Tampa) 한인 교회의 초청을 받아 수양회를 인도하게 되었습니다. 그때 그 교회의 진 집사라는 분의 집에서 우리 식구가 묵었는데, 그 집사님의 이야기입니다.

그분은 우체국 직원으로서 탬파의 한 우체국에서 근무했는데, 아침마다 아내가 커피와 도시락을 싸 주었답니다. 점심 시간에 커피를 마시려고 보온병을 여는데, 이상한 냄새가 났습니다. '아니, 우리 아내가 요즘 게을러 터져서 병을 닦지도 않고 커피를 담아 녹 냄새가 난다. 집에 돌아가면 '이 냄새 맡아 봐, 맡아라' 하면서 한번 호통을 쳐 주어야겠다' 라고 생각했다고 합니다. 그래서 퇴근하자마자 집으로 차를 몰고 달려와 집에 들어서자마자 "당신 어디 있어! 한번 나와 봐! 더러운 녹도 닦지 않고 보온병에다가 커피를 담는 사람이 어디 있어!" 하면서 막 화를 냈다는 것입니다.

그런데 그 아내가 남편을 물끄러미 쳐다보더니 말하는데, 그날따라 자기 남편이 좋아보여서 커피를 담은 보온병 옆에 향수를 뿌렸다는 것입니다. 그 말을 듣는 순간 진 집사는 고개를 들 수 없었다고 합니다.

저쪽에서는 "난 당신을 사랑하고 있습니다. 나는 당신을 용서하고 더 싸울 마음이 없습니다. 당신을 너무나 사랑합니다"라고 말하는데, 이쪽에서는 저쪽 사람이 여전히 자기를 미워하는 줄 알고 권투장갑을 끼고 막 휘두르는 것입니다. 이 얼마나 야만적이고 얼마나 비겁한 것입니까? 이 얼마나 큰 죄악입니까? 여러분은 그런 일은 절대로 하지 않았다고 생각하십니까? 저쪽에서는 이미 항복했는데, 이쪽에서는 공격의 화살을 퍼붓는 그런 죄 말입니다.

성령은 참으로 온유한 분이기 때문에, 교만을 내버리지 않으면 들어오시지 않습니다. 성령이 얼마나 부드러운 분인지, 문을 조금만 열어도 들어오십니다. 공기가 그렇지 않습니까? 바늘 구멍만큼만 열어주어도 공기는 쏙 들어오지 않습니까? 물도 그렇습니다. 성령은 물이요, 바람이라고 신약성경은 말하고 있는데, 우리가 조금이라도 회개하면 나의 왕권을 내려놓고, 주님 앞에 무릎을 꿇고 사도 바울처럼 "나는 죄인 괴수입니다"라고 고백할 때(딤전 1:15) 성령은 지체없이 들어오시고 용서하시고, 그때 사랑도 겸손도 온유도 진실도 함께 들어와 그다음부터 비둘기같이 온유한 사람으로 바뀌게 되고, 그다음부터 사람의 마음과 세계까지도 정복할 수 있게 되고, 원수까지도 사랑하여 원수까지 정복할 수 있는 다이너마이트 같은 능력을 얻게 되는 것입니다.

그러므로 우리는 매일 회개해야 합니다. 우리에게는 본래 죄의 근성이 있기 때문에 매일 죄를 짓게 되고, 우리 안에 계속 죄가 들어와 있는 한 그만큼 성령께서 차지할 공간이 적어지는 것입니다. 성령으로 충만하려면 철저하게 회개해야 합니다. 어거스틴이 어려서 어머니 젖꼭지를 물은 것까지 회개한 것처럼 완전하고 철저하게 회개해야 합니다.

"나는 실로 죄인이다. 나는 처참한 벌레다. 나는 무가치한 자"라고 고백하고 회개한 사람이 어찌 남을 비판할 수 있겠으며, 남을 향하여 손가락질을 할 수 있겠습니까? 철저하게 죄인 괴수의 경지에서 회개한 사람만이 다른 사람들 앞에서 겸손할 수 있고, 모든 사람을 사랑할 수 있고, 원수까지도 사랑할 수 있는 것입니다. 그 사람 앞에 원수는 사라지고 그 사람은 모든 사람을 황제로 받들 수 있는 준비가 되어 있는 것입니다. 내가 살아 있는 한 성령은 잠복하는 것입니다.

그리고 말씀을 읽어야 합니다. 말씀을 경시하는 사람들이 많습니다. "성경만 읽어가지고 무엇하는가? 성경만 읽으면 다인가?" 이렇게 말하는 사람도 있는 것 같습니다만, 참으로 성경을 사랑하시기 바랍니다. 저는 한 50번 정도 읽었는데도 여전히 모르는 것이 많습니다. 그런데도 성경은 읽으면 읽을수록 너무나 좋고, 성경을 읽을 때 성령이 들어오신 것을 느낍니다. 요한복음 6장 63절에 "내가 너희에게 이른 말은 영이요 생명이라"라는 말씀이 있습니다. 말씀을 마다하지 마시길 바랍니다. 말씀이 성령입니다.

또한 성령을 받기 위해서는 늘 기도해야 합니다. 누가복음 11장 13절에 "구하는 자에게 성령을 주시지 않겠느냐"라는 말씀처럼 간절히 기도할 때 성령이 임하시는 것입니다.

"너는 내게 부르짖으라 내가 네게 응답하겠고 네가 알지 못하는 크고 은밀한 일을 네게 보이리라"(렘 33:3). 여기에서 말하는 '은밀한 일'이 무엇입니까? 성령의 경험이 아닙니까?

또한 성령을 충만하게 받기 위해서는 늘 찬송하시기 바랍니다. 시와 찬미와 신령한 노래로 하나님을 찬송하시기 바랍니다. 진정으로 한번 찬양해 보시기 바랍니다. 증오의 마음으로 찬양하지 말고 "때려 부수자, 짓밟자", 핏줄 뻗치는 그런 노래를 하지 말고 사랑의 노래, 찬송가를 불러보시기를 바랍니다. 시편 22편 3절처럼 성령님은 '찬송 중에 계시는' 찬송의 영이십니다. 진실로 찬양할 때 여호와의 영(성령)께서는 우리 안에 들어오사 평화의 왕으로 통치하기 시작하십니다. 찬송할 때 성령께서 역사하시는 것은 사무엘 23장 2편에서도 볼 수 있습니다.

성령은 하나님께서 우리 인간에게 주신, 하나님의 창조 역사 가운데서 절정 곧 클라이맥스에 해당하는 복과 은혜입니다. 여러분은 어떻게 악을 물리치기를 원합니까? 어떻게 내 가정과 내 조국과 세계를 변화시키길 바랍니까? 어떻게 개혁하기를 원합니까? 썩어져 가는 물처럼 냄새나는 이 사회를 어떻게 정화시킬 수 있겠습니까? 왜 내 힘으로 내가 개혁하려고 하는 겁니까? 왜 내가 세상을 뒤집어 엎으려고 하는 것입니까? 그것이 뒤집혀집니까? 내 힘으로 됩니까? 짜증만 날 뿐입니다. 화만 나는 것입니다. 상대편에게 고통과 억압만 안겨주는 것입니다.

 성령을 받으십시오. 성령을 사모하시기 바랍니다. 예수님은 공기보다 더 가까이 성령으로 여러분에게 다가와 계십니다. 누구든지 그리스도의 성령이 없으면 그리스도의 사람이 아니라고 했습니다. 사회가 썩습니까? 물이 썩습니까? 여러분이 깨끗한 공기, 깨끗한 생수를 공급하시기 바랍니다. 아니 여러분 자신이 산소가 되고 생수가 되십시오. 여러분이 촛불이 되셔서 어둠을 밝히시기 바랍니다. 어디에서 그 능력을 얻습니까? 훗날에 복음 사역자가 되어서도 기름 떨어진 처녀들처럼 이집 저집 기름을 구하러 다니는 그런 부끄러운 종들이 되기를 원합니까? 함께 기도하십시다.

05

그것이 네게 무슨 상관이냐, 너는 나를 따르라

■ 주후 1995년 5월 12일 금요일 채플

오직 강하고 극히 담대하여 나의 종 모세가 네게 명령한 그 율법을 다 지켜 행하고 우로나 좌로나 치우치지 말라 그리하면 어디로 가든지 형통하리니 이 율법책을 네 입에서 떠나지 말게 하며 주야로 그것을 묵상하여 그 안에 기록된 대로 다 지켜 행하라 그리하면 네 길이 평탄하게 될 것이며 네가 형통하리라 내가 네게 명령한 것이 아니냐 강하고 담대하라 두려워하지 말며 놀라지 말라 네가 어디로 가든지 네 하나님 여호와가 너와 함께 하느니라 하시니라 (수 1:7-9)

그들이 조반 먹은 후에 예수께서 시몬 베드로에게 이르시되 요한의 아들 시몬아 네가 이 사람들보다 나를 더 사랑하느냐 하시니 이르되 주님 그러하나이다 내가 주님을 사랑하는 줄 주님께서 아시나이다 이르시되 내 어린 양을 먹이라 하시고 또 두 번째 이르시되 요한의 아들 시몬아 네가 나를 사랑하느냐 하시니 이르되 주님 그러하나이다 내가 주님을 사랑하는 줄 주님께서 아시나이다 이르시되 내 양을 치라 하시고 세 번째 이르시되 요한의 아들 시몬아 네가 나를 사랑하느냐 하시니 주께서 세 번째 네가 나를 사랑하느냐 하시므로 베드로가 근심하여 이르되 주님 모든 것을 아시오매 내가 주님을 사랑하는 줄을 주님께서 아시나이다 예수께서 이르시되 내 양을 먹이라 내가 진실로 진실로 네게 이르노니 네가 젊어서는 스스로 띠 띠고 원하는 곳으로 다녔거니와 늙어서는 네 팔을 벌리리니 남이 네게 띠 띠우고 원하지 아니하는 곳으로 데려가리라 이 말씀을 하심은 베드로가 어떠한 죽음으로 하나님께 영광을 돌릴 것을 가리키심이러라 이 말씀을 하시고 베드로에게 이르시되 나를 따르라 하시니 베드로가 돌이켜 예수께서 사랑하시는 그 제자가 따르는 것을 보니 그는 만찬석에서 예수의 품에 의지하여 주님 주님을 파는 자가 누구오니이까 묻던 자더라 이에 베드로가 그를 보고 예수께 여짜오되 주님 이 사람은 어떻게 되겠사옵나이까 예수께서 이르시되 내가 올 때까지 그를 머물게 하고자 할지라도 네게 무슨 상관이냐 너는 나를 따르라 하시더라 이 말씀이 형제들에게 나가서 그 제자는 죽지 아니하겠다 하였으나 예수의 말씀은 그가 죽지 않겠다 하신 것이 아니라 내가 올 때까지 그를 머물게 하고자 할지라도 네게 무슨 상관이냐 하신 것이러라 (요 21:15-23)

여러분 가운데는 아마 오늘 저와 처음 만나는 분들이 많을 줄 압니다. 말씀을 선포하기 전에 이 설교는 저 자신을 가리킨 간증적인 설교라는 것을 말씀드리고, 비록 부족한 이해일 수 있습니다만, 제가 이해한 예수 그리스도를 여러분에게 소개하려 합니다.

신약에 나오는 본문은 우리가 잘 아는 말씀입니다. 시간이 없어 요한복음 21장을 다 읽을 수 없었습니다만, 예수님께서 부활하시고 승천하시기 전, 약 40일 동안 지상에 머무셨는데, 이때는 예수님께서 세 번째 제자들에게 나타나신 때이므로 아마 요즘처럼 5월 초여름이 아니었던가 추측할 수 있고, 어느 이른 아침 아마도 안개 낀 이른 아침이 아니었던가 생각됩니다. 장소는 '디베랴 바다'로 되어 있는데, 디베랴(πβεριάς)라는 지명은 로마 황제 티베리우스의 이름을 딴 것이고, 구약성경에서는 긴네렛 호수로, 신약에서는 갈릴리 바다로, 여기 요한복음에서는 당시 상황에 맞추어 '디베랴 바다'로 표기하고 있습니다.

이때 일어난 사건의 내용을 보면, 먼저 베드로가 "나는 물고기나 잡으러 가겠다"고 말하자, 다른 제자들도 따라나선 것으로 되어 있고, 그 전날 밤 밤새껏 고기를 잡았지만 한 마리도 잡지 못한 상태에 있었습니다. 이튿날 새벽녘이 되어 어떤 청년이 해변을 거닐면서 한번 그물을 배 오른편에 던져보라 하여 그대로 했더니, 그물이 찢어질 정도로 많은 고기가 잡혔습니다. 이윽고 요한이라는 제자가 예수님을 알아보고 "주님이시다" 하고 외치자, 베드로가 물가로 나왔을 때는 이미 예수께서 숯불에 떡을 굽고 계셨습니다.

그다음 예수님과 베드로의 단독 대화가 나오고, 예수님께서 세 번 베드로에게 "네가 나를 사랑하느냐?"고 물으시자 베드로가 세 번이나 "제가 주님을 사랑하는 줄 주께서 아십니다"라고 대답했던 것입니다.

오늘의 본문 가운데서는 또 다른 장면 — 아마도 본문에서 3막에 해당한다고 볼 수 있는데 — 즉 갈릴리 해변가에서 예수님과 베드로가 나란히 걸어가고 있는 장면을 보여주고 있습니다. 그에 앞서 이미 예수님께서는 베드로에게 "지금은 네가 네 뜻대로 행동하지만 때가 되면 너는 네가 원치 않는 곳으로 다니게 되겠고, 네 팔을 벌리게 될 것이다"라고 말씀하셨습니다. 그 말은 장차 베드로가 십자가를 지고 죽을 것을 예고한 것이었습니다. 이런 말이 있은 다음에, 둘이 자리에서 일어나 해변을 거니는데, 그 바로 뒤에 요한이 따라오고 있었습니다.

본문에 언급된 '예수께서 사랑하시는 제자'는 다름 아닌 요한 자신을 가리킵니다. 요한복음에서는 요한이 늘 자기를 '예수께서 사랑하시는 그 제자'로 묘사하는데, 요한복음 21장 7절도 마찬가지입니다. 이처럼 요한은 늘 자기 이름을 숨기려 했던 것입니다.

요한이 뒤에서 따라오는 것을 베드로가 보고, "주여, 나의 미래가 그렇게 장렬하고 영광스런 죽음이라면 뒤따라오는 요한은 어떻게 되겠습니까?"라고 묻자, 예수님께서는 "그것이 너와 무슨 상관이냐? 너는 나를 따르라"고 말씀하신 것으로 이야기는 끝나고 있습니다.

오늘의 신약 본문은 요한 자신이 기록했다고도 볼 수 있고, 24절에 보면, 아마도 어떤 편집자 또는 요한의 제자가 기록했다고도 볼 수 있을 것입니다. 또한 양식사적 관점에서 이 본문은 예수님의 위대한 제자 베드로에 대한 '예찬론'에 속한다고 볼 수도 있고, 한편으로는 요한 또는 요한의 제자의 입장에서 요한의 장수(長壽)에 대한 하나의 변호(apologetics)로도 볼 수 있을 것입니다.

이 두 가지가 다 그럴듯한 해석입니다. 다시 말하면 베드로를 가장 잘 아는 열두 제자들 가운데 한 사람으로서 그 누구보다도 오래 생존했던 사도 요한이 베드로가 죽은 다음, 즉 베드로가 로마에서 장렬한 최후를 마친 다음, 너무나 위대한 베드로의 생애를 회고하면서, 즉 수많은 초대 교회 교인들을 카타콤으로 데리고 가서 거기서 로마 문화를 거부하며 신앙을 지키게 했던 그 베드로를 예찬했다고 볼 수 있는 것입니다.

로마의 문화는 목욕탕과 경기장과 극장 문화가 아닙니까? 우리가 성지순례를 가면 자주 경험하게 되듯이, 로마 제국의 유적이 있는 곳이면 어느 도시이든 극장과 원형 경기장과 목욕탕, 이 세 가지가 설치되어 있음을 보게 되는데, 기독교인들이 그와 같은 세속 문화를 뿌리치고 무덤 곧 동굴 속으로 들어가서 200여 년 동안이나 신앙을 지키도록 한 그 배경에는 바울과 베드로가 있었던 것입니다. 그 위대한 사도 베드로, 위대한 목자 베드로의 지도를 따라서 그렇게 했던 것입니다.

〈쿼바디스〉라는 영화에 나오는 것과 같이, 그가 마지막 최후를 맞이할 때 "나는 십자가에 바로 죽을 자격도 없는 놈이다. 거꾸로 달아라!" 해서 거꾸로 달린 채, 눈과 귀와 코에서 피가 나오면서도 숨이 멈출 때까지 주를 찬양했던, 그런 장렬한 최후를 알고 있는 저자가 이 요한복음 21장을 기록했다고 할 때, 그것은 분명히 베드로에 대한 예찬이라고 할 수 있는 것입니다. 본문 19절, "이 말씀을 하심은 베드로가 어떠한 죽음으로 하나님께 영광을 돌릴 것을 가리키심이러라"는 분명히 예수님께서 하신 말씀대로 베드로가 위대한 죽음으로 하나님께 영광을 돌렸다는 관점에서 이것을 기록했다는 것입니다.

이 같은 관점에서 볼 때, 요한복음은 원래 20장에서 끝났어야 했던 것입니다. 20장 끝부분을 봅시다. "예수께서 제자들 앞에서 이 책에 기록되지 아니한 다른 표적도 많이 행하셨으나 오직 이것을 기록함은 너희로 예수께서 하나님의 아들 그리스도이심을 믿게 하려 함이요 또 너희로 믿고 그 이름을 힘입어 생명을 얻게 하려 함이니라." 분명히 여기에서 책이 끝났어야 되는 것 아닙니까? 그러나 다시 21장을 덧붙인 이유는 요한 또는 요한의 제자가 이 장면을 추가함으로써 그 위대한 베드로의 신앙을 성도들과 나누고 싶었기 때문입니다.

또 한 가지는 항간에 '요한은 죽지 않을 것'이라는 소문이 퍼져 있었습니다. 요한 또는 그의 제자들의 입장에서 볼 때, 이 소문은 본래 이러한 상황에서 기원했다고 설명할 필요가 있었던 것입니다. 다시 말하면, 베드로가 예수님께 사도 요한에 대하여 질문하였을 때, 예수께서는 "내가 다시 올 때까지 그를 살려둘지라도 그것이 네게 무슨 상관이냐?"라고 대답하셨는데, 이 말은 본래 '천년 만년 내가 재림할 때까지 그를 살게 할지라도 무슨 상관이냐?' 라는 뜻이고, 그 말이 잘못 와전되어 사도 요한만은 예수님이 재림할 때까지 죽지 않을 것이라는 말로 과장되었다는 것입니다.

이와 같은 성도들 간에 퍼진 오해를 불식시키기 위해서, 23절에서 다시 한번 설명을 하고 있다는 것입니다. "그 제자는 죽지 아니하겠다 하였으나 예수의 말씀은 그가 죽지 않겠다 하신 것이 아니라, 내가 올 때까지 그를 머물게 하고자 할지라도 네게 무슨 상관이냐?" 이런 관점에서 본문의 문학 양식은 '옹호론'(Apologetics)이라는 것입니다.

저는 오늘, 예수님을 세 번이나 부인했던 베드로가 어떻게 부활의 예수님을 만난 뒤로 예수님을 끝까지 잘 따라갈 수 있었는지 살펴보려 합니다. 신약성경을 전체적인 안목으로 바라볼 때 우리는 바울이 너무나 강조된 나머지 베드로는 바울의 그늘 아래 빛이 나지 않는 것을 발견합니다. 그러나 우리가 로마 바티칸에 가보면 베드로가 얼마나 위대한 제자였는지 곧 확인할 수 있습니다. 이 베드로의 모습을 통해 우리도 어떻게 하면 베드로처럼 예수님을 끝까지 잘 따라갈 수 있는지 배우려는 것입니다.

첫째, 베드로는 스승이신 예수 그리스도의 특별한 사랑을 받았습니다.

예수님께서 베드로를 만나러 해변까지 오셨다는 것은 무엇을 의미합니까? "나는 물고기 잡으러 가노라"는 말 가운데는 여러 가지 뉘앙스가 들어 있습니다. 거기에는 자책감도 있고, "나는 자격 없는 놈이다. 예수님을 세 번이나 부인한 자가 아니냐?"라는 식의 과거에 대한 후회도 엿볼 수 있습니다. 그래서 그는 예전의 직업으로 다시 돌아가려 했습니다.

예수님께서 이와 같은 베드로를 다시 해변까지 찾아오셨다는 것은, 베드로를 끝까지 포기하지 않으시는 예수님의 마음을 보여주는 것입니다. 베드로의 입장에서 이것은 기대 이상의 사랑일 수밖에 없습니다. 베드로 자신도 예수님께서 그곳까지 자기를 찾아오실 거라는 예측은 하지 못했을 것입니다. 예수님께서는 베드로에게 참으로 Initiative Love를 보여주신 것입니다. 여기에서 우리는 베드로보다 앞장서서 베드로를 사랑하시는 주님의 사랑을 볼 수 있습니다.

예수님께서는 베드로의 상실된 제자로서의 직분을 회복해 주려 찾아오신 것입니다. 다시 한 번 그의 제자권을 복권시켜 주려는 것입니다. 다시 한 번 기회를 허락해 주려는 것입니다. 다시 한 번 시작해보자는 것입니다. 갈릴리 바다는 3년 전 베드로가 처음 예수님을 만났던 장소였습니다. 그래서 예수님께서는 갈릴리 바다로 다시 오신 것입니다. 본문 16절의 '바요나 시몬아'라는 아람어는 '요한의 아들 시몬아'라는 뜻인데, 여기서 '시몬'이라는 말 자체가 베드로로 하여금 원점으로 돌아가게 하는 용어입니다.

'반석'(πέτρος)이라는 뜻의 '베드로'는 예수께서 나중에 붙여주신 이름이었습니다. 이 호칭을 통하여 예수님은 베드로의 본래적인 모습을 회복해 주실 뿐만 아니라 다시 한 번 제자로 임명하시기를 원하셨던 것입니다. 이와 관련된 본문을 우리가 시간이 없어 다 읽을 수는 없었습니다만, 그 앞절을 보면 분명 베드로가 예수님을 처음 만났을 때(눅 5장) 하신 말씀을 반복하고 계십니다. 그때도 고기를 못 잡았을 때인데, 예수님은 베드로에게 "바다 깊은 데로 가서 그물을 던져 보라"고 말씀하셨고, 그 말씀에 순종하여 엄청나게 많은 고기를 잡았습니다. 이번에도 예수께서는 베드로에게 "배 오른편에 그물을 던져 보라"고 말씀하셨고, 그 때처럼 역시 기적적으로 즉 153마리나 되는 많은 어획량을 경험했던 것입니다.

또한 여기에서 우리는 예수께서 베드로에게 철저한 회개를 촉구하시는 것을 보게 됩니다. 과거에 예수님께서 "내가 십자가를 지고 죽을 때 너희 모두 나를 버릴 것이다"라고 말씀하셨을 때, 베드로가 나서서 "다 버릴지라도 저는 주님을 버리지 않겠습니다"라고 장담했었습니다. 이에 대하여 지금 예수께서는 "네가 과거에 이 사람들보다 나를 더 사랑한다고 말했는데 과연 그런가? 이 사람들보다 정말 나를 더 사랑했다고 말할 수 있겠는가?" 이렇게 세 번이나 물으심으로써 베드로가 과거 세 번이나 예수님을 부인한 것을 상기시키시는 것입니다. 베드로로 하여금 자신의 본래적 연약한 모습을 다시 한 번 보게 하고, 그 자리에서 예수님의 제자로 다시 한 번 임명받게 하시려 시도하신 것입니다.

예수께서 해변에서 숯불을 피워 놓고 떡과 고기를 굽는 모습도, 며칠 전 베드로가 가야바의 궁전에서 모닥불을 쬐면서 계집종에게 세 번이나 예수의 제자 됨을 부인한 사건을 반성케 하시려는 의도를 보여주는 것입니다. '세 번'이라는 말은 어떤 의미에서, 삼위일체에서도 우리가 볼 수 있는 것처럼, 하나의 완전한 배반을 가리킨다고 볼 수 있습니다. 완전하고도 철저한 배반이었습니다. 더 이상 배반할 수 없을 정도로 베드로는 예수님을 철저하게 배반했고 저주한 것입니다. 실상은 베드로도 가룟 유다와 다를 바가 없었습니다.

이와 같은 철저한 배신자를 다시 찾아오시어 회생시켜 주시는 그 용서와 사랑 앞에 베드로는 참으로 감격의 눈물을 흘리지 않을 수 없었을 테고, "내 어린 양을 먹이라. 내 양을 치라, 내 양을 먹이라"는 재위임을 통하여 양과 교회를 맡겨 주시는 주님의 사랑을 수용할 수밖에 없었던 것입니다. 이와 같은 베드로의 경험이 그로 하여금 그 뒤에도 계속 닥쳐오는 또 다른 배반의 기회를 능히 극복할 수 있도록 방어해 주었을 것이며, 그 누구보다도 흔들리지 않고 끝까지 예수를 따라갈 수 있는 동기가 되었을 것입니다. 아마도 베드로는 예수께서 재림하실 때 세 번째 예수님과의 랑데부를 예상하면서, "그때는 내가 어떤 모습으로 주님을 만날 것인가?" 늘 자문자답하며 그날을 준비했을 것이 분명합니다.

'훌륭한 제자는 훌륭한 스승 밑에서 태어난다'는 말이 있습니다. 이런 말씀을 들으면 비웃을 사람이 많을 것입니다. 왜냐하면 제 자신의 모습이 그렇지 못하기 때문입니다. 제가 아까 서두에 간증적인 설교라고 했기 때문에 자꾸만 제 이야기를 하게 됩니다만, 저는 '훌륭한 제자 밑에서 훌륭한 스승이 태어난다'는 말도 틀리지 않다고 생각합니다.

요즘 강의를 하면서 훌륭한 제자가 많다는 생각을 자주 하게 됩니다. 우리가 '허준'이라는 조선시대의 명의를 알고 있지 않습니까?《동의보감》을 쓴 그 의사 말입니다. 엊그제 신문에 보니까, 중국의 경매장에서 그가 쓴《동의보감》초판이 3,800만 원에 팔린 것이 보도되었는데, 허준이 그렇게 훌륭해질 수 있었던 배경이 무엇입니까? '유의태' 라는 스승, 그의 사랑이 그를 그렇게 위대하게 만든 것 아닙니까?

베드로야말로 가장 위대한 스승의 사랑을 받은 사람입니다. 그 이상의 스승이 있겠습니까? 이 점에서는 여러분도 가장 위대한 스승을 두고 있는 사람들입니다. 예수님보다 더 위대한 스승이 어디 있겠습니까? 그것이 여러분으로 하여금 아마 예수를 끝까지 따라갈 수 있게 하는 모티브가 될 것입니다.

이와 같이 참 스승이신 예수님의 특별한 사랑과 용서를 경험한 것이 베드로로 하여금 예수님을 끝까지 잘 따라갈 수 있도록 만드는 동기가 되었습니다.

둘째, 저는 이 부분을 더욱 중점적으로 강조하려 생각합니다만, 베드로가 여기에서 예수님을 단독적으로 만나 뵙고 자신의 고질적인 라이벌십, 즉 경쟁과 질투의 문제를 해결하게 된 것입니다. 베드로의 치명적인 약점이 바로 이것이었습니다. 그는 어찌 보면 일등 콤플렉스에 걸려 있는 사람이었습니다. 그는 끝없이 '내가 최고다, 내가 가장 위대하다, 내가 수제자다!' 라는 생각에 사로잡혀 있었던 것 같고, 이것이 그로 하여금 얼마나 피곤하게 하고, 실패하게 하고, 좌절케 했는지 모릅니다.

우리가 성경에 소개된 바 베드로의 라이벌십과 관련된 사례들을 다 열거하지 않더라도, 그는 언제나 앞장서고 있음을 보게 됩니다. "사람들이 나를 누구라고 하느냐?"라고 주께서 물으셨을 때에도 "주는 그리스도시요"라고 제일 먼저 고백한 사람이 베드로였고, "너희들도 가려느냐?"라고 물으실 때도, "주여, 다 도망갈지라도 저만은 주를 따르겠습니다"라고 말한 사람도 베드로였으며, 예수께서 제자들의 발을 씻기실 때도 모두들 말없이 순종하는데 베드로만 자기는 그럴 수 없다고 사양했던 것입니다.

예수께서 "내가 네 발을 씻기지 않으면 나와 상관이 없다"고 하시니까, 수제자로 자처하는 자기야말로 그 누구보다 주님과 상관이 있어야 하겠기에 "머리끝부터 발끝까지 닦아 주십시오"라고 요청하는 것을 볼 수 있습니다. 예수께서 풍랑 속을 걸어오실 때에 "주여, 나도 바다 위로 걷게 해 주세요"라고 앞장서서 요청한 것도 비슷한 동기에서 비롯된 것입니다. 오늘 읽은 21장에서도 "나는 물고기 잡으러 가노라"고 앞장서서 말하는데, 이것도 그의 고질적인 왕초 심리에서 기원한 것으로 봅니다.

이와 같은 베드로의 정신적 질환을 예수님께서는 상담을 통해 치유하십니다. "네가 이 사람들보다 나를 더 사랑하느냐?"라는 말씀은, 말하자면 그의 자존심을 건드리는 말씀이라고 할 수 있습니다. '아가파스 메 플레온 투톤'($ἀγαπᾶς\ με\ πλεῖον\ τούτων$), '아가파스 메'($ἀγαπᾶς\ με$) '네가 나를 사랑하느냐?' 이런 내용으로 세 번이나 물으셨습니다. 두 번은 '아가파스 메'이고, 세 번째는 '필레이스 메'($φιλεῖς\ με$)로, 즉 '필레오'($φιλέω$)의 사랑(우정적인 사랑)이라도 하느냐?"라고 물으신 것입니다.

그러나 이들 질문에 대해서 베드로는 세 번 다 '필로 세'($φιλῶ\ σε$)라고 대답함으로써 '필레오'의 사랑밖에 할 수 없음을 고백했던 것입니다. "숭고한 신적 사랑(아가페)을 네가 한다고 자랑했는데, 네가 과연 그렇게 나를 사랑했느냐?"라고 주님은 물으셨고, 그 질문에 대해 베드로는 "인간적인 사랑 '필레오'를 했을 뿐입니다"라고 대답한 것입니다.

마지막으로 "그럼 '필레이스 메', '필레오'의 사랑이라도 했느냐?"라는 주님의 질문에 대해서도 베드로는 자신이 없었습니다. 그래서 "주께서 아십니다"라고 결론적으로 말씀드리고 있는 것입니다. 철저히 그리스도를 따른다고 했던 그 장담과 우월감이 깨어지는 순간이었습니다.

이제야 베드로는 철저한 무능력자로 예수님 앞에 서게 된 것입니다.

요한과 베드로 사이의 라이벌 관계는 오래전부터 시작된 것으로 보입니다. 요한은 명문가 출신으로서, 예수께서 대제사장에게 심문을 받으실 때에도 친척의 도움으로 가야바 궁전까지 들어갈 수 있었던 사람입니다. 우리가 성화를 보면, 요한은 항상 젊고 수려한 인물로 나타납니다. 그는 합리적인 사색파였고, 문장 실력도 뛰어났으며, 비상한 관찰력을 구비하고 있었습니다. 해변가로 찾아오신 예수님을 가장 먼저 알아본 사람도 요한이 아닙니까? 또 '예수께서 사랑하시는 제자'라는 타이틀이 따라다닐 정도로 예수님의 품을 점령한 사람이습니다. 특히 십자가 위에서 예수님은 그에게 어머니 마리아를 부탁하실 정도로 예수님의 사랑과 인정을 독차지한 사람이었습니다.

요한에 비하여 베드로는 본래 태생이 촌놈이었던 것 같습니다. 어려서부터 어부였고, 또 요한보다 나이도 많았습니다. 우리가 성화에서 자주 보는 것처럼 그의 얼굴은 참 못생겼습니다. 감정적인 행동파로서 성급한 성격에 졸필이었고, 학문 없는 범인이었습니다. 그러므로 베드로에게 있어서 요한은 항상 부러운 존재였습니다. 언제나 베드로와 야고보와 요한, 이 셋이 같이 다니면서도 베드로 다음에는 항상 요한이 붙어 있는 것입니다. 변화산에 올라갔을 때도(마 17장) 그렇고, 뭐 야이로의 딸을 고치러 갔을 때도 그렇고, 언제나 요한은 예수님을 밀착 동행하였고, 수석은 베드로요 차석은 요한인데도 베드로는 늘 요한을 볼 때 열등감을 느꼈던 것은 아닌가 생각해 보는 것입니다.

이와 같은 상황에서 예수님과 베드로가 둘이서만 나란히 걸어가는데, 뭣하러 요한이 따라오는 것입니까? 이 장면을 볼 때 베드로는 예수님께 "뭣하러 요한이 따라오는지 모르겠지만, 요한의 미래는 어떻게 되겠습니까?"라고 묻지 않을 수 없었던 것입니다.

그때 예수님께서 "그것이 너와 무슨 상관이냐? 너는 나를 따르라" (τί πρὸς σε σὺ ἀκολουθει μοι)고 하셨습니다. 이 말을 부연하면, 그의 미래가 너와 무슨 상관이냐고 묻는 것입니다. 그가 왕관을 쓰든, 그가 온 성도들의 찬사를 받든, 요한복음과 요한계시록을 쓸 위대한 사도가 되든, 그게 너와 무슨 상관이냐며, 너는 나를 따르라는 것입니다.

이 말을 들은 다음부터 그는 더 이상 우월감이나 열등감에 사로잡히지 않게 됩니다. 사람을 볼 필요가 없습니다. 다른 사람을 볼 필요가 없습니다. "너는 나만 따라오면 되지 않느냐? 너는 나의 사랑을 받지 않았느냐? 그것으로 족하지 않으냐? 요한에게 준 달란트가 있고, 네게 준 달란트가 따로 있고, 요한이 요한대로 위대한 제자의 역할을 한다면, 너는 순교함으로써 하나님께 영광을 돌릴 게 아니냐? 그것이 너와 무슨 상관이냐?"

여호수아 1장을 보면 여호수아가 굉장히 침체되어 있습니다. 모세는 죽었고 자신이 모세의 후계자로 세움을 받았는데, 모세와 자기는 비교가 안 됩니다. 모세 앞에서의 위축감이 이루 말할 수 없었습니다. 그러나 하나님께서 "내가 너와 함께하겠다"라고 말씀하시자 그 말씀을 듣고 자신의 열등감을 극복하는 것을 볼 수 있습니다.

학문의 세계에 들어가 보면, 올라갈수록 기라성 같은 학자들을 만나게 되고, 거기에서 위축감을 느끼게 됩니다. 제 자신과 관련된 이야기를 또 하겠습니다만, 참 훌륭한 교수님들도 많고 얼굴 잘생기고 실력이 탁월한 일류대 출신도 계셔서 학생들로부터 인기가 많으십니다. 그분들과 저를 비교할 때마다 저는 엄청난 열등감과 위축감을 느낄 때가 많았습니다. 이럴 때 그 열등감을 어떻게 극복하는지 아십니까?

먼저 저는 제 자신에게 "너 삽다리 촌놈아"라고 부르면서, 저의 본래 모습을 생각해 보는 것입니다. 저의 어릴 적 꿈이 트럭 조수가 되는 것이 었는데, 초등학교 5학년 때 목사가 되기로 한 다음부터는 그 삽다리(삽교) 방앗간 뒷간에서, 제 아버지가 방앗간을 운영했습니다만, 그 작은 화장실에서 "제발, 중학교 좀 보내주세요"라고 하나님께 기도했고, 또 새벽마다 삽교교회 마룻바닥에 엎드려 "제발, 고등학교에 들어가게 해주세요!"라고 기도했던 것을 기억합니다. 그리고 동시에 현재 누리고 있는 복과 영광을 생각해 보는 것입니다. 세상에서 가장 우수한 신학대학으로 자처하는 장신대의 교수가 된 것, 그것도 가장 높은 언어 실력과 영성이 없으면 감당하기 힘든 구약학 교수가 되었다는 생각을 해보는 것입니다.

그때마다 주께서 제게 "내가 너를 여기 이 존귀한 영광의 자리까지 인도했지 않느냐? 내가 너를 지극히 사랑하지 않느냐? 그것으로 족하지 않느냐? 다른 사람이 매스컴을 타고, 고급 승용차를 타고, 큰 교회 담임목사로 불려 가고, 학생들로부터 인기가 많고, 그것이 너와 무슨 상관이냐?"라는 주님의 말씀에 저를 괴롭히던 열등감과 위축감이 극복되는 것을 경험할 수 있었습니다.

마지막으로 "너는 나를 따르라!"는 주님의 명령은 베드로로 하여금 두고두고 예수님을 따르게 한 모티브가 되었다고 볼 수 있습니다. 사실 여기에서 '수 모이 아콜루세이' (σὺ μοι ἀκολούθει)라고 말씀하실 때의 '수' (σὺ) 즉 '너'는 이 문장에서 없어도 되는 단어입니다. 왜냐하면 '아콜루세이' (ἀκολούθει)라는 문장 자체가 주어인 '너'를 포함하고 있기 때문입니다. 그런데도 '너'라는 말이 한 번 더 추가된 것은 베드로에게 있어서 엄청난 강조의 명령으로 들렸을 것입니다. 좀 더 구체적으로 말하면 "너야말로 나만 따르라! 나만 따르면 되지 않느냐?"라는 뜻입니다. 곧 예수 외에 모든 것은 상대화시키라는 말입니다.

오늘날 우리가 얼마나 자주 예수 외의 다른 것들, 즉 명예, 권세, 쾌락 등을 절대화시킵니까? 커닝함으로써 점수나 학점을 절대화시킵니다. 이것은 자기 지조를 포기하는 행위입니다. 예수님의 존귀한 신부요 종으로서 지조를 버린 것은 곧 점수를 절대화시켰기 때문에 그런 것 아닙니까? 예수만이 최대의 명예요, 최대의 재산이요, 예수만이 최대의 쾌락으로 절대화된다면 — 여러분도 앞으로 목사 안수를 받고 목회자가 되면 노회장도 되고, 총회장이 되려고 애쓸 분이 많으리라 생각합니다만 — 그런 명예와 권세가 무슨 필요가 있겠습니까?

"참으로 예수만을 따르라. 예수만을 바라보라. 다른 것은 바라보지 말아라. 옆 사람도 보지 말고. 예수만 바라보라. 예수만이 네게 사랑의 왕이시지 않느냐? 겸손의 왕이시지 않느냐? 그분을 따라가기에도 얼마나 바쁘고 얼마나 힘이 드느냐? 그런데 왜 다른 사람을 보고, 다른 사람을 따라가려 하느냐?" 이와 같은 베드로 자신의 자문자답과 자기 정체성 의식을 통해 베드로는 끝까지 주님을 잘 따라갈 수 있었던 것입니다.

베드로는 위대한 제자였습니다. 그는 예수의 특별한 사랑을 받은 사람이었습니다. 그는 자신의 교만과 경쟁심을 극복할 수 있는 그런 비방이 있었습니다. 그는 예수님과의 마지막 만남을 통하여 자신을 상대화하고 예수님만 절대화하는 사람이 될 수 있었던 것입니다.

여러분의 문제는 무엇입니까? 여러분의 마음을 어둡게 하고, 예수님을 따르는 길을 가로막고, 시시때때로 여러분을 좌절케 하는 것이 무엇입니까? 인간관계입니까? 그것을 상대화시키기 바랍니다. 오로지 "너는 나를 따르라! 그것이 너와 무슨 상관이냐?" 이 말씀을 기억하면서 끝까지 베드로처럼 잘 달려가는 종들이 다 되시길 바랍니다.

06

회개의 은혜

■ 주후 1995년 9월 1일 11시 신대원 예배

하나님이여 주의 인자를 따라 내게 은혜를 베푸시며 주의 많은 긍휼을 따라 내 죄악을 지워 주소서 나의 죄악을 말갛게 씻으시며 나의 죄를 깨끗이 제하소서 무릇 나는 내 죄과를 아오니 내 죄가 항상 내 앞에 있나이다 내가 주께만 범죄하여 주의 목전에 악을 행하였사오니 주께서 말씀하실 때에 의로우시다 하고 주께서 심판하실 때에 순전하시다 하리이다 내가 죄악 중에서 출생하였음이여 어머니가 죄 중에서 나를 잉태하였나이다 보소서 주께서는 중심이 진실함을 원하시오니 내게 지혜를 은밀히 가르치시리이다 우슬초로 나를 정결하게 하소서 내가 정하리이다 나의 죄를 씻어 주소서 내가 눈보다 희리이다 내게 즐겁고 기쁜 소리를 들려 주시사 주께서 꺾으신 뼈들도 즐거워하게 하소서 주의 얼굴을 내 죄에서 돌이키시고 내 모든 죄악을 지워 주소서 하나님이여 내 속에 정한 마음을 창조하시고 내 안에 정직한 영을 새롭게 하소서 나를 주 앞에서 쫓아내지 마시며 주의 성령을 내게서 거두지 마소서 주의 구원의 즐거움을 내게 회복시켜 주시고 자원하는 심령을 주사 나를 붙드소서 그리하면 내가 범죄자에게 주의 도를 가르치리니 죄인들이 주께 돌아오리이다 하나님이여 나의 구원의 하나님이여 피 흘린 죄에서 나를 건지소서 내 혀가 주의 의를 높이 노래하리이다 주여 내 입술을 열어 주소서 내 입이 주를 찬송하여 전파하리이다 주께서는 제사를 기뻐하지 아니하시나니 그렇지 아니하면 내가 드렸을 것이라 주는 번제를 기뻐하지 아니하시나이다 하나님께서 구하시는 제사는 상한 심령이라 하나님이여 상하고 통회하는 마음을 주께서 멸시하지 아니하시리이다 주의 은택으로 시온에 선을 행하시고 예루살렘 성을 쌓으소서 그 때에 주께서 의로운 제사와 번제와 온전한 번제를 기뻐하시리니 그 때에 그들이 수소를 주의 제단에 드리리이다 (시 51:1-19)

나를 능하게 하신 그리스도 예수 우리 주께 내가 감사함은 나를 충성되이 여겨 내게 직분을 맡기심이니 내가 전에는 비방자요 박해자요 폭행자였으나 도리어 긍휼을 입은 것은 내가 믿지 아니할 때에 알지 못하고 행하였음이라 우리 주의 은혜가 그리스도 예수 안에 있는 믿음과 사랑과 함께 넘치도록 풍성하였도다 미쁘다 모든 사람이 받을 만한 이 말이여 그리스도 예수께서 죄인을 구원하시려고 세상에 임하셨다 하였도다 죄인 중에 내가 괴수니라 (딤전 1:12-15)

'회개의 은혜' 라는 말은 아마 신학자들이 별로 쓰지 않는 용어인 것 같습니다. 그러나 '회개하는 것도 하나님의 은혜' 라는 생각이 듭니다. 불신자들에게는 회개의 은혜가 없습니다. 회개의 대상도 없고, 그들에게는 오직 죄를 고발하는 검사만 있을 뿐입니다. 우리에게는 재판장 되시는 하나님이 계시고, 변호사 되시는 예수님이 계십니다. 아무리 사탄이 검사가 되어서 고소할지라도 우리는 용서받을 수 있는 그런 은혜를 누리고 있습니다.

'회개는 하나님이 기회를 주셔야, 회개할 마음을 주셔야 하는 것이다' 라는 관점에서, 회개는 하나님의 은혜입니다. 회개할 때 비로소 하나님은 우리에게 은혜를 베푸시기 시작하십니다. 회개할 때 우리는 겸손해지고, 사랑하게 되고, 평안을 얻게 되고, 진실하게 되기 때문입니다. 마태복음 5장에서 애통하는 자의 복에 대하여 주께서 말씀하셨고, 시편 32편에서도 하나님께 회개하는 자의 복을 말씀하고 있습니다.

'왜 하필 학기 초에 죄와 회개의 문제를 다루려고 하는가?' 라고 질문을 하실지 모르겠습니다. 저는 학기 초이기 때문에 오히려 회개로 시작해야 한다고 생각합니다. 새 술은 새 부대에 넣어야 합니다. 회개는 마치 빈 그릇을 준비하는 것과 같아서 가득 차 있는 자루를, 마치 배급을 탈 때 자루를 다 비우고 큰 자루를 준비할 때 더 많은 배급을 받을 수 있는 것과 같습니다. 여러분이 한 학기 동안 여러 교수님들로부터 엄청난 분량의 하나님의 말씀을 받게 되는데, 과연 우리가 빈 그릇을 준비하지 않고 이러한 은혜를 받을 수 있을지 의문입니다.

또한 이 시점에서 제가 회개를 논하려 하는 것은 한국 사회의 전반적인 분위기 때문입니다. 1993년 7월에 아시아나 항공기가 목포에서 추락하여 66명이 죽고, 그것을 시발점으로 해서 10월에는 서해 페리호가 침

몰하여 292명이 죽고, 1994년 10월에 들어와서는 성수대교가 무너져 32명이 죽고, 1995년 4월에는 대구의 지하철 가스 폭발로 101명이 죽었고, 엊그제 우리가 여름방학을 하자마자 6월에 삼풍백화점이 붕괴되어 약 450명이 목숨을 잃었습니다.

누가복음 13장 4-5절에 보면 "실로암에서 망대가 무너져 치어 죽은 열여덟 사람이 예루살렘에 거한 다른 모든 사람보다 죄가 더 있는 줄 아느냐 너희에게 이르노니 아니라 너희도 만일 회개하지 아니하면 다 이와 같이 망하리라"라는 말씀이 나오는데, 우리는 모든 인간 역사 가운데 발생하는 이와 같은 사인(signs)들을 하나님이 주시는 사인으로 읽어야 하기 때문에 회개를 말하려는 것입니다.

한국적인 전반적인 분위기뿐만 아니라 우리 학교도 참으로 회개를 해야 한다는 생각이 듭니다. 물론 제 자신에 대한 이야기이기도 한데, 다른 교수님이나 여러 학생들은 아마 회개할 것이 별로 없을 줄 압니다만, 학교에서 일어나는 모든 불미스러운 일들이 '내가 회개하지 않기 때문에 일어나는 일이다' 라는 생각에서, 더 나아가 아무도 회개하려고 하지 않는 이 상황에서 '우리 장신대부터라도 회개 운동을 시작해야 참다운 개혁이 이루어지지 않을까' 라는 생각에서, 비록 미약하지만 하나님의 말씀을 회개에 입각하여 증거하려 합니다.

회개는 매우 중요합니다. 많은 사람이 오래 믿다 보면 회개를 너무나 등한시하고 가볍게 생각하는 경향이 있습니다. 예수께서 설교를 하실 때 첫 번째 일성(一聲)이 '회개하라' 였고, 전도하러 떠난 제자들의 메시지도 그랬습니다. "회개하라 천국이 가까웠느니라." 신구약을 통틀어 그리고 찬송가를 통틀어 회개하는 내용을 뺀다면 아마 메시지가 많이 축날 것입니다.

우리가 어떻게 기독교인이 되었습니까? 누구나 예외 없이 학벌 가지고 된 것이 아니고, 건강 가지고 된 것이 아니고, 인물 가지고 된 것이 아니잖습니까? 우리가 예수 그리스도의 백성이 되고 그의 제자가 된 것은, 즉 기독교인이 된 것은 예외 없이 회개를 함으로써 시작된 것입니다. 창세 이후 온 인류를 괴롭혔고, 괴롭혀 왔고, 지금도 괴롭히고 있는, 인간을 파괴하는 죄의 세력, 이 죄의 세력은 엄청난 세력을 갖고 있습니다. 아마 지구라도 다 말아먹고 갈아마실 그런 세력이 죄입니다.

우리 역사를 읽어볼 때 세계 모든 나라들이 결국 망할 때 죄 때문에 망했습니다. 이 죄의 세력, 엄청난 세력과 엄청난 파괴력을 갖고 있는, 세상의 모든 원자력을 합친 것보다 더 큰 세력을 갖고 있는, 이 죄의 세력을 파괴하는 세력이 있고 그 방법도 있는데, 그것은 원자탄이나 수소탄이 아니라 바로 '회개'입니다. 그 외의 그 어떤 것으로도 죄는 씻을 수도 없고 파괴할 수도 없습니다.

성령을 받는 길도 회개하는 것이 그 첫걸음입니다.

"너희가 회개하여 각각 예수 그리스도의 이름으로 세례를 받고 죄 사함을 받으라 그리하면 성령의 선물을 받으리니"(행 2:38).

회개하기까지 성령은 우리 마음에 들어오시지 않습니다. 우리가 예수를 주로 시인할 때 성령이 임했다고 하지만, 그 시인하는 방법이 바로 회개가 없이는 불가능합니다. 지금이 성령 시대라 하고, 성령의 능력 없이는 사역할 수 없는 시대라 하는데, 이 시대에 우리가 성령을 받는 가장 빠른 지름길이 바로 회개입니다. 성령의 아홉 가지 열매는, 갈라디아서 5장에 있는 것과 같이 사랑과 희락과 화평과 오래 참음과 자비와 양선과 충성과 온유와 절제입니다. 이 모든 미덕들과 이 모든 능력들을 여러분은 어떻게 얻으려 하십니까? 성령은 한없이 부드럽습니다. 바람처럼 부드럽습니다. 히브리어로 '루아흐'(רוח), 헬라어로 '프뉴마'($\pi\nu\epsilon\hat{\upsilon}\mu\alpha$), 둘 다 '바람'입니다. 바람 또는 공기가 얼마나 부드럽습니까? 부드러운 영은 우리가 부드러워지지 않으면 절대로 들어오지 않습니다. 그 부드러워지는 방법이 바로 회개입니다.

"너희 묵은 땅을 기경하라." 잡초 난 묵은땅이 부드러워져서 하나님을 받아들일 수 있는 길은 회개밖에 없습니다. 능력의 원천 "오직 성령이 너희에게 임하시면 너희가 권능을 받고"(행 1:8)라고 했습니다. 권능은 헬라어로 '뒤나미스'($\delta\acute{\upsilon}\nu\alpha\mu\iota\varsigma$)인데, 이 권능이 없이는 복음 전도자들이 그 어떤 일도 제대로 할 수 없는 것입니다. 그리스도 즉 복음에 관한 한 여러분이 성령 없이 행한다고 하면 그것은 사실 허공을 향해 펀치를 날리는 권투선수와 같은 것입니다. 절대로 성령의 도우심 없이는 여러분이 복음을 전할 수도 없고, 제가 설교하는 것도 성령의 능력이 없이는 불가능한 것입니다.

이 성령을 어떻게 받으려고 하십니까? 공산주의도 녹이고, 살인마였던 고재봉도 녹이고, 강퍅한 마음을 녹일 수 있는 성령, 그 성령을 받는 길은 회개밖에 없습니다. 베드로가 사도행전 2장 38절에서 '너희가 각각 회개하라'고 말했을 때, 그것은 자기 경험을 말한 것입니다. 사도행전 1장과 2장에서 성령을 받기까지, 120명의 성도들이 다락방에 모여서 무엇을 했겠습니까? 회개할 때, 즉 전심으로 철저하게 회개했을 때 성령은 강하고도 철저하게 그들에게 임했던 것입니다. 죄는 성령과 상극 관계입니다.

오늘 읽은 구약성경 곧 시편에서 시인은 '주의 성신을 거두지 마소서'라고 기도하고 있습니다. 죄가 있을 때 성령은 떠납니다. 죄는 하나님께서 참을 수 없는 것으로, 하나님의 마음을 상하게 하고 하나님의 마음을 근심하게 한다고 예레미야서와 창세기 6장에서 말하고 있습니다. 죄는 문둥병과 같아서 온몸을 더럽게 만듭니다. 눈이 빠지게 하고, 다리와 관절을 썩게 합니다. 하나님께서 우리에게 접근하지 못하도록 방해하고, 성령님께서 우리에게 접근하지 못하도록 가로막는 것이 바로 죄입니다. 그래서 시편 본문 7절에 보면 "우슬초로 나를 정결케 하소서"라고 기도하는데, 우슬초는 레위기에 보면 본래 한센 병에 걸린 사람에게 홍색실과 백향목과 새를 함께 태운 다음, 그 재에 탄 물을 우슬초에 찍어 병 나은 사람에게 뿌려 정하게 하는 데 사용된 것입니다.

죄가 있는 한, 회개치 않는 한, 성령은 절대로 역사하지 않습니다. 기독교인에게 성령이 없으면 그것은 기름 없는 등잔과 같은 것입니다. 이스라엘의 예루살렘 성전에는, 그 이전의 성막에는 촛대가 있었습니다. 그 촛대는 감람유 곧 아주 고운 감람유로 불을 피우게 되어 있었습니다. 아무리 그 등잔이 육중한 금덩이로 되어 있다 할지라도 기름이 없이는 타지 않는 것입니다. 타지 않는 촛대는 아무 효력도 없는 것입니다.

그럼 우리는 어떤 죄를 회개해야 하겠습니까? 시편 51편의 제목은 '다윗의 시'로 되어 있습니다. 물론 많은 비평적 주석가들은 이것이 과연 '다윗의 시'인가 의혹을 제기하기도 합니다만, 그러나 적어도 그 원뿌리에 있어서는 이 시편이 '다윗의 시'라는 교회의 전통을 존중하고 받아들여야 할 것입니다. 정경 비평적 입장에 따라 분명히 이 시를 다윗의 시로 읽을 때에만 은혜가 됩니다. 물론 본문의 18-19절은 포로 이후의 상황을 반영하기 때문에 이 부분이 후대에 포로 이후의 유대인 공동체가 추가한 것으로, 즉 18-19절을 추가했다고도 볼 수 있지만, 근본적으로 이 시는 '다윗의 시' 인 것을 저는 의심하지 않습니다.

시편 51편은 시편의 일곱 개의 참회시 가운데 하나입니다. 시편에는 일곱 개의 참회시가 나오는데, 이 참회시는 개인적 탄원시에 속하고, 이 일곱 개의 참회시 가운데 가장 잘된 시가 바로 이 51편입니다. 아마 여러분도 거의 외우다시피 이 시를 읽었을 줄로 아는데, 여기에는 최고 수준의 '죄론'(罪論)이 나오고, 타의 추종을 불허하는 심오하고도 고차원적인 인간론과 신론도 언급됩니다.

먼저는 죄의 참혹함에 대하여 말하고 있습니다. "항상 내 앞에 죄가 있나이다." 거머리처럼 따라붙는 것이 죄임을 3절에서 고백하고 있고, 뼈가 꺾이는 아픔처럼 죄가 그렇게 참혹함을 말합니다. 다윗은 뿌리 깊은 죄의 문제를 이 시를 통해서 표현하고 있는 것입니다.

다윗은 여기에서 대체로 세 가지 죄에 대해 언급합니다. 1절과 3절에 언급된 히브리어 '페샤아'(פשע)는 한글개역에서 '죄과'로 번역되었는데, 영어로는 'Transgression' 또는 'Rebellion'을 가리킵니다. 대개 하나님께 반역하는 죄를 가리킵니다. 2절의 '죄악'은 히브리어로 '아본'(עון)인데, 영어로 'Iniquity', 독일어로는 'übel'로, 곁길로 간 것, 옳은 길이 있는데도 고집부리며 다른 길로 가는 악을 가리킵니다.

또한 2-3절에는 '하타아'(חטאה)라는 말도 나오는데, 한글개역에서는 '죄'로, 영어 RSV에서는 'Sin'으로 번역되어 있습니다만, 이것은 과녁에서 빗나간 화살로, 목표에서 이탈하거나 목적을 상실한 것을 가리킵니다. 이 '하타아'라는 용어는 모든 죄의 대명사로서 거의 모든 죄를 포괄하는 용어입니다.

다윗은 이 세 가지로 자신의 죄를 고백했지만 이 세 단어의 궁극적인 의미는, "죄는 근본적으로 하나님을 대적하는 것이요, 하나님께 대한 것이다"라는 것이 다윗의 견해입니다. 4절에 "내가 주께만 범죄하여 주의 목전에 악을 행하였사오니"라는 구절이 이를 대변합니다. 물론 그 후반절은 아직도 학자들 간에 의견이 분분한 해석하기 힘든 구절입니다만, 히브리어로 '르마안'(למען)으로 시작되는 이 구절을 결과로 해석할 것인가 아니면 목적으로 해석할 것인가, 제가 다시 그것을 사역(私譯)해 보면 '이는 주(당신)께서 죄를 언도하실 때에 주(당신)께서 의로우심을 입증하시고, 주(당신)께서 심판하실 때에 주(당신)의 결백함을 드러내려 함이니이다' 입니다. 이것이 앞 상반절의 결과로 볼 것인가, 아니면 목적으로 볼 것인가, 학자들 사이에 의견이 갈라지는 것입니다. 내가 주께만 범죄한 그 결과로 주님이 의로우신 것이냐, 아니면 주님께서 영광을 받으시기 위해서, 의로우시기 위해서, 내가 주께 범죄를 한 것인가, 굉장히 신학적으로 의미심장한 구절입니다.

어떻든 다윗이 여기서 밝히려고 한 것은, 죄는 근본적으로 하나님께 지은 것이고 하나님께 반역한 것이다, 그래서 죄는 근본적으로 교만 자체이고, 하나님과 사람 앞에서 교만한 것이고, 마치 창세기 3장에 있는 것처럼, 죄의 근원이 마귀요 뱀이라는 것입니다. 마귀는 근본적으로 교만한 자요, 교만한 속성을 갖고 있기 때문에, 그 마귀를 따르는 유혹을 받는 모든 사람으로 하여금 교만해져서 하나님을 대적하고 사람을 대적하도록 하는 것이 다윗이 생각하고 고백한 죄입니다.

다윗은 밧세바와 간음했고 강간한 사람이었습니다. 왕이 남편이 있는 유부녀를 데려다가 관계했다는 것은 분명히 강간입니다. 그는 또 우리아를 죽였습니다. '피 흘린 죄', 이것이 바로 우리아를 죽인 죄를 가리킨다고 볼 수 있습니다. 그가 지은 죄는 살인과 간음죄였지만 근본적으로 이것은 하나님을 대적한 것이요, 사람 앞에, 그리고 하나님 앞에 교만해서 지은 죄인 것입니다.

마치 이사야 14장 12절 이하에 있는 것처럼, 사탄이 "뭇 별 위에 내 자리를 높이리라……지극히 높은 이와 같아지리라"라고 한 것과 같습니다. 에스겔 28장 12절에 열 가지 보석으로 단장한 사탄 마귀가 하나님이 주신 아름다움 때문에 교만해지고 영화로움 때문에 그의 지혜를 더럽힌 것처럼, 다윗이 영화롭고 아름다운 모습으로 왕궁에 있을 때 이러한 죄를 범했습니다. 그는 결국 하나님을 대적한 것입니다.

요한일서 3장 8절에 있는 것처럼 "죄를 짓는 자는 마귀에게 속하나니 마귀는 처음부터 범죄함이라 하나님의 아들이 나타나신 것은 마귀의 일을 멸하려 하심"인 것입니다.

인간이 얼마나 교만한지 아십니까? 여러분은 아마 교만하지 않은 것 같습니다만, 저 자신은 참으로 교만한 자임을 늘 시인하게 됩니다. 그러므로 죄의 근원은 하나님처럼 되려는 교만을 가리킵니다. 이 교만에서 많은 죄가 파생됩니다. 모든 죄의 근원에는 교만이 있습니다. 갈라디아서 5장과 로마서 1장 29절 이하에 나와 있는 것처럼, 시기와 질투, 배반과 살인, 피 흘림과 음란, 호색, 탐욕, 악한 말, 무감각하고 무정함 등 이것들이 다 교만에서 오는 것입니다. 예수님께서 이런 말씀을 하셨습니다. 자기 눈에 들보가 있는데 남의 눈의 티를 공격하는 그것이 얼마나 교만한 행동입니까? 또 사람들이 "나는 죄 없다"고 그렇게 말합니다만, '죄 없다'는 말처럼 교만한 말이 어디 있겠습니까?

어떤 나이 드신 목사님이 말하기를, 인간이 일생 동안 얼마나 많은 죄를 짓는지 따져보니, 적어도 10억 가지의 죄를 짓는다고 합니다. 창세기 6장 5절 말씀처럼 인간이 매 초에 한 가지씩 죄를 지을 경우에, 한 사람이 약 70년을 산다면, 낮에 짓는 죄만 치더라도 $70 \times 2분의 1(35년) \times 365$일

×24시간 60분 60초로 계산하니까 10억이 넘더라고 말하는 것을 들었습니다. 제 자신의 이야기를 해서 죄송합니다만, 어떤 사람은 잠자면서 꿈속에서도 죄를 짓는다고 합니다. 꿈꾸면서 남을 비방하고, 짓뭉개고, 음란하고…….

방지일 목사님의 말씀에 의하면, 그분의 인생 전환점(turning point)이 있었다고 합니다. 어느 날 아침에 누워서 해가 뜰 때 창호지 문틈 사이로 들어오는 햇빛에 비춰보니까 방 안에 먼지가 그렇게나 많은 걸 보고서는 "내 죄가 그렇게 많다"는 것을 깨닫게 되었다고 합니다. 이를 통해 참으로 굉장한 은혜를 받고, 회개하고 새로운 인생을 출발하게 되었다는 이야기를 듣게 되었습니다.

바울은 디모데전서 1장 15절에서 "나는 죄인 중의 괴수"라고 했습니다. 헬라어 '프로토스'($\pi\rho\hat{\omega}\tau o s$) 라는 말은 '괴수' 라고 번역하기보다는 '1등' 곧 '첫 번째'로 번역할 수 있는데, 사도 바울은 자신이 죄인들 가운데 1등, 즉 죄인 가운데 가장 앞장서 있는 1등이라고 말한 것입니다. 물론 '괴수' 라는 말도 죄를 가장 많이 지은 사람이라는 의미를 내포하므로 바울은 자신이야말로 세상의 모든 사람 중에 가장 죄를 많이 지은 사람이라는 것입니다.

바울이 그렇게 많은 죄를 지었습니까? 우리가 생각할 때 바울처럼 어려서부터 율법을 따라 철저하게 산 사람도 많지 않을 것입니다. '내가 죄인 괴수다' 라는 말은 저 같은 사람의 경우에는 40세가 넘으니까 그 말이 이해가 되고, 저 자신이 그렇게 고백하게 되었습니다. 그리고 그때부터 은혜가 되었습니다.

주께서는 제사보다도 상한 심령, 깨어진 심령을 원하신다고 본문은 말하고 있습니다. 한 사람이 회개하고 돌아오면, 목자가 99마리의 양보다도 잃은 양 한 마리를 찾아 더 좋아하는 것처럼 좋아하신다고 말합니다. 이처럼 회개는 하나님을 기쁘시게 하는 것입니다. 인간은 어차피 다윗이 말하는 것처럼, 날 때부터 죄악 가운데 태어나고, 아니 그보다도 더 이전인 어머니가 임신할 때부터 죄인인 것입니다. "내가 죄악 중에 잉태되었다"고 하는 다윗의 고백은 굉장한 고백입니다. 어려서부터 어머니가 임신할 때부터 계속 죄를 지었다는 고백입니다. 다윗은 물론 바울과 윌리엄 캐리와 모든 성자들이 자기들을 어머니 뱃속에서부터 죄인 중 괴수였다고 고백하고 있는 것입니다.

그렇게 고백하는 이유는 이와 같은 고백이 진실이고, 또한 이 고백을 하나님께서 기뻐하시기 때문입니다. 깨어진 심령, 통회하는 심령, '루아흐 니쉬바라', 수동태 '니쉬바라'(נשברה)는 '솨바르'(שבר) 즉 '깨뜨리다'의 니팔형(수동태) 곧 깨어진 자, 완전히 묵사발이 된, 철저하게 깨어진 그런 심령이 될 때, 그런 사람을 하나님은 기뻐하시고, 그때 비로소 하나님께서 우리에게 철저하게 성령으로 채워주실 것을, 여기에서 다윗이 고백하고 있는 것입니다.

본래 회개한다는 말이 '슈브'(שוב)입니다. '돌아오다'는 말인데, 완전히 방향 전환을 하는 것을 가리킵니다. 행동을 180도로 전환하는 것입니다. 완전히 깨어져 죄인 괴수라는 고백이 입에서 나오지 않으면 사람은 절대로 행동을 고치지 않습니다. 거짓말하고, 남을 미워하고, 질투하고, 시기하는 그런 인간이 완전히 깨어지지 않는 한 절대로 바뀌지 않습니다. 하나님께서는 교만한 자를 대적하시고 겸손한 자에게 은혜를 베푸신다고 했습니다(벧전 5:5). 그러므로 은혜를 받는 지름길은 바로 회개입니다.

때때로 어느 교회의 설교 초청을 받아 설교하게 될 때 설교가 꽉 막힐 때가 있습니다. 준비는 많이 했는데 꽉 막혀서 말이 제대로 안 나올 때가 있습니다. 그때 한 가지 그 장애물을 타개하는 방법이 있는데, 그것은 무릎 꿇고 내가 죄인 괴수라고 고백하기 시작하는 것입니다. 다시금 내가 철저하게 죄인 괴수임을 진정으로 고백하는 것입니다. 그때부터 제 굳은 마음이 녹아버리고, 남모르는 기쁨이 용솟음치고, 그때부터 저는 참으로 용서받은 죄인으로서 담대하게 설교할 수 있게 됩니다.

신학도는 미래의 지도자입니다. 그리스도의 종들이요 제자입니다. 성령의 능력이 필요합니다. 예수 그리스도의 인격의 분량과 차원에 도달하려는 것이 여러분과 저의 목표입니다. 이 목표에 어떻게 도달하겠습니까? 예수 그리스도의 겸손과 사랑에 어떻게 도달하겠습니까? 어떻게 성령의 능력을 받겠습니까? 철저한 회개만이 그 지름길입니다. 사무엘 같은 경우에는 기도하기를 쉬는 죄를 범치 않게 해 달라고 간구했고, 요한계시록에 보면 주께서는 에베소 교회를 향하여 첫사랑을 잃은 것을 회개할 것을 촉구하셨습니다.

여러분, 주님께 고백한 그 첫사랑, 아직도 간직하고 있습니까? 예수님과의 첫사랑, 미칠 듯이 좋아하던 그 사랑, 그것을 잃어버린 것처럼 큰 죄는 없습니다. 교만하여 생긴 죄입니다. 그동안 뱀이 들어와서 여러분을 그렇게 만든 것입니다.

그리스도만이 나의 자랑이요, 만족이요, 감격이던 것이 이제는 메말라서 그리스도를 찬송할 줄도 모르고, 교만한 얼굴로 남을 비판하고, 남을 짓밟고, 남을 위한 진심 어린 중보 기도 한마디 못하고, 기껏해야 자기 가족, 자기 친구, 거기에 중보 기도가 한정되는, 그러한 우리의 죄 된 모습을 고백해야 합니다. 철저하게 회개할 때만 비로소 우리 자신의 교만한 모습을 깨뜨리고 다시 시작할 수 있는 것입니다. 교만한 모습 그대로는 주께서 절대로 쓰지 않으십니다.

07

■ 주후 1996년 4월 26일 오전 11시 신대원

부활과 영생의 소망

나의 말이 곧 기록되었으면, 책에 씌어졌으면, 철필과 납으로 영원히 돌에 새겨졌으면 좋겠노라 내가 알기에는 나의 대속자가 살아 계시니 마침내 그가 땅 위에 서실 것이라 내 가죽이 벗김을 당한 뒤에도 내가 육체 밖에서 하나님을 보리라 (욥 19:23-26)

내가 그리스도와 그 부활의 권능과 그 고난에 참여함을 알고자 하여 그의 죽으심을 본받아 어떻게 해서든지 죽은 자 가운데서 부활에 이르려 하노니 내가 이미 얻었다 함도 아니요 온전히 이루었다 함도 아니라 오직 내가 그리스도 예수께 잡힌 바 된 그것을 잡으려고 달려가노라 형제들아 나는 아직 내가 잡은 줄로 여기지 아니하고 오직 한 일 즉 뒤에 있는 것은 잊어버리고 앞에 있는 것을 잡으려고 푯대를 향하여 그리스도 예수 안에서 하나님이 위에서 부르신 부름의 상을 위하여 달려가노라 그러므로 누구든지 우리 온전히 이룬 자들은 이렇게 생각할지니 만일 어떤 일에 너희가 달리 생각하면 하나님이 이것도 너희에게 나타내시리라 오직 우리가 어디까지 이르렀든지 그대로 행할 것이라 (빌 3:10-16)

베드로전서 3장 15절에 보면 "너희 마음에 그리스도를 주로 삼아 거룩하게 하고 너희 속에 있는 소망에 관한 이유를 묻는 자에게는 대답할 것을 항상 준비하되"라는 말씀이 있습니다.

여기에 나오는 헬라어 '엘피스'(ἐλπίς) 곧 '소망'이라는 말은 국어사전에는 '바라는 것' 또는 '희망과 동의어'로 설명하고 있습니다만, 이런 정의는 불신자들 또는 비기독교인들이 생각하는 말인 것 같고, 우리가 말하는 기독교인의 소망은 그런 일반적인 소망이 아니라 약속과 보장이 있는 소망이고, 믿음을 동반한 소망을 가리킵니다. 불신자들이 갖고 있는 단순한 기대 그 이상이라는 말입니다. 불신자들의 '희망'은 "떡

줄 놈은 생각도 않는데 김칫국부터 마신다"라는 표현이 적당할지 모르겠습니다. 막연히 기대하는 것뿐입니다. 줄 사람은 생각도 하지 않는데 막연히 기대하는 것, 그것이 불신자들의 희망입니다.

이와 같은 관점에서 기독교인들의 소망은 궁극적인 소망입니다. 'the Ultimate Hope' 즉 궁극적인 소망 또는 궁극적 가치에 대한 소망입니다. 이 소망 이외의 모든 소망은 상대적인 것으로 간주하여 상대화시키는 일종의 절대적인 소망으로서, 최고의 가치에 대한 소망, 생명과 같이 소중한 가치에 대한 소망입니다. 어쩌면 생명보다도 더 소중한, 모든 것을 빼앗겨도 포기할 수 없는, 그런 소망인 것입니다. 우리가 어려운 일을 당할 때 제발 목숨만은 살려 달라고 하는데, 목숨이 가장 소중하기 때문에 그러는 것 아니겠습니까? 그런데 이 목숨보다 더 소중한 가치를 갖고 있는 소망, 생명을 바쳐 구매하려고 하는, 생명은 빼앗겨도 이것만은 포기할 수 없는 소망, 이것이 기독교인들의 소망입니다.

오늘의 성경 본문은 욥기와 빌립보서에서 읽었는데, 욥과 바울의 소망이 무엇입니까? 그들의 소망, 그것은 다름 아닌 부활과 영생에 대한 소망입니다. 빌립보서 3장 8절에서 바울은 이 소망 때문에 다른 모든 것, 곧 자신의 명예, 권세, 물질, 쾌락 등 이 모든 것들을 상대화시키고 있는 것입니다. 하나님께로부터 바울보다 더 큰 복과 은사를 받은 사람이 누가 있겠습니까? 그런데도 이 모든 좋은 것들, 참으로 아까운 것들을 이 부활의 소망을 위하여 배설물로 여기고 있는 것입니다.

사도행전 23장 6절에서 사도 바울은 죽은 자의 소망, 곧 부활로 인하여 자신이 심문과 재판을 받는다고 말합니다. 이 소망 때문에 그는 기꺼이 구타와 폭력을 당하고 죄수의 누명을 쓰는 것까지도 감수하는 것입니다. 고린도후서 11장 24-27절에서 바울은 이 소망 때문에 "유대인들에게 사십에서 하나 감한 매를 다섯 번 맞았으며 세 번 태장으로 맞고 한 번 돌로 맞고 세 번 파선하고 일 주야를 깊은 바다에서 지냈으며 여러 번 여행하면서 강의 위험과 강도의 위험과 동족의 위험과 이방인의 위험과 시내의 위험과 광야의 위험과 바다의 위험과 거짓 형제 중의 위험을 당하고 또 수고하며 애쓰고 여러 번 자지 못하고 주리며 목마르고 여러 번 굶고 춥고 헐벗었노라"라고 말하고 있습니다. 바로 이 소망 때문인 것입니다. 사도행전 20장 24절에서도 "그는 이 복음을 전하는 데 있어서는 생명까지도 귀한 것으로 여기지 않는다"고 말하고 있습니다.

동방의 의인으로 불리는 욥 – 에스겔 14장에서는 노아와 다니엘과 욥 이 세 사람을 '의인'이라, 가장 훌륭한 의인이라 말한다 – 이 양 700마리와 약대 3,000마리, 소 500마리와 암나귀 500마리, 열 명의 자녀들까지도 다 잃어버리고 아내까지도 떠나버렸는데도 끝까지 포기하지 않는 한 가지 소망을 갖고 있는 것을 봅니다. 바로 후일에 이 땅 위에 나타날 구속자에 대한 소망입니다.

본문에 사용된 '후일에'라는 말을 부활의 관점에서 살펴보면, 분명히 예수 그리스도의 부활을 가리키는 것 같습니다. '후일에'라는 말에 해당하는 히브리어는 '아하론'인데, 그게 '종말에'라는 말로도 번역될 수 있습니다. 또 "땅 위에 서실 것이다"라는 표현에서 '땅'이라는 말은 '아파르' 곧 '먼지'로도 번역할 수 있고, '서실 것이다'라는 말의 히브리어 '야쿰'도 그 어원은 '쿰' 곧 '일어난다'이므로, 우리는 이 구절을 '먼지 가운데서 일어나실 것이다'로 번역할 수 있는 것입니다. 이 표현이야말로 무덤 가운데서 일어나실 부활의 예수 그리스도를 가리키는 것입니다. 욥은 그분을 사모했던 것입니다.

구약 히브리어를 알면 참 이런 재미도 있습니다. 또 '내 마음이 초급하다' 라는 표현이 있는데, 여기에서 '마음'은 다름 아닌 '킬르야' 곧 콩팥을 가리킵니다. 특히 '초급하다'는 말은 '칼루'(다하다, 탕진되다)인데, 이 표현은 '내 콩팥들이 온통 진액이 빠지도록 탕진되었다' 라는 것입니다. 예수 그리스도의 부활 사건을 기다리느라 자신의 콩팥이 모두 닳아 없어질 정도라는 의미입니다. 그만큼 간절히 부활을 사모한다 는 것입니다. 욥은 이렇게 부활을 사모했기 때문에 끝까지 하나님을 포기하지 않고 고통을 견딜 수 있었습니다.

불신자들에겐 이런 소망이 없습니다. 그들의 삶의 영역은 기껏해야 이 세상에서 70년, 80년에 불과한 것입니다. 그들이 행하는 것을 보면 그들이 무슨 생각을 갖고 있는지 알 수 있습니다. 열매를 보면 그 나무가 어떤 나무인지 알 수 있듯이, 고린도전서 15장 32절에서 말하는 것처럼 부활이 없으면 그들이 하는 말은 "내일 죽을 터이니 먹고 마시자 하리라"라는 것일 뿐입니다. "내일 죽으면 뭐, 세상 끝장인데 먹고 마시자," 그래서 그들의 삶의 내용은 누가복음 17장 27절 이하에 있는 것처럼, 먹고 마시고 사고 팔고 집을 짓고 시집가고 장가가는 것, 이것이 그들의 삶의 전부요 목표입니다. 따라서 그들의 삶은 필연적으로 쾌락주의, 물질주의, 물량주의에 빠질 수밖에 없습니다. 그래서 쾌락의 기회가 부여되면 필사적으로 그 쾌락을 쟁취하려고 올인하는 것입니다.

전두환과 노태우, 두 분 전 대통령을 보십시오 대통령이면 한국인의 대표입니다. 고도의 지성을 가진 사람들이고 육사를 졸업했고, 서울대와 육사 중 어느 곳이 더 훌륭한지 모르겠습니다만, 하여튼 최고의 지성을 가진 사람들입니다. 그런데 기회가 주어지니까, 수단과 방법을 가리지 않고 축재를 했습니다. 물 마시듯 거짓말을 했습니다. 1천억, 2천억은 제쳐두고 61억의 돈을 사과 상자에 넣어 감추었습니다. 이 얼마나 추한 일입니까?

오늘 신문을 보니까, 어느 30대 홀아비가 자녀들의 교육비가 없어서 자살을 했습니다. 전두환과 노태우, 이 두 대통령에게는 그 사람들이 죽어도 아무런 상관이 없었던 것입니다. 1천억, 2천억 원을 갖고 있으면 얼마나 많은 30대 홀아비들을 살려낼 수 있었겠습니까? 왜 그렇게 어리석은 짓을 하는 것입니까? 왜 그렇게 거짓말을 하는 것입니까? 얼마나 많은 거짓말을 했습니까? 삼척동자도 다 압니다. 왜 그렇습니까? 영생의 소망이 없기 때문에 그런 것입니다. 그들은 이 세상이 전부입니다. 그러니까 있는 것 가지고 수단 방법 가리지 않고 쾌락을 즐기려고 했던 것입니다. 많은 사람들이 부활과 영생과 천국의 소망이 없기 때문에, 우리가 볼 때 최고의 지성을 가진 사람임에도 불구하고 가장 누추하고 어리석은 행동을 하는 것을 신문을 통해서 확인하게 되는 것입니다.

한국 교회의 문제가 무엇입니까? 한국 사회의 문제가 무엇입니까? 저는 소망의 문제와 관련이 있다고 생각합니다. 종말론의 문제입니다. 부활과 영생과 천국의 소망이 없기 때문에 각종 문제가 발생한 것입니다. 한국 사회가 얼마나 부패합니까? 얼마나 악하고 잔인합니까? 얼마나 무질서합니까? 온갖 성폭력과 살인이 난무합니다. 먹고 마시자 판입니다. 늘어 가는 것이 위락 시설입니다. 고속도로 상에서 살인을 합니다. 이유는 추월을 했기 때문이라고 합니다. 완전히 'hopeless', 아주 절망적인 행동들을 보여주는 이유가 무엇입니까? 왜, 누구 때문에 그런 일들이 벌어지는 것입니까? 바닷물은 3%의 소금으로, 97%를 썩지 않게 한다고 합니다.

불신자들이 왜 인간에게 부활과 영생의 세계가 없다고 보는 것입니까? 한국 교회를 보니까 도대체 부활과 영생의 신앙이 없는 사람들 같습니다. 오히려 어떤 기독교인들은 예수 안 믿는 사람들보다도 한 술 더 떠서 얼마나 사치하고 향락하고 이기주의에 물들어 있는지, 오히려 사치하는 사람들을 기독교인들과 동일시하는 그런 분위기가 되었습니다. 그들에게 우리의 소망을 보여주어야 하는데, 천국이 있고 부활이 있다는 것을 보여주어야 되는데, 도대체 기독교인들에게서 그것을 발견하지 못하니까, 부활과 영생과 천국이 없는 것으로 생각하는 것입니다.

한국 교회가 부활과 영생의 소망을 많이 잃어버린 것 같습니다. 제가 어렸을 때를 생각하면 부활절에 얼마나 성대하게, 얼마나 온 동네가 동원되어 참으로 그 감격과 기쁨을 이루 말할 수가 없었습니다. 그러나 요즘 부활절 연합 예배에 가 보면 맥빠진 풍선 같고, 전체 기독교인의 10분의 1도 나오지 않는 것을 봅니다. 그리고 어떤 강단에서 부활과 영생을 설교하면 그것을 우습게 여기는 풍조도 만연되고 있는 것 같습니다. 그래서 목사님들이 부활과 영생과 천국과 지옥에 대한 설교를 꺼리는 경향이 있습니다. 아마 그릇된 종말론의 영향도 있을 것입니다. '다미선교회'라든지 그런 이단들의 영향도 있을 줄 압니다만, 그러나 분명한 것은 부활과 영생은 분명히 존재한다는 사실입니다. 교회에서 외치든 안 외치든, 믿든 안 믿든 간에 무엇보다 확실한 것은 바로 천국과 부활과 영생입니다.

저는 성경, 구약과 신약 전체를 통틀어서 가장 강조된 약속이 바로 부활과 영생과 천국이라고 생각합니다. 이것을 빼면, 마치 이 예배당의 기둥이 무너지는 것과 같다는 생각을 하는 것입니다. 구약을 보더라도 다니엘서 같은 경우 12장 1-3절, 이사야 35장, 기타 곳곳에서 부활에 대해 말하고 있고, 구약 신학을 공부하다 보면 근본적으로 이 유토피아 사상, 히브리 사상, 이것이 가나안을 바라보는, 출애굽에서 끝나는 것이 아니라 궁극적으로 가나안에 들어가야 되는, 요단 강을 건너 가나안에 들어가는 그런 상황, 기타 메시아 사상이나 다양한 종말론 사상이 구약의 아주 중요한 부분을 차지하고 있는 것을 부인할 길이 없습니다.

신약에서도 마찬가지입니다. 예수님의 모든 비유는 종말론, 곧 부활과 영생과 천국에 집중되어 있습니다. 요한계시록에 언급된 바 성경의 가장 마지막 구절은 바로 "내가 속히 오리라. 아멘, 주 예수여, 속히 오시옵소서. 마라나타"로 끝맺음 하고 있습니다. 주님이 오시면 그때 성도들은 부활하게 되고 곧 영생으로 이어지는 것입니다.

요한복음 3장 16절에 말씀하신 것처럼 하나님이 세상을 이처럼 사랑하사 독생자를 주신 이유가 무엇입니까? 영생을 얻게 하려 함이라고 했습니다. 궁극적으로 예수님이 오신 목적이 영생입니다. 신학적으로 이러한 부활의 논리는 너무나 당연한 것입니다. 하나님께서 천지를 창조하실 때 '하나님의 형상'으로 창조하셨습니다. '하나님의 형상'으로 창조하셨다는 말은 바로 하나님과 닮은 꼴로 창조하셨다는 것을 의미합니다. 'Imago Dei'라는 용어의 해석이 참 다양합니다만, 저는 그것이 곧 하나님과 관계를 맺을 수 있는 성품, 하나님과 사랑의 대화를 나눌 수 있는 그 성품, 그 자체를 'Imago Dei'라고 해석하고 싶습니다.

하나님께서는 본래 무한대의 사랑이신지라(요일 4장) 그만큼 무한대로 고독하신 분입니다. 사랑의 성품을 갖고 계신 하나님께서는 필연적으로 사랑의 대상을 창조하실 수밖에 없으셨고, 그 사랑의 대상은 필연적으로 하나님과 대등한 관계에서 대화를 나눌 수 있는, 다시 말하면 하나님과 비슷한 사랑의 성품과 능력을 갖고 있는 존재여야 했기에 인간을 '하나님의 형상'으로 창조하신 것입니다. 어떤 사람은 고양이나 개를 사람보다 더 좋아하는 사람도 있지만, 유유상종이라는 말처럼 사람과 사람끼리 사귀는 것이 좋듯이, 하나님께서도 하나님의 닮은 꼴로, 즉 사랑을 추구하고 영생과 영광을 사모하는 면에 있어서 하나님을 닮은 존재로 인간을 창조하신 것입니다.

제가 좋아하는 친구가 여럿 있습니다만 그 가운데 하나는 대학도 같이 나오고 신대원도 같이 나온 친구인데, 그 친구를 만나면 밤새는 줄 모릅니다. 그보다 재미있는 일이 없는 것 같습니다. 좋은 친구 만나면 간까지도 빼주고 싶은 그런, 여러분도 아마 그런 친구가 있을 줄 압니다. 얼마나 좋습니까? 하나님도 그런 대화를 원하시는 것입니다. 그 대화의 길이 죄로 인하여 막혔을 때 취한 행동이 무엇입니까? 자기 아들을 투자하는 것 아닙니까? 생명을 투자해서 그 장벽을 허무는 것입니다. 왜 그렇습니까? 대화를 회복하기 위해서입니다. 사랑의 관계를 회복하기 위해서입니다.

영원하신 하나님께서 영원한 세계를 갖고 계신데, 이 육체의 기간이 70년, 80년으로 끝나서야 되겠습니까? 자기 독생자를 투자하신 하나님께서 우리 인간과 대화하실 때 70년, 80년으로 끝내시겠습니까? 영원한 대화의 세계를 마련하고 계시고, 그 세계로 인도하시려고 하는 것은 너무나 당연한 것입니다.

예수님도 마찬가지입니다. 자기의 피를 쏟아서 우리를 친구 삼으셨고, 속량하셨습니다. 자기가 구속한 백성과 함께 있기 위하여 성령으로 오셨습니다. 우리 마음 깊은 곳에 가장 가까이 임재하시기 위해 우리의 영혼까지 들어오셔서 영원히 동거하십니다.

그런데 우리의 육체가 죽으면 그것으로 끝납니까? 천하보다 귀중한 보배, 피와 살을 투자해서 사귄 그 친구, 그 백성, 그 자녀를 죽음 가운데 버려두시고, 당신만 혼자 하늘나라에 올라가서 영원히 홀로 존재하심 가운데 있는 것, 그것으로 끝내시겠습까?

저는 제 딸 셋과 살면서 이런 생각을 합니다. 이젠 큰딸이 장성하여 시집갈 날이 얼마 안 남았는데, 참 미국에서 유학할 때 제 아내도 일을 했기 때문에 제 딸들을 '키디 케어'(Kiddy Care)라는 탁아소에 맡기면, 제 아내는 밤 10시에나 퇴근하고 저도 밤늦게까지 도서관에 가서 공부하니까, 탁아소의 불이 꺼진 채로 다른 아이들은 모두 잠을 자는데도 우리 아이들은 엄마 아빠가 데리러 올 때까지 잠을 안 자고 눈을 멀뚱멀뚱 뜨고 앉아 있던 모습이 지금도 잊혀지지 않습니다. 이와 같은 과거를 생각하고, '이 애를 시집보낸다' 고 생각하면 눈물이 나고, 제 딸의 결혼식 때 많이 울 것 같습니다. 저는 정말로 제 딸들과 함께 영원히 같이 살고 싶습니다. 제가 그만큼 제 딸들에게 많은 투자를 했기 때문입니다. 예수님은 우리의 구원자이시며 동시에 생명을 투자하신 친구이신데, 얼마나 우리와 함께 영원토록 동거하길 원하시겠습니까?

우리가 갖고 있는 소망의 내용이 무엇입니까? 기독교인이 꿈꾸는 그 영생과 부활의 세계는 어떤 것입니까? 물론 너무 지나친 상상을 해서는 안 되지만, 성경에 기초해서 한번 상상을 해보십시다. 그 나라는 영원한 나라입니다. 영원한 나라, 그 무한대의 개념, 참 이해가 어렵습니다. 오늘 아침 신문에 보니까 우주의 넓이가, 태양계 밖으로 또 40억 광년의 거리에 또 다른 태양계만한 우주가 있다는 내용이 실린 것을 보았습니다. 40억 광년을 가는 그 시간과 거리, 빛이 1년 동안 가는 거리가 1광년인데, 40억 년 가는 거리라면 하나님은 40억 년 이상의 세월을 갖고 계신 분이고, 그 세계를 창조하신 만큼 넓으신 분이고 그렇게 영원한 나라가 바로 부활과 영생의 세계가 아니겠습니까?

거기서 우리가 지금 사는 것처럼 고통 속에 산다면 그보다 더 큰 불행은 없을 것입니다. 그 나라는 진실과 겸손과 친절과 평화와 기쁨이 넘치는 사람들만 사는 세계이고, 영원한 사랑과 우정이 있는 세계이고, 거기에는 깡패도 악한 자도 없는 세계입니다. 거기에서는 모두 어린애처럼 순진하고, 그래서 천국은 어린아이 같지 않으면 들어갈 수 없다고 했을 것입니다. 거기는 천군 천사의 찬양이 끊이지 않습니다. 우리 교회음악과의 '작은 합창단', 한국 최고의 합창단입니다만, 하늘나라에 가서 그 훌륭한 합창 실력을 영원토록 발휘할 수 있을 것입니다. 흰옷 입고 신부처럼 의로운 성품을 가지고 거기에서 바울, 베드로, 요한 등 사도들은 물론, 우리 앞서 가신 주기철, 손양원 목사님도 다 만날 수 있을 것입니다.

거기에는 어떤 유혹도 없을 것입니다. 악의 근성이 완전히 제거된 사람들만 들어가는 곳이기 때문입니다. 눈물도 없고, 고통도 없고, 어떤 질병과 장애도 없는 천국입니다. 우리는 지금 얼마나 많은 장애와 질병을 갖고 고생하고 있습니까?

주님이 재림하실 때 우리는 어떤 모습으로 부활할까요? 이것은 너무나 지나친 상상일지 모르는데, 저는 신랑 신부의 모습처럼 찬란한 모습으로 부활한다고 생각합니다. 예수님께서 천국 비유를 말씀하실 때 혼인 잔치에 비유하셨습니다. 부활 이후 예수님을 만나는 것을 마치 신부가 신랑을 만나는 것처럼 비유하셨습니다. 그래서 신랑의 나이, 신부의 나이 그때의 모습으로 부활하지 않을까 생각도 합니다. 여자는 24살이 가장 원숙한 때이고, 남자는 26살이라 하는데, 최고의 영광과 아름다움을 갖고 있는 그 나이로 부활하지 않을까 생각해 보는 것입니다.

어제 임창복 교수님과 현요한 교수님, 이 셋이서 저녁 식사 후에 워커힐 쪽으로 꽃이 다 지기 전에 한번 산책을 하자 해서 다녀오면서 그런 말을 주고받았습니다. "벚꽃은 왜 만발할까? 누구를 위하여 벚꽃은 피는가?" "신랑을 만나기 위해서 벚꽃은 핀다"는 현요한 교수님의 명언이 나왔습니다. 모든 식물의 영광은 꽃 피는 때인데, 꽃이 피는 이유는 종족을 번식시키기 위해서 그런답니다. 태초에 입력된 유전 인자의 모든 좋은 기능이 완전히 성숙하는 때가 꽃피는 때이고, 사람으로 말하면 24살, 26살, 그때라는 말입니다.

마치 나무의 꽃을 부활에 비유한다면 우리는 꽃처럼 아름다운 모습으로 부활해서 주님을 만나게 된다는 생각이 지나친 상상은 아니라고 생각하는 것입니다. 화무십일홍(花無十日紅)이라, 꽃은 열흘 동안 피지만, 우리 모두는 가장 아름답게 영광스런 모습으로, 영원히 변치 않는 모습으로, 건강한 모습으로 부활할 것입니다.

부활과 영생에 참여하려면 어찌해야 합니까? 바울은 빌립보서 3장 10절 이하에서 두 가지의 중요한 이야기를 하고 있습니다. 뒤를 돌아보지 말고 푯대만 향하여 쫓아가라는 것입니다. 소망의 푯대만 향하여 쫓아가는 것입니다. 이 '푯대' 라는 말은 화살의 과녁을 가리킵니다. 모든 인간에게는 '스코포스'(σκοπός), 화살의 과녁, 단 하나의 과녁이 있을 뿐입니다. 다른 목표를 가져서는 안 됩니다. 이것보다 더 큰 다른 목표를 가져서는 안 됩니다. 모든 부차적인 목표는 상대화시켜야 하는 것입니다. 어떠한 어려움도 우리를 이 소망에서 좌절시키거나 낙망케 할 수 없습니다. 어떤 고통과 슬픔도 우리로 하여금 이 과녁을 잊도록 빼앗지 못할 것입니다.

우리에게 때때로 낙심거리가 있겠지만, 뒤도 옆도 돌아다봐서는 안 되겠습니다. 과거의 실패에 집착할 필요도 없습니다. 이 목표를 향하여 우리의 안목을 집중해야 할 것입니다. 중간고사에서 성적이 좀 나쁘게 나온다고 해도 거기에 집착할 필요가 없습니다. 억만장자가 100원짜리 동전 하나를 잃었다고 잠 못 자고 낙망하겠습니까? 원대한 포부를 가진 사람이 그까짓 학점 하나 때문에 흔들려서야 되겠습니까?

우리는 옆도 바라보지 말아야 합니다. 우리 옆에 얼마나 많은 유혹 거리가 있습니까? 오늘날 젊은 사람들의 유혹 거리는 '3S' 곧 'sports'와 'sex'와 'screen'이라 합니다. 그것이 얼마나 자주 우리의 소망을 빼앗아 가고, 우리로 하여금 부활과 영생의 기쁨과 소망을 잊어버리게 합니까? 세상의 염려와 재리의 유혹이 우리로 하여금 하나님을 향하여 열매 맺는 데 얼마나 방해가 됩니까?

둘째로 바울이 이 소망을 위해서 감행하는 것이 바로 고난입니다. 여기서도 바울의 역할 모델은 예수 그리스도입니다. 그런데 여기에서 바울은 이 부활을 고난과 동일시했습니다. "그리스도와 그 부활의 권능과 그 고난에 참여함을 알고자 그의 죽으심을 본받아"(빌 3:10).

'본받는다'는 말은 '숨모르피조'($σύμμορφίζω$), 즉 '같은 모양이 된다'는 뜻입니다. 그리스도의 부활에 같은 모양이 되려면, 죽음도 같이 해야 하고, 고난도 같이 (동참)해야 한다는 것입니다. 다른 말로 하면 'Crown'이 'Cross'이고, 영광이 곧 십자가라는 것으로서, 십자가 없는 영광은 있을 수가 없다는 그런 동일시적 논리를 여기서 보게 됩니다.

참으로 바울이야말로 위대한 사람입니다. 그는 보통 사람이 도달하기 힘든 목표를 지향하고 있는 것입니다. 그는 가급적이면 예수 그리스도의 부활의 영광에 이르기 위해서 예수 그리스도만큼의 고난에도 이르려고 하는 것입니다. 아까 제가 말한 고린도전서 11장에 있는 것처럼 바울만큼 혹독한 고난을 당한 사람도 없습니다. 그리스도가 당한 고난의 수준을 한번 자기도 당하려고 하는 것입니다. 그래야 그만큼 면류관이 빛나겠다 생각한 것입니다. 골로새서 1장 24절에 "나는 이제 너희를 위하여 받는 괴로움을 기뻐하고 그리스도의 남은 고난을······내 육체에 채우노라"고 했습니다. 자기 여생이 고난으로 충만하기를 원하는 것입니다. 그래야 부활할 때에 가장 큰 영광을 얻게 되리라 생각하는 것입니다.

바울의 고난은 어떤 고난이었습니까? 그리스도인이 당하는 고난은 무엇입니까? 바로 전도의 고난입니다. 사랑과 겸손의 고난입니다. 여러분, 전도할 때 사랑 없이 가능합니까? 겸손하지 않고 가능합니까? 전도할 때는 반드시 고난이 따라옵니다. 고난이 없는 전도는 없습니다. 사랑이 없는 전도도 있을 수가 없습니다. 부활과 영생의 소망 없이는, 즉 이 세상이 전부인 줄 알고 먹고 마시면서 방황하는 영혼들에 대한 연민과 사랑이 없이는 전도할 수 없는 것입니다.

〈별주부전〉에서는 토끼가 간을 빼놓고 간다는 말을 했지만, 우리 기독교인들은 전도할 때 간을 빼 놓지 않고 전도가 가능합니까? 우리 가족이 예수 안 믿을 때, 그들에게 전도할 때 우리는 그들 앞에서 간을 빼놓고 완전히 종의 신세가 되어야 하는 것입니다. 전도할 때는 반드시 대적하는 세력이 등장하여 방해하기 마련입니다. 마귀가 대적하고 핍박하는 것입니다. 그래서 우리는 고난을 당하는 것입니다. 우리가 그리스도를 전하면서 얼마나 많은 억울한 일을 당합니까? 떡 주고 뺨 맞는 일을 얼마나 많이 당합니까? 잘못하지 않고도 사과해야 되는 일이 얼마나 많습니까? 전도하기 위해서, 이 부활의 신앙 때문에 그런 것입니다.

엊그제 4월 23일 화요일에 특강을 하기 위해서 베일리 박사(Dr. Bailey, 에모리 대학교 박사 과정 동기생)를 데리고 오다가 추돌사고가 일어났습니다. 뒤차가 따라오다가 부딪쳤습니다. 누가 봐도 뒤차가 제 차를 받았기에 그 사람이 잘못한 것입니다. 미국의 교통법에 의하면, 이유 불문하고 뒤차가 잘못입니다. 그런데 그 사람이 자기 차를 세우더니 다짜고짜 다가와서 "아니, 사람이 어떻게 그렇게 운전합니까?"라고 말하면서 오히려 살기가 등등, 제 잘못이라는 것입니다. 그래서 제가 어떻게 했겠습니까? 그 사람이 저를 기독교인인 줄 이미 눈치채고 있다는 생각도 들고 하여, 무조건 제가 잘못했다고 사과했습니다. 제 차의 뒤 범퍼에 부딪친 흔적도 그리 심해 보이지 않았기에 그렇게 말하고 헤어졌습니다.

요즘 한국 교회에는 고난이 없습니다. 왜 그렇습니까? 전도하지 않기 때문입니다. 왜 전도하지 않습니까? 부활과 영생의 소망이 없기 때문에 그런 것입니다. 부활과 영생의 세계는 반드시 존재합니다. 반드시 올 것입니다. 기독교인들은 하늘을 바라보며 사는 사람들입니다. 죽은 자를 관 속에 눕힐 때 예외 없이 누구나 하늘을 바라보게 하고 눕힙니다. 그러나 중국의 반포 유적지에 가 보니까 살인하고 죽은 사람은 얼굴이 땅으로 향하도록 엎어서 눕혔다고 합니다. '너는 바로 누울 자격이 없다' 는 심판 아래, 코를 땅에 박고 있도록 눕혔습니다.

참으로 우리는 부활과 영생의 소망을 가진 사람들처럼 살아야 하겠습니다. 우리 모두 이 땅에서 참으로 소망이 있는 사람의 행동을 하기를 바랍니다. 소망은 반드시 사랑에서 완성되는 것입니다. 믿음, 소망, 사랑, 이 중에 제일은 사랑입니다. 믿음은 소망에서 완성되고, 소망은 사랑에서 완성되는 것입니다. 사랑을 실천하지 않으면 그는 소망 없는 자입니다. 최선 최대의 사랑을 우리 이웃과 방황하는 우리 동족과 죽어가는 영혼들에게 쏟아야 할 것입니다.

반드시 그날은 올 것입니다. 분명히 디데이(D-day)는 오는 것입니다. 그때 모든 의문은 풀리고, 모든 눈물은 씻기고, 모든 고통은 소멸되고, 모든 아픔은 치유되고, 모든 억울함은 위로를 받고, 모든 은밀한 충성은 백일하에 드러나고, 모든 수고에 대한 상급은 지급되고, 썩지 않는 면류관이 끝까지 달려간 사람에게 수여될 것입니다.

08
엠마오로 가는 길

■ 주후 1997년 4월 17일 채플

모세가 그의 장인 미디안 제사장 이드로의 양 떼를 치더니 그 떼를 광야 서쪽으로 인도하여 하나님의 산 호렙에 이르매 여호와의 사자가 떨기나무 가운데로부터 나오는 불꽃 안에서 그에게 나타나시니라 그가 보니 떨기나무에 불이 붙었으나 그 떨기나무가 사라지지 아니하는지라 이에 모세가 이르되 내가 돌이켜 가서 이 큰 광경을 보리라 떨기나무가 어찌하여 타지 아니하는고 하니 그 때에 여호와께서 그가 보려고 돌이켜 오는 것을 보신지라 하나님이 떨기나무 가운데서 그를 불러 이르시되 모세야 모세야 하시매 그가 이르되 내가 여기 있나이다 하나님이 이르시되 이리로 가까이 오지 말라 네가 선 곳은 거룩한 땅이니 네 발에서 신을 벗으라 또 이르시되 나는 네 조상의 하나님이니 아브라함의 하나님, 이삭의 하나님, 야곱의 하나님이니라 모세가 하나님 뵈옵기를 두려워하여 얼굴을 가리매 여호와께서 이르시되 내가 애굽에 있는 내 백성의 고통을 분명히 보고 그들이 그들의 감독자로 말미암아 부르짖음을 듣고 그 근심을 알고 내가 내려가서 그들을 애굽인의 손에서 건져내고 그들을 그 땅에서 인도하여 아름답고 광대한 땅, 젖과 꿀이 흐르는 땅 곧 가나안 족속, 헷 족속, 아모리 족속, 브리스 족속, 히위 족속, 여부스 족속의 지방에 데려가려 하노라 (출 3:1-8)

그 날에 그들 중 둘이 예루살렘에서 이십오 리 되는 엠마오라 하는 마을로 가면서 이 모든 된 일을 서로 이야기하더라 그들이 서로 이야기하며 문의할 때에 예수께서 가까이 이르러 그들과 동행하시나 그들의 눈이 가리어져서 그인 줄 알아보지 못하거늘 예수께서 이르시되 너희가 길 가면서 서로 주고받고 하는 이야기가 무엇이냐 하시니 두 사람이 슬픈 빛을 띠고 머물러 서더라 그 한 사람인 글로바라 하는 자가 대답하여 이르되 당신이 예루살렘에 체류하면서도 요즘 거기서 된 일을 혼자만 알지 못하느냐 이르시되 무슨 일이냐 이르되 나사렛 예수의 일이니 그는 하나님과 모든 백성 앞에서 말과 일에 능하신 선지자이거늘 우리 대제사장들과 관리들이 사형 판결에 넘겨 주어 십자가에 못 박았느니라 우리는 이 사람이 이스라엘을 속량할 자라고 바랐노라 이뿐 아니라 이 일이 일어난 지가 사흘째요 또한 우리 중에 어떤 여자들이 우리로 놀라게 하였으니 이는 그들이 새벽에 무덤에 갔다가 그의 시체는 보지 못하고 와서 그가 살아나셨다 하는 천사들의 나타남을 보았다 함이라 또 우리와 함께 한 자 중에 두어 사람이 무덤에 가 과연 여자들이 말한 바와 같음을 보았으나 예수는 보지 못하였느니라 하거늘 이르시되 미련하고 선지자들이 말한 모든 것을 마음에 더디 믿는 자들이여 그리스도가 이런 고난을 받고 자기의 영광에 들어가야 할 것이 아니냐 하시고 이에 모세와 모든 선지자의 글로 시작하여 모든 성경에 쓴 바 자기에 관한 것을 자세히 설명하시니라 그들이 가는 마을에 가까이 가매 예수는 더 가려 하는 것 같이 하시니 그들이 강권하여 이르되 우리와 함께 유하사이다 때가 저물어가고 날이 이미 기울었나이다 하니 이에 그들과 함께 유하러 들어가시니라 그들과 함께 음식 잡수실 때에 떡을 가지사 축사하시고 떼어 그들에게 주시니 그들의 눈이 밝아져 그인 줄 알아 보더니 예수는 그들에게 보이지 아니하시는지라 그들이 서로 말하되 길에서 우리에게 말씀하시고 우리에게 성경을 풀어 주실 때에 우리 속에서 마음이 뜨겁지 아니하더냐 하고 곧 그 때로 일어나 예루살렘에 돌아가 보니 열한 제자 및 그들과 함께 한 자들이 모여 있어 말하기를 주께서 과연 살아나시고 시몬에게 보이셨다 하는지라 두 사람도 길에서 된 일과 예수께서 떡을 떼심으로 자기들에게 알려지신 것을 말하더라 (눅 24:13-35)

본문을 선택한 이유는, 제 자신이 이 자리에서 다시 한 번 신앙 고백을 하고 싶기 때문입니다. 저는 기독교 진리 가운데 부활 신앙이 가장 중요하다고 믿습니다. 한국 교회는 언제부터인지 부활절 하루 또는 한 주일만 주님의 부활을 선포하고 고백하고, 부활에 대한 찬송도 부활절이 지나면 더 이상 부르지 않는데, 저는 이런 풍토가 못마땅합니다. 성탄절 때도 마찬가지로 12월 25일이 지나면 그 많던 캐럴이 싹 사라지는데, 이것도 잘못된 것입니다.

제가 청년 시절에 이따금 친구와 함께 영화관에 들러 영화를 관람했는데, 그 친구가 여성일 수도 있고 남성일 수도 있습니다만, 그때마다 제가 못마땅하게 생각한 것이 하나 있었습니다. 영화가 끝나면 이 영화와 관련된 연출자나 음악 및 의상 담당자들 이름이 나오면서 주제 음악이 한 5분 계속되게 마련인데, 저는 이 음악이 다 끝날 때까지 앉아 있어야 영화를 본 것 같았습니다. 그런데 저와 동행한 그 친구는 대부분 영화가 끝나자마자 자리에서 일어나 나가려 하는 것입니다. 그래서 저는 그런 분과는 절대로 다시 영화 구경 안 하겠다고 다짐했습니다.

원래 부활절 또는 영어로 'Easter Tide'라는 말은 예수님께서 부활하신 그 주일부터 오순절까지, 또는 40일 후 승천하실 때까지 계속 부활절을 기념하고 지키는 절기였습니다. 이스라엘의 전통적 절기들은 지금도 모두 일 주일 이상 지키는 것으로 알고 있습니다.

초대교회 성도들의 신앙은 부활 신앙이란 말로 요약될 수 있을 것입니다. 우리가 일주일의 첫날인 일요일을 '주일' 또는 '주님의 날'로 지키는 것은 바로 이날 아침에 주께서 부활하신 것을 축하하고 그 부활에 우리도 동참한다는 것을 고백하기 때문입니다. 바울의 설교 메시지 가운데서도 항상 빠지지 않는 핵심 주제가 예수님의 부활이었습니다. 그가 이스라엘의 소망 곧 "이 부활 소망 때문에 갇힌 신세가 되었다"고 당시 로마 총독이었던 벨릭스 앞에서 말하는 것을 보십시오. 그리고 빌립보서 3장 8절 이하에서도 "내가 예수께서 경험하신 부활의 목표에 도달하기 위해서 세상의 모든 영광과 부귀와 소유를 배설물 같이 버린다"고 고백한 것을 보면, 그가 얼마나 철저하게 부활 신앙에 집착하고 있는지 알 수 있습니다.

부활절에 관한 말씀은 성경에서 여러 번 언급됩니다. 제가 누가복음 24장을 본문으로 택한 이유는 한 번도 제가 이 본문을 가지고 부활절 설교를 해본 적이 없기 때문입니다. 여러분 가운데는 제가 과거에 요한복음 21장, 고린도전서 15장의 본문으로 이미 설교한 것을 기억하시는 분들이 많을 것입니다. 제가 여러분에게 바라는 것은 이번에는 한 사람도 빠짐없이 이 말씀을 통하여 부활의 주님을 만났으면 하는 것입니다. 부활절에 부활의 주님을 못 만난다면 그보다 더 불행한 일이 없고, 그보다 더 안타깝고 무미건조한 삶도 없을 것입니다. 그런 기독교인은 마치 엠마오로 내려가던 두 제자처럼 예수님 보시기에 답답하기 그지없는 인생입니다.

"그들의 눈이 어두워"라는 말이 누가복음 24장 16절에 나오는데, 이 말은 헬라어로 '크라테오'(κρατέω)의 수동태입니다. '크라테오'는 '무엇을 붙잡는다, 억압한다'는 뜻을 갖고 있으므로 그 수동태는 '무엇에 붙잡혔다'라는 것입니다. 그들의 눈이 무엇에 붙잡힌 것입니다. 얼마 전에 신문을 보니까 김영삼 대통령이 "내가 웬일인지 무엇에 씌인 것 같다"는 표현을 했습니다. 그게 바로 어두워서 앞을 보지 못하는 상태를 가리키는 것입니다. 영안이 어두워 앞을 보지 못하고 목표를 잃고 방황하는 것이야말로 비극 가운데 비극이 아니고 무엇이겠습니까?

누가는 이 부분을 자신의 어떤 신학적인 패러다임에 의해 간접적으로 강조하는 것을 볼 수 있습니다. 제가 '엠마오로 가는 길'이라고 설교 제목을 말하자 여러분이 웃은 이유를 압니다. '여리고로 가는 길'과 같은 상투적인 설교 제목이기 때문에 그랬을 것입니다. 그러나 이것이 누가의 신학적 패러다임이라고 말씀드리면 약간 정신이 번쩍 들 것입니다. 영안이 어두우면 웃게 마련입니다. 누가의 중요한 신학 가운데 하나가 바로 이것입니다. 전에도 말씀드렸지만, 누가는 예루살렘에서 여리고로 내려가다가 강도 만난 사람(눅 10장)의 비극을 인생의 비극으로 묘사한 적이 있습니다.

누가복음과 사도행전에서 보듯이, 누가는 대체로 전편과 후편으로 나누어 자신의 복음을 증거했는데, 누가복음 안에서도 두 부분으로 나누어진 구조를 볼 수 있습니다. 그 구조는 예수께서 갈릴리에서 출발하여 여리고를 거쳐 예루살렘으로 올라가다가, 마지막으로 예루살렘에서 가르치시고 성전 정화 작업 및 성만찬을 거쳐 배반과 수난과 죽임을 당하시고 부활 승천하실 때까지 예루살렘을 떠나지 않고 예루살렘에서 사역을 마치시는 패러다임을 보여줍니다.

그러므로 누가의 입장에서는 갈릴리에서 계속 여리고로 올라가셔야 하는 것이고, 예루살렘으로 올라가셔야 되는 것이고, 다시 예루살렘에서 성령을 받으면 사도행전부터는 땅 끝까지 전 세계를 향해 나아가야 하는 것이 그의 신학 구조였던 것입니다.

그러므로 누가의 신학적 관점에서 볼 때, 예루살렘에서 엠마오 지방으로 내려가는 것은 예루살렘에서 여리고로 내려가는 그 사람의 비극과 같다고 말할 수 있습니다. 그 외에도 이 두 제자가 예수님의 부활하신 모습을 알아보기까지, 즉 부활하신 예수님을 만나기까지 그 모든 상황은 아주 어두운 모습으로 묘사되는 것입니다. 그들이 길을 가면서 얘기하면서 문의할 때 그 '문의할 때에'라는 말은 헬라어로 '수제테오'($συζητηω$)인데, 문자적으로 말하면 둘이서 격론을 벌였다는 것입니다. 아주 상기된 화난 얼굴로 토론을 한 것입니다. 17절에서 "너희가 주고받는 이야기가 무엇이냐"라고 물으셨을 때도 이 상황을 예수님은 알고 계셨던 것입니다. '안티발레테'($ἀντιβάλλετε$)라는 말은 '안티발로'($ἀντιβάλλω$)에서 파생한 말, 역시 '서로가 논쟁했다'(Argue)는 것입니다. 아주 흥분된 얼굴로 이러쿵저러쿵 말다툼한 상황을 가리킵니다.

그리고 예수님께서 "도대체 예루살렘에서 무슨 일이 일어났기에 그러느냐"라고 물으셨을 때도 "아니, 당신이 홀로 예루살렘에 있으면서, 그쪽에서 오시면서 그걸 모릅니까?"라고 하면서 이 두 제자가 얼굴에 슬픈 빛을 띠었다고 말합니다. '슬픈 빛'이라는 헬라어도 '스퀴드로포'($σκυθρωπό$)인데, 이것은 마태복음 6장 16절에서 "너희가 금식할 때 슬픈 기색을 하지 말라"고 말씀하실 때의 그 슬픈 표정, 즉 아주 우울하고, 영어로 'Sour'하고, 'Gloomy'하고 'Dejected'한 표정과 마음 상태를 가리킵니다. 누가는 계속 예수님을 만나기까지의, 예수님을 부활한 주님으로 만나기까지의 상태가 얼마나 비극적인 상태인가를 암시했다고 볼 수 있습니다.

18절에서도 이들은 예수님을 몰라보고 예수님을 책망하는 모습을 볼 수 있습니다. "당신이 예루살렘에 우거하면서도 모르다니" 하면서 실망하는 자세가 이 부분에서 강조되고 있는 것입니다. '쉬모노스'(σιμόνος)라는 말은 '당신 혼자만 모르느냐, 다 아는데 당신 홀로, 당신 혼자만 모르느냐' 는 것입니다. 두 제자가 자기들 앞에 계신 분이 부활하신 주님인 줄 알았다면 그런 언사가 있을 수 없는 것입니다.

부활한 주님을 만나기 전에 이 두 제자는 물론 베드로도 그렇고 누구든 예수님을 배반할 수도 있고 예수님을 향하여 책망할 수도 있는 것입니다. 오만방자한 모습을 갖게 되는 것입니다. 21절에서도 두 제자는 예수님에 대해서 큰 오해를 하고 있습니다. "우리는 그가 이스라엘을 구속할 자라고 바랐다"는 것입니다. '이스라엘을 구속할 자' 라는 말은 헬라어로 '뤼트로우스아이'(λυτροῦσθαι)인데, '뤼오'(λύω) 즉 '푼다, 해방한다, 결박에서 푼다' 는 그런 뜻입니다. 예수님에 대하여 '이스라엘을 결박에서 풀 자' 라고 생각했다는 것입니다. 이것은 예수님에 대한 이해에 있어서 큰 오해입니다. 이들은 예수님을 정치적인 메시아로 간주한 것입니다.

참으로 하나님의 말씀을 오해하는 것은 또 다른 비극이 아닐 수 없습니다. 얼마나 많은 사람들이 예수님을 오해해서, 예수님이 마치 카를 마르크스(K. Marx)인 것처럼 오해하여 평생을 주체사상에 매달리게 되고, 그 주체사상이 '메시아 사상' 인 줄 오해하여 꽃다운 청춘, 그 금싸라기 같은 청춘 시절을 헛되이 낭비하는 것입니까? 오늘날에도 예수를 오해하는 사람이 얼마나 많습니까? 부활한 예수를 만나지 못했기 때문에 그렇습니다.

본문 25절에서 예수님께서 두 제자를 책망하시는 것을 볼 수 있습니다. 이 부분도 우리 번역은 약간 생략되어 있습니다. "미련하고 선지자들의 말한 모든 것을 마음에 더디 믿는 자들이여", 여기에서 헬라어 '오 아노에토이, '오' 라는 말이 생략된 채 번역되어 있습니다. 영어 NKJ에는 "Oh, foolish men" 또는 "Oh, foolish ones"으로 번역되어 있는데, "오, 한심한 자들아"라는 뜻입니다. 요즘 말로 하면 '아주 멍청한 사람들아' 라는 말입니다. 예수님께서 여러분에게 "오 미련한 자여"라고 말씀하신다면 얼마나 불행한 일이겠습니까?

그러나 이들이 부활의 주님을 만난 뒤에는 그 장면과 그 모습이 드라마틱하게 바뀌는 것을 볼 수 있습니다. 그것이 바로 우리가 부활의 주님을 만나야 되는 이유입니다. 부활의 주님을 만나기 전과 후는 천국과 지옥의 차이만큼이나 엄청납니다. 여기에서도 누가의 신학을 고려한다면 누가가 이 부분에 얼마나 큰 의미를 부여했는지 알 수 있습니다. 보통 누가의 신학을 '영광의 신학' 이라고들 합니다. 'Christ of Glory' 즉 '영광의 그리스도' 입니다. 영광의 그리스도는 부활하신 그리스도, 승천하신 그리스도, 성령으로 오시는 그리스도를 가리킵니다. 그 영광의 그리스도를 만나지 못한다면 그것이야말로 그리스도인들에게 있어서 가장 큰 손해라고 할 수 있습니다. 영광의 그리스도를 만날 때 그것은 참으로 놀라운 상황입니다. 자신을 위해서도 그렇고 가정을 위해서도 그렇고, 교회와 국가를 위해서도 그렇습니다.

부활의 주님을 만나는 것은 실로 놀랍고 영광스러운 경험입니다. 그것은 왕 중의 왕을 만난 사건입니다. 얼마 전까지 얼마나 많은 정치가들이 김영삼 대통령의 아들 김현철을 만나기 위해 줄을 섰습니까? 대통령의 아들, 그 아들의 조카를 만나는 것도 영광으로 생각하는 사람들이 많은데, 우주를 지으신 하나님, 김영삼 대통령을 임명할 뿐만 아니라 폐위시키시는 하나님, 인간의 생사화복을 주관하시는 만왕의 왕 예수 그리스도, 그 '영광의 그리스도'를 만난다는 것은 그 얼마나 놀라운 일이겠습니까?

본문 32절에 있는 것처럼, 두 제자가 예수님을 알아보았을 때 즉각 마음에 뜨거움에 체험했습니다. 그리고 영안이 열려 예수님에 대한 오해가 풀립니다. 나아가서 부활의 증인이 되었습니다.

저는 이 두 제자의 마음이 뜨거워지는 체험을 자세하게 강조하고 싶습니다. "우리에게 성경을 풀어주실 때 우리 속에서 마음이 뜨겁지 아니하냐?"

이것이야말로 참 행복의 체험입니다. 사랑의 체험입니다. 감사와 감격의 체험이요 기쁨의 체험입니다. 이것은 헬라어로 '카이오메네'(καιομένη), 즉 '마음이 불타는 체험', 뜨거운 체험인 것입니다. 얼마 전까지 그들은 슬픈 빛, 'gloomy, sour, dejected look'을 하고 있었습니다. 그것은 송장의 모습입니다. 예수를 만나면서 그들은 마음이 뜨거워진 것입니다. 이것은 성령의 체험입니다.

누가는 이 사건을 통하여 사도행전의 성령 강림 사건을 예고하고 있기 때문에, 여기서 간접적이나마 부활한 예수를 만나는 것은 성령을 만나는 것을 암시했다고 볼 수 있습니다. 이것은 창조적인 체험입니다. 재창조의 체험입니다. 하나님께서 천지를 창조하실 때, 창세기 2장에 보면, 흙덩이로 즉 흙상 또는 토상을 만든 다음에 거기에 생기를 불어넣으셨습니다. '루아흐'를 불어넣으셨습니다. '느샤마'를 불어넣습니다. 그것은 뜨거운 열기인 것입니다. 그때 흙덩이가 생명이 된 것입니다. 그것은 엄청난 케미컬을 소유한 하나의 숨결이었습니다. 성령은 그런 존재입니다. 부활한 주님을 만나는 것은 바로 그런 체험입니다.

출애굽기 3장을 보면, 모세가 호렙 산 광야에서 떨기나무가 불타는 것을 목격합니다. 여기에 대한 많은 주석가들의 해석이 있습니다만, 어떤 주석가들은 불은 성령 곧 하나님을 의미하고, 떨기나무는 이스라엘을 의미한다고 보았습니다. 이스라엘은 육체요 무가치한 존재이지만, 그들이 하나님과 결합할 때 그것은 기적인 것입니다. 사람은 죽게 되어 있지만, 이스라엘 백성 곧 주의 백성들에게는 흙과 같은 육체가 불붙는 성령과 결합하여 소멸되지 않는 그런 영광의 체험을 하게 될 것을 여기서 예고했다고 볼 수 있습니다.

그러므로 이와 같은 뜨거움을 체험하는 것은 부활의 주님을 만나는 사람들이 느끼는 최대의 영광인 것입니다. 주께서 나와 동거하시는 체험, 영으로 오신 예수와 영원토록 동행하는 체험, 이것은 그리스도인들, 즉 부활의 주님을 만난 사람들만이 체험하는 것입니다.

더 나아가 이들은 부활의 주님을 만난 뒤에야 부활의 증인이 되었던 것입니다. 이것도 흙으로 만들어진 인간이 누리는 또 다른 은혜요 영광입니다. 부활의 증인은 아무나 되는 것이 아닙니다. 오늘 견습 선교사로 떠나시는 학생들이 많이 나와 계시지만, 선교사로 가는 영광도 아무나 주시는 것이 아닙니다. 여기에서도 또 다른 누가의 신학을 간접적으로 암시한다고 볼 수 있습니다. 다시 말하면 글로바라는 제자와 또 다른 제자는 사실 변두리(minority) 제자였습니다. 말하자면 'Peripheral Disciples'였던 것입니다. 열두 제자는 'Inner Circle'이었던 것입니다. 주류(majority) 제자들이 있었는데 변두리 제자들이 부활의 주님을 먼저 목격했고, 누가에 의하면 제일 먼저 만났고, 남성들 가운데에서는 제일 먼저 부활의 주님을 증거하는 것을 볼 수 있습니다.

그에 앞서 누가는 또다른 신학을 보여줍니다만, 즉 부활의 목격자가 남자가 아니요 억압받던 소외된 여인들이었다는 기록도 가난한 자들과 죄인들과 약자와 이방인을 두호하는 누가의 신학의 한 면이라고 할 수 있습니다. 그러므로 변두리 제자들이 남성들 가운데서는 부활의 첫 번째 목격자가 되었다는 것은 굉장한 영광인 것입니다. 그 감격을 잊을 수가 없고 잠재울 수 없어서 그 즉시로 일어나 예루살렘으로 달려가는 것을 볼 수 있습니다. 그 모습을 상상하고도 남음이 있습니다.

우리는 부활의 주님을 만나야겠습니다. 반드시 만나야 합니다. 부활주일을 지키면서도 아직도 부활의 주님을 만나지 못한 사람은 반드시 부활의 주님을 만나야 할 것입니다. 누가는 거기에 대한 노하우를 우리에게 제시하고 있습니다. 여러분은 지금 부활의 주님이 보이지 않습니까? 우리는 누가가 이 사건을 통하여 우리에게 전해주는 복음을 통해서 부활의 주님을 만나뵙는 비결을 배워야 할 것입니다.

먼저 절망해야 되는 것입니다. 이 두 제자는 극도의 절망 상태에 빠져 있었던 것을 볼 수 있습니다. 너무나 실망했던 것입니다. 세상에 살 소망까지 다 없어져 고향으로 낙향하려 했습니다 낙향은 실패자가 하는 것입니다. 특히 그 절망은 말씀을 풀어 주실 때 확인하게 되었던 것입니다. 성경을 주님께서 풀어 주실 때 자신들의 절망한 모습을 보게 되었던 것입니다. 주님은, 누가복음에 보면 절망한 자들, 비참한 자들을 만나주시는 분입니다. 반드시 절망한 상태가 되지 않으면, 병든 상태가 되지 않으면, 여리고로 가는 자가 아니면, 구원자를 만날 수가 없는 것입니다.

저는 제 자신이 늘 주님이 안 보일 때 다시 한 번 나 자신을 절망해 보는 것입니다. 내 마음에 구원의 기쁨이 상실되고, 불안과 원망과 교만이 싹틀 때, 저는 이와 같은 방법으로 저 자신을 절망하는 것입니다. 바울이 말한 것처럼, "나는 죄인 중에 괴수다"라고 고백하는 것입니다. 창세기 2장에 있는 것처럼 "너는 흙이다. 너는 흙으로 돌아갈 해골이다. 너는 촌놈이다"라고 고백하는 것입니다.

제가 군대에 있을 때 어떤 상급 병사가 "너는 쪼다다"라는 말을 했는데, 또다른 한마디는 "너는 개만도 못한 놈이다. 너는 죽은 개만도 못한 놈이다"라고 자칭해 보는 것입니다. 마치 므비보셋이 다윗에게 한 것처럼 "너는 개만도, 죽은 개만도 못한 놈이다"라고 합니다. 물론 제가 개띠가 되어서 그런 것은 아닙니다만, "너는 종로5가의 쓰레기통이다. 가장 지저분한 놈이다. 속에 말할 수 없는 죄로 항상 가득 차 있는 교만한 자이다"라는 식으로 나 자신의 절망을 통해 나 자신을 낮추고 낮추고 낮추면, 그때 그리스도가 보이기 시작합니다. 그때 비로소 그리스도만 가장 소중한 분으로 다가오는 것입니다. 그 앞에 나는 무릎 꿇고 눈물 흘리며 다시 주님만을 사랑하게 되고, 부활하신 주님과 동행하는 기쁨을 맛보게 되는 것입니다.

누가의 또 다른 신학적 패러다임은 바로 말씀의 신학입니다. 말씀을 풀어 주실 때, 말씀을 열어 주실 때, 그 닫혀 있는 말씀이 열릴 때에, 절망한 자신을 발견할 뿐만 아니라 주님을 알아보게 되었던 것입니다. 그리고 마음이 뜨거워졌던 것입니다.

뒤이어서 떡을 떼어주실 때, 즉 성만찬에 참여했을 때 그들의 눈이 열렸다는 말씀도 첨가되어 있는데, 이것은 철저히 누가의 신학이라 할 수 있습니다. 누가복음서의 독자들이 이방인이라는 사실은 우리 모두 잘 알고 있습니다. 그들은 부활한 주님을 만날 수 없었던 사람들입니다. 누가는 부활하신 주님을 말씀과 성만찬을 통해서 만날 수 있다는 사실을 암시하고 있는 것입니다. 그 부활하신 주님은 곧 성령이고, 성령은 말씀으로 오신 예수라는 것을, 영으로 오신 예수는 살리는 영이시니 육은 무익하다는 사실을 누가는 암시하고 있는 것입니다.

누가는 이방인 기독교인들에게 부활하신 주님을 만나는 길은 말씀밖에 없다는 사실을 주지시키고 있습니다. 예언자 아모스도 8장 11절에서 "양식이 없어 주림이 아니며 물이 없어 갈함이 아니요 여호와의 말씀을 듣지 못한 기갈이라"고 말한 것처럼 실로 우리의 문제는 말씀의 기갈인 것입니다.

저는 어려서 초등학교 5학년 때 은혜를 받고 목사가 되기로 했습니다. 이성봉 목사님께서 훌륭한 크리스천이 되려면 첫째로, 새벽 기도를 해야 한다, 둘째로, 말씀을 읽어야 한다, 셋째로, 주일을 지켜야 한다, 그 외에도 여러 가지를 말씀을 하셨는데, 제가 받아들인 것은 새벽기도와 말씀이었습니다.

저는 그때부터 책상에 앉으면 먼저 성경 한 장을 읽고 공부한다는 원칙을 세우고 지금까지 지켜오고 있습니다. 그것이 오늘의 저를 만든 것이 아닌가 생각해 봅니다. 그러나 제 자신을 생각할 때는 참으로 위대해 보이고, 촌놈이 장신대 채플에서 설교한다는 이것이 얼마나 감격스럽고 감사한 일입니까? 그래서 어떤 때는 이 약속이 철칙이 되어 중학교 때는 학기말 시험 주간에 시간에 쫓기는데도 책상에 앉아 먼저 성경을 한 장 읽고 시험 공부를 시작해야 하기 때문에 그것이 번거롭고 하기 싫어서 성경을 안 읽기 위해 빈둥빈둥 서성거릴 때도 있었습니다. 스스로 세운 철칙 때문에 자승자박 당한 기분이었습니다. 그런데도 제가 그때 기어코 성경을 읽을 수 있었던 것은 하나님께 약속했기 때문이고, 하나님께서 그 약속을 지킬 기회를 주셨던 것입니다.

여러분은 모두 말씀을 맡은 자들입니다. 말씀을, 덮인 말씀을 풀어서 해석하여 많은 성도들로 하여금 예수 그리스도를 만나게 할 사명이 있는 것입니다. 그런 의미에서 채플은 중요하고, 저는 강의 시간에 출석은 못 불러도 채플 시간만큼은 출석 여부를 확인해야 한다는 생각을 합니다. 왜냐하면 여러분이 보시는 바와 같이 3분의 1이 불참하지 않았습니까? 생명의 말씀을 받을 수 있는 기회를 그 누가 차단할 수 있겠습니까? 참으로 영광과 부활의 주님을 만나는 것은 여러분에게 참 자유를 줄 것이고, 평안을 줄 것이고, 참 영광을 맛보게 할 것입니다.

여러분의 문제는 무엇입니까? 부활의 주님을 만나기를 바랍니다. 말씀을 통해서, 절망을 통해서 언제 어디서나 성령으로 오신 그리스도를 만날 수 있기를 바랍니다.

■ 주후 1997년 10월 9일 오전 11시 15분 채플

09

용서받은 죄인

그런데 뱀은 여호와 하나님이 지으신 들짐승 중에 가장 간교하니라 뱀이 여자에게 물어 이르되 하나님이 참으로 너희에게 동산 모든 나무의 열매를 먹지 말라 하시더냐 여자가 뱀에게 말하되 동산 나무의 열매를 우리가 먹을 수 있으나 동산 중앙에 있는 나무의 열매는 하나님의 말씀에 너희는 먹지도 말고 만지지도 말라 너희가 죽을까 하노라 하셨느니라 뱀이 여자에게 이르되 너희가 결코 죽지 아니하리라 너희가 그것을 먹는 날에는 너희 눈이 밝아져 하나님과 같이 되어 선악을 알 줄 하나님이 아심이니라 여자가 그 나무를 본즉 먹음직도 하고 보암직도 하고 지혜롭게 할 만큼 탐스럽기도 한 나무인지라 여자가 그 열매를 따먹고 자기와 함께 있는 남편에게도 주매 그도 먹은지라 이에 그들의 눈이 밝아져 자기들이 벗은 줄을 알고 무화과나무 잎을 엮어 치마로 삼았더라 (창 3:1-7)

또 자기를 의롭다고 믿고 다른 사람을 멸시하는 자들에게 이 비유로 말씀하시되 두 사람이 기도하러 성전에 올라가니 하나는 바리새인이요 하나는 세리라 바리새인은 서서 따로 기도하여 이르되 하나님이여 나는 다른 사람들 곧 토색, 불의, 간음을 하는 자들과 같지 아니하고 이 세리와도 같지 아니함을 감사하나이다 나는 이레에 두 번씩 금식하고 또 소득의 십일조를 드리나이다 하고 세리는 멀리 서서 감히 눈을 들어 하늘을 쳐다보지도 못하고 다만 가슴을 치며 이르되 하나님이여 불쌍히 여기소서 나는 죄인이로소이다 하였느니라 내가 너희에게 이르노니 이에 저 바리새인이 아니고 이 사람이 의롭다 하심을 받고 그의 집으로 내려갔느니라 무릇 자기를 높이는 자는 낮아지고 자기를 낮추는 자는 높아지리라 하시니라 (눅 18:9-14)

저는 오늘 '용서받은 죄인'이라는 제목 아래 죄의 근원과 영향력, 그리고 회개의 의미와 혜택(benefit)에 대하여 말씀드리려 합니다. 특히 "이것은 나 자신에게 하는 설교"라고 생각하면서 이 말씀을 준비했습니다.

저는 언제부터인지 정체성에 대한 고민을 하기 시작했습니다. 다른 사람들이 생각할 때 저를 어느 정도 지도자로 인정하는 것 같은데, 정말

내가 지도자인가, 지도자로서의 능력을 갖추고 있는가, 이런저런 생각을 하게 된 것입니다. 능력의 한계, 지혜의 한계, 사랑과 기쁨과 화평의 능력의 한계를 느끼기 시작했기 때문입니다. 그래서 결국 저는 '이것이야말로 성령의 문제다' 라는 결론에 도달했습니다. 제가 사랑이 없고 기쁨이 없고, 성령을 받으면 '사랑과 희락과 화평과 오래 참음과 자비와 충성과 온유와 절제' 와 같은 인격과 능력의 열매가 열린다고 했는데(갈 5:22), 제게 그런 열매가 없는 것은 곧 성령이 없는 것이고 '그래서 결국 나 자신의 문제는 성령의 문제다' 라는 생각을 하게 된 것입니다.

사실상 이 성령의 문제는 제자들의 문제이기도 했고, 초대교회의 문제이기도 했고, 또 한국 교회의 문제이기도 합니다. "성령이 너희에게 임하시면 너희가 권능을 받고 예루살렘과 온 유대와 사마리아와 땅 끝까지 이르러 내 증인이 되리라"(행 1:8)라고 할 때, 이 '권능' 이라는 것은 헬라어로 '뒤나미스' (δύναμις) 즉 다이너마이트에 버금가는 그런 능력입니다. 성령을 받으면 그런 능력이 생기는 것인데 말입니다.

며칠 전에 김명용 교수님의 '성령의 사람' 이라는 제하의 설교를 들었습니다. 그날 대학원 수업 때문에 채플에 참석을 못했지만 설교 테이프로 은혜를 받았는데, 결국 우리가 요즘 문제시하는 환경 공해, 곧 인간들의 쓰레기를 지구상에 퍼뜨리는 것도 인간이 잘못되어서, 인간이 개조되지 않아서 그런 것이 아닌가 하는 생각을 하게 된 것입니다.

성령의 사람, 성령이 충만한 사람, 그것은 자기도 살고 이웃도 살리는, 그래서 정성균 선교사(한국 최초의 방글라데시 선교사)와 테레사 수녀와 마틴 루터 킹 목사와 링컨 대통령과 같은, 자기도 살고 남도 살리는 능력을 받는 비결이 바로 성령으로 충만해지는 것임을 절실히 깨닫게 된 것입니다.

그래서 언제부터인지 성령에 대하여 알아보려고 더 집중적으로 성경도 읽고 이와 관련된 책들도 더 많이 읽게 된 것입니다. 여러 교회에서, 그리고 지난 연구 학기에도 미국에 가서 성령에 대해 많이 설교했습니다. 그 결과 제가 깨닫게 된 것은 성령의 사람이 되는 비결, 성령 충만의 비결은 무엇이냐 하면, 그것은 다른 것이 아니고 바로 '회개'라는 것입니다.

회개, 즉 죄를 깨닫고 회개할 때만 성령 충만이 주어진다는 것을 알게 되었습니다. 사도행전 2장 38절에 "너희가 회개하여 각각 예수 그리스도의 이름으로 세례를 받고 죄 사함을 받으라 그리하면 성령의 선물을 받으리니"라는 말씀처럼, 초대교회 120문도가 오순절을 전후하여 자신들의 죄를 회개하고 기도에 전념했을 때, 성령 충만을 경험했던 것입니다. 여기서 말하는 회개는 철저한 회개를 가리킵니다. 철저한 죄의식과 철저한 회개, 이것이 있을 때 바로 성령 충만을 경험하게 됩니다.

그래서 그다음에 제가 생각하게 된 것이, 철저한 죄의식을 갖는다는 것이 무엇을 의미하는 것인지에 대해서입니다. 철저한 회개는 철저한 죄의식이 있을 때 가능한 것인데, 그래서 죄에 대한 집중적인 생각을 하게 되었고, 성경에 나와 있는 죄와 관련된 성경 구절을 유의해서 읽게 되었던 것입니다. 죄는 엄청난 파괴력, 즉 원자탄보다도 더 무서운 가공할 파괴력을 가진 것임을 알게 되었습니다.

오늘의 본문 창세기 3장을 보면, 아담과 하와가 죄를 지은 다음, 그 좋은 낙원에서 쫓겨나게 됩니다. 마태복음 11장 28절에 있는 것같이, 죄가 들어온 다음부터 사람들은 수고하고 무거운 짐 진 고통의 삶을 살게 된 것입니다. 죄는 고착성이 있어서 찰거머리처럼, 마치 3M에서 나온 접착제처럼, 온 인류에 붙어다녀 떠나지 않게 된 것입니다. 그 결과 모든 사람이 죄에 물들게 되고, 온 인류가 주님께서 말씀하신 대로 죽음에 봉착하게 된 것입니다. "죄의 삯은 사망이요"(롬 6:23), 모든 사람이 죽게 된 것입니다.

더 나아가서 죄 때문에 하나님의 아들 예수까지도 죽게 된 것입니다. 예수님께서는 우리를 죄 가운데서 구원하시려고 이 땅에 오시어 십자가에서 죽으셨던 것입니다. 결과적으로 죄의 여파는 하나님의 아들까지도 죽이는 엄청난 파괴력으로 작용한 것입니다. 죄는 한센병과 같아서 온갖 질병을 인간에게 야기했던 것입니다. 한센병은 먼저 그 신경을 상하게 하여 아픈 것을 못 느끼게 하는, 정말 무서운 병이라고 들었습니다. 죄가 들어온 다음부터 인간이 무감각해진 것입니다. 양심이 화인 맞아, 죄를 지으면서도 깨닫지 못하는 무감각한 존재가 된 것입니다. 죄 불감증에 빠져 죄를 물 마시듯 먹고 마시게 된 것입니다.

요즘 정치하는 분들을 보면 건망증이 많다는 생각을 합니다. 수많은 정치가들이 은혜를 베푼 사람을 배반하는 것을 너무나 많이 보았습니다. 또 경선에 나갈 때는 아주 간절한 마음으로 나갔지만 결국 그 순간을 잊어버리고 금방 또 돌아서는, 그리고 거짓말을 식은 죽 먹듯이 하면서도 전혀 그것이 죄인 줄을 모릅니다. 어떤 목사님이 그랬다고 합니다. 이번에 부총회장 선거를 할 때 돈을 봉투로 막 돌리면서도 "그게 뭐가 죄냐? 뭐가 잘못이냐?" 그랬다는 것입니다. 오늘날 정치하는 사람들은 정치하는 데 있어서 "거짓말이 무슨 죄냐?"고 말한답니다. 실상 많은 사람들이 죄를 몰라서 죄 짓는 것이 아니겠습니까? 죄가 나쁜 줄 몰라서, 그리고 이 사실을 잊어보려고 죄 짓는 것입니다.

대개 흉악한 죄를 지은 사람들의 이야기를 들어보면, 그 순간 순간적으로 몰라서 잘못 생각해서 그랬다는 것입니다. 나중에는 아주 참혹한 후회를 하면서도 몰라서 그랬다고 합니다. 그 말이 어느 정도 맞는 것 같습니다. 인간에게 죄가 들어온 다음부터 한센병처럼 번져서 인간이 자기 죄를 깨닫지 못하는, 참혹한 죄인이면서도, 참혹하게 병들어 있으면서도, 그 자신이 병들어 있다는 사실조차 느끼지 못하는 지경까지 이르게 된 것입니다.

죄는 콜레스테롤과 같아서, 사람의 피를 구정물처럼 흐리게 만드는 것입니다. 어느 목사님의 예화를 들어보니까, 사람은 피가 맑아야 하는데, 콜레스테롤 수치가 높으면 시궁창 물처럼 피가 더러운 것으로 오염되어 온갖 질병을 유발한다는 것입니다. 암이 생기는 중요한 원인 가운데 하나가 스트레스라고 합니다. 스트레스 가운데 가장 진한 스트레스가 미움이라고 합니다. 강하게 누구를 미워하는 순간 암에 저항할 수 있는 저항력이 약해져 암이 고착하게 된다는 것입니다.

이처럼 죄의 파괴력과 영향력은 엄청난 것이고, 그것 자체가 인간에게 비극입니다. 마태복음 5장 8절에 보면 "마음이 청결한 자는 복이 있나니 그들이 하나님을 볼 것"이라 했고, 이사야 59장 1-2절에도 "여호와의 손이 짧아 구원하지 못하심도 아니요 귀가 둔하여 듣지 못하심도 아니라 오직 너희 죄악이 너희와 너희 하나님 사이를 갈라 놓았고"라고 했습니다.

이처럼 죄는 하나님을 보지 못하게 하고, 하나님과의 관계가 끊어지게 합니다. 그것은 말하자면 영적인 죽음입니다. 아담과 하와에게 하나님께서 선악과를 따 먹으면 "정녕 죽으리라"고 말씀하신 것처럼, 죄로 인하여 인간은 영적인 죽음, 하나님과의 관계가 사실상 단절되는 비극을 맛보게 되는 것입니다.

요즘 저는 마음이 청결하면 얼마나 좋을까, 내가 왜 하나님을 볼 수 없는가, 그것이 고민입니다. 하나님이 보였다가 안 보였다가 하는데, 언제나 청결한 마음 상태에 도달하는 길은 없을까, 무죄의 상태, 전혀 죄가 없는 양털같이 하얀 마음의 상태가 지속될 수는 없을까 하는 생각을 하는 것입니다.

그래서 죄에 대해 생각하다 보면 그 엄청난 파괴력을 생각하게 되고, 더 나아가 "죄의 천적은 성령이다. 죄의 천적은 회개와 성령이다. 죄를 해결하는 길, 죄를 무너뜨리는 길로 회개밖에는 하나님께서 주신 길이 없다. 예수 그리스도의 보혈에 의지해서 회개하는 길밖에는 죄를 몰아내고 죄를 씻는 방법이 없다. 죄가 사망을 가져왔는데, 사망의 사자로 하여금 내 집을 침입하지 못하도록 뛰어넘게 하는 방법은, 바로 이스라엘 백성이 애굽에서 문설주에 양의 피를 바르듯이, 내 죄를 시인하고 예수의 피를 내 마음의 문설주에 바르는 길밖에는 없다"라는 생각을 하게 되는 것입니다.

그래서 제 나름대로 몇 가지 공식을 개발했습니다. 첫째는 "죄와 성령은 반비례한다"는 것입니다. 성령이 충만할 때 죄는 침입하지 못하고, 또 죄를 회개할 때 성령을 받기 때문에, 성령은 언제나 회개하는 그 빈 마음에 들어오시기 때문에, 죄와 성령은 반비례하고, 죄의 회개와 성령 충만은 비례한다는 결론에 도달한 것입니다. 죄를 철저히 느낄수록, 회개하면 할수록 더 충만하고 철저한 성령 충만에 돌입하게 된다는 생각입니다. 그래서 철저한 회개 생활을 하려고 노력하게 된 것입니다. 어거스틴이 말한 것처럼, 내가 정말 어디까지 죄인인가, 내가 지은 죄가 얼마나 많은가 하는 생각도 하게 되었습니다. 어거스틴은 어려서 어머니의 젖꼭지를 문 죄까지 회개했다고 하는데, 저는 거기까지는 못 갔지만, '과연 나는 죄인이다' 라는 사실은 갈수록 깊어지는 것을 느낍니다.

누가복음 18장에서 어떤 세리가 고백한 것처럼, 저는 "내 이름은 '죄인' 곧 '장죄인' 이다"라고 생각하며 그렇게 불러주기를 바랍니다. 여러분도 '내 이름은 박죄인' 이고, '김죄인' 이고 '이죄인' 이라고 불러야 마땅한 것입니다. 한 걸음 더 나아가 저는 사도 바울처럼 '죄인 괴수' 라고까지 고백하는 것입니다(딤전 1:15). 보통 때에는 모르지만 아침 햇살이 문틈으로 들어올 때 방에 먼지가 얼마나 많습니까? 하나님 말씀에 비추어 나 자신의 죄를 하나하나 말씀의 빛으로 확인해 보니까 죄가 수없이 많다는 생각을 하게 되었고, "결국 다른 사람이 죄인이 아니라 내가 바로 죄인이고, 내가 바로 도둑놈이고, 내가 바로 간통죄인이고, 내가 바로 살인죄인이다"라고, 솔직히 그런 경지에까지 이르렀던 것입니다. 또 다른 말로 하면 나는 정말 종로5가의 쓰레기통이라는 생각도 하게 된 것입니다.

그럴 때마다 제 마음에는 기쁨이 넘쳤습니다. 하나님이 보이기 시작했고 또 이웃의 얼굴도 보이기 시작했습니다. 다른 사람은 다 천사처럼 보이고 저만 죄인처럼 느껴졌습니다. 그것이 그렇게 마음에 평안을 주고 기쁨을 주는 줄 몰랐던 것입니다.

그러나 문제가 발생했습니다. 이 죄가 회개할 때는 좋지만 자고 나면 또 생기는 것입니다. 아무리 회개해도 이튿날 일어나면 또다시 죄의 뿌리가 돋아나는 것입니다. 그래서 아까 말씀드린 대로 이 죄의 뿌리를 뽑아내는 방법은 없을까, 계속 돋아나는 죄의 뿌리를 근본적으로 제거하는 방법은 없을까 생각하게 된 것입니다.

저는 어렸을 때 특히 여름 방학 때 시골에서 콩밭을 많이 매었습니다. "엄마 어렸을 적에"가 아니라 "아빠 어렸을 적에" 콩밭을 맸는데, 콩밭을 맬 때마다 어머니에게 꾸지람을 들었습니다. 콩밭 매는 방법은 콩 나무 밑에 자라는 풀을 뿌리째 뽑는 것이었습니다. 그런데 빨리 매는 방법은 손으로 풀을 쥐어뜯는 것입니다. 어머니는 천천히 뒤에서 매면서 따라오시는데, 저는 빨리 뜯으니까 어머니보다 빨리 나아갑니다.

그런데 며칠 뒤 콩밭에 가 보면 그 잡초들이 크게 이만큼 많이 자라 있었던 것입니다. 그래서 제가 맨 콩밭 두렁과 어머니가 맨 두렁이 확실히 표가 나는 것입니다. 어머니는 뿌리까지 뽑아버리니까 잡초가 다시 나지 않지만 적어도 2주일, 3주일 뒤 제가 맨 곳에는 다시 잡초가 무성한 것을 발견했던 것입니다.

'죄의 뿌리를 뽑는 비결은 무엇일까? 죄의 정체는 무엇일까?' 그런 연구 끝에 얻은 결론이 무엇이겠습니까? 창세기 3장을 읽으면서 저는 '죄의 뿌리는 바로 뱀이다, 사탄이다' 라는 사실을 알게 되었습니다. 이사야 14장과 에스겔 28장에 보면, 사탄이 본래 하나님의 천사였는데, 스스로 교만해져서 하나님과 비기려다가 쫓겨나 세상으로 내려오게 되었다는 상징적 표현이 나와 있습니다. 어떻게 이 사탄의 존재가 뱀의 형상을 하게 되었는지는 주석가들마다 해석이 다양합니다만, 어쨌든 뱀은 사탄의 상징입니다. 뱀의 머리는 늘 들고 있고, 혀는 내밀고 있습니다. 그리고 기회가 있으면 입의 독으로 적을 죽여버립니다. 그 머리는 교만을 상징합니다. 오늘의 본문 누가복음 18장에 나오는 바리새인처럼 말입니다. 세리는 고개를 들 수가 없는데 바리새인은 늘 들고 기도합니다. 교만합니다.

사탄이 하나님과 비교하며 경쟁하다가 교만해져서 죄를 짓고 타락하여 음부에 갇히게 된 것입니다. 뱀으로 상징되는 사탄의 혀는 갈라져 있습니다. 뱀의 혀가 길게 널름거리는데, 반드시 갈라져 있습니다. 거짓말하는 혀인 것입니다. 두 가지 말을 하는 것입니다. 요한복음 8장 44절에 있는 것처럼, 사탄은 최초의 살인자요, 최초의 거짓말쟁이였던 것입니다. 아담과 하와에게 거짓말했던 것입니다. '실상을 말하자면, 하나님 말씀은 그것이 아니다' 라는 식으로 거짓말했습니다. 죽지 않고 하나님처럼 된다고 거짓으로 사주했던 것입니다. 그래서 결국은 아담도 죽였고 하와도 죽였고, 우리 모든 인간을 죽인 살인자가 된 것입니다. 그 독은 얼마나 지독한지 지금까지 지구상에 있었던 100억 이상의 인구를, 아니 1천억의 영혼들을 죽음으로 몰아간 주범입니다.

결국 아담과 하와가 처음으로 마귀에게 속아 지은 죄는 교만의 죄였던 것입니다. 사탄의 말에 따라 하나님처럼 되려는 교만을 부린 것입니다. 사탄의 말을 듣고, 하나님을 거짓말하는 분으로 인정하게 되고, 스스로 거짓말하는 자가 되고, 결국 그 동기는 하나님과 같이 되려 했던 것입니다. 이것이 교만입니다.' 죄의 뿌리는 하나님처럼 되려는 생각입니다. 하나님처럼 되려는 욕심입니다. 거기에 죄의 뿌리가 있습니다. 그래서 저 자신이 모든 죄악, 곧 시기, 질투, 음란, 사치, 무절제, 광폭함 등 이 모든 죄악의 뿌리를 캐 들어가 끝에 도달해 보면, 거기에는 내가 하나님처럼 되려는 생각이 있음을 발견하게 되는 것입니다. 그것이 죄의 원조입니다.

모든 죄 목록의 첫 번째 항목은 교만이고, 그것은 하나님처럼 되려는 생각입니다. 그래서 성경 곳곳에서 이 교만에 대해 언급한 구절들을 찾아보게 되었습니다. 십계명 제1계명에 '네 앞에 다른 신을 두지 말라' 했는데, 이것도 하나님처럼 되려는 교만을 경계한 것입니다.

하나님처럼 되려고 하는 생각, 이 교만이 얼마나 엄청난 파괴력으로 지구를 오염시켰는지 모릅니다. 모든 죄가 하나님처럼 되려는 생각에서 나온 죄인 것입니다. 살인도 결국은 남을 무시함으로써 즉 자기가 하나님처럼 되기 위하여 남을 죽이는 것입니다. 사람을 죽일 수 있는 자격은 하나님 한 분밖에 없는데 말입니다. 간음도 결국은 스스로 하나님이 되어 하나님처럼 쾌락을 즐기려고 하는 욕심입니다. 탐욕, 권세욕, 물질욕, 이것도 하나님처럼 부자가 되려고 하는 것입니다. 이 세상 부귀영화를 다 가져도 인간의 욕심은 차지 않는 것입니다.

요즘 남을 고소하는 일이 많은데, 남을 고소 고발하는 것도, 당을 짓는 것도, 결국은 하나님처럼 되려고 하는 것입니다. "우리끼리 하나님이 되자. 우리끼리 엘리트 그룹에 속하자. 저 사람은 제외시키자"고 모의하여 끼리끼리 모이고, 끼리끼리만 인사하고, 다른 사람은 아예 사람 취급을 하지 않는 것, 이것이 모두 자기가 하나님처럼 되려는 교만에서 나오는 것입니다. 모든 거짓말도 결국은 자기가 하나님처럼 되려 하기 때문에 나옵니다. 그래서 모든 인간이 죄를 짓고 패망하게 된 것입니다. 하나님과의 관계의 단절을 가져오게 되었습니다.

이 교만으로부터 해방되는 길은 무엇이겠습니까? 그것이 곧 회개입니다. 죄인의 자리로 돌아오는 것입니다. 예수 보혈의 공로를 의지하고 그 앞으로 돌아오는 것입니다. 세리처럼 철저한 죄인이 되는 것입니다. 그는 감히 하나님을 우러러볼 수 없었습니다. 성전 가까이도 갈 수 없었습니다. 그는 가슴을 난타하며 심장을 찢은 것입니다.

그러나 바리새인은 어떠했습니까? 이것이 교만의 문제인 것입니다. 바리새인은 하나님으로부터 의롭다 하심을 받지 못하고 돌아갔다고 했습니다. 그의 기도를 보면 한결같이 남과 비교하고 차별화하는 것을 볼 수 있습니다. "나는 저 세리와 같지 않습니다"라고 말합니다. 그의 기도에는 회개가 없습니다. 그의 기도에 감사가 있으나 실상은 감사가 아니고 자만이고 자랑이고 모든 영광을 자기가 차지하려는, 하나님이 되려 하는, 교만한 근성의 노출인 것입니다. 자신은 잘못을 하지 않았다는 것입니다. 무죄라는 것입니다.

사실상 이 바리새인들은 당대의 가장 거룩한 의인으로 인정받은 사람들로서, 하나님을 가장 잘 알고 하나님께 가장 충성스런 인간으로 자처하던 사람들이었습니다. 그런데 복음서를 읽어보면 그들은 가장 지척에 계신 하나님의 아들 예수 곧 그들이 그토록 간절히 기다리던 메시아를 만나보기는커녕 예수님께 가장 신랄한 책망을 들은 사람들이었습니다. 세리가 누렸던 바 하나님이 인정해 주시는 의(義)에서 가장 먼 사람들이 되었던 것입니다.

요한복음 8장에 나오는 간음하다 잡힌 여인, 그가 얼마나 참혹한 죄를 지었습니까? 그녀를 돌로 치려 하는 사람들은 다 서 있고, 그 여자는 엎드러져 있었습니다. 예수님만 자리에 앉으셔서 간음한 여인의 눈높이에서 그녀를 바라보셨습니다. 수가 성 여인도 우물가에서 예수님을 만나 자신에게 과거에 남편 여섯이 있었다는 것을 고백하는 순간 거기에 예수님은 기다리고 계셨습니다. 이것이 바로 자기 죄를 시인할 때 얻는 베네핏(benefit)인 것입니다. 회개하는 사람만이 하나님께 받아 누리는 '의' 요 최고의 선물인 것입니다.

이때 하나님과의 대화가 살아나고, 하나님도 보이기 시작합니다. 그때부터 자아가 겸손해집니다. 인격의 최고봉은 겸손이라 했습니다. 웨슬리를 비롯한 수많은 성인들이 이구동성으로 인정한 기독교인 최고의 덕성은 "첫째도 겸손, 둘째도 겸손, 셋째도 겸손"이라 했는데, 자기가 죄인 괴수라 고백하는 사람보다 더 높은 경지의 겸손은 없는 것입니다.

하나님께서는 우리가 죄인인 것을 시인하기를 얼마나 기다리시는지 아십니까? 우리가 회개를 통하여 죄를 비우고 우리 마음 문을 바늘 구멍만큼만 열어 드려도 공기처럼 우리 주위를 가득 에워싸 기다리고 계시던 하나님께서 우리 마음에 즉각 들어오시어 성령으로 충만케 해주십니다. 다만 죄인인 것만 인정하고 그 더러운 죄를 토해 내면 비워진 그 공백으로 성령님이 들어와 충만하게 임재하시는 것입니다. 우리 마음 문 밖에서 문을 두드리고 계십니다. 그러나 그것이 힘든 것입니다.

여러분이 죄인인 것이 실감 나지 않으면, 제가 쓴 《사랑의 빚을 갚으련다》(정성균 선교사 일대기)를 읽어 보십시오. 한국인 최초로 방글라데시에 가서 선교하다가 비자가 끊겨 파키스탄으로 이동하여 거기서 순직한 선교사의 이야기입니다. 저도 그 일대기를 쓰기 위하여 방글라데시와 파키스탄을 답사하는 가운데 그 어느 때보다도 제 자신의 죄와 교만을 깨닫게 되었던 것입니다.

그 지역에 가 보니 얼마나 가난하게 사는지, 한 평짜리 텐트에 대여섯 명의 가족이 함께 살고 있었고, 화장실이 없어 비가 오면 텐트 주변에서 대소변을 보면서, 말하자면 동물의 차원에서 돼지처럼 사는 것입니다. 왜 제가 회개했느냐 하면 '너도 이들과 똑같은 사람이 아니냐? 그런데도 지금까지 그들의 고통을 외면하면서 혼자 호의호식하고, 좋은 차 타려 하고, 좋은 집에 살려고 욕심 부리고……. 지구촌의 한 형제자매들인 그들의 배고픔과 헐벗음과 가난에 대하여 어찌 이처럼 무지하고 무관심할 수 있단 말인가?' 하고 생각하며, 제 자신의 무지와 완악하고 강퍅한 마음을 회개했던 것입니다.

여러분이 죄인이라는 생각이 들지 않으면 특별히 마태복음 25장을 펼쳐 보십시오. 거기에 배고프고 병든 자, 헐벗은 자, 갇힌 자와 같은 지극히 약한 자들을 찾아가 돌보지 않고 무관심 속에 외면하고, 그 약자들의 마음을 짓밟은 것, 이런 행동이야말로 예수님을 외면하고 만왕의 왕이신 주님을 짓밟은 것임을 고발하고 있습니다. 그야말로 예수님을 무시하고 문전 박대한 것입니다. 우리 구주 예수님을 무시한 것처럼 큰 죄가 없는 것입니다. 그렇지 않습니까? 우리 자신의 문제, 우리 교회의 문제, 우리 국가, 이 지구촌의 문제가 바로 이와 같은 죄악입니다.

    우리 모두의 죄의 뿌리는 교만에 있고, 그 교만의 해결책은 회개밖에 없습니다. 성도의 인격적 성숙도 회개밖에 없습니다. 회개할 때 성령도 충만하게 임하시고, 성령의 능력으로 무장할 때 가장 고상한 인격자, 겸손한 복음의 증거자가 되는 것입니다. '용서받은 죄인', 이 사람이야말로 하나님께로부터 가장 큰 사랑과 기쁨과 은혜, 곧 성령의 충만을 누리는 사람입니다.

10

■ 주후 1998년 9월 3일 오전 11:15 채플 설교

땅과 인생

여호와께서 아브람에게 이르시되 너는 너의 고향과 친척과 아버지의 집을 떠나 내가 네게 보여 줄 땅으로 가라 내가 너로 큰 민족을 이루고 네게 복을 주어 네 이름을 창대하게 하리니 너는 복이 될지라 너를 축복하는 자에게는 내가 복을 내리고 너를 저주하는 자에게는 내가 저주하리니 땅의 모든 족속이 너로 말미암아 복을 얻을 것이라 하신지라 이에 아브람이 여호와의 말씀을 따라갔고 롯도 그와 함께 갔으며 아브람이 하란을 떠날 때에 칠십오 세였더라 아브람이 그의 아내 사래와 조카 롯과 하란에서 모은 모든 소유와 얻은 사람들을 이끌고 가나안 땅으로 가려고 떠나서 마침내 가나안 땅에 들어갔더라 아브람이 그 땅을 지나 세겜 땅 모레 상수리나무에 이르니 그 때에 가나안 사람이 그 땅에 거주하였더라 여호와께서 아브람에게 나타나 이르시되 내가 이 땅을 네 자손에게 주리라 하신지라 자기에게 나타나신 여호와께 그가 그 곳에서 제단을 쌓고 거기서 벧엘 동쪽 산으로 옮겨 장막을 치니 서쪽은 벧엘이요 동쪽은 아이라 그가 그 곳에서 여호와께 제단을 쌓고 여호와의 이름을 부르더니 점점 남방으로 옮겨갔더라 (창 12:1-9)

하나님께 속한 자는 하나님의 말씀을 듣나니 너희가 듣지 아니함은 하나님께 속하지 아니하였음이로다 유대인들이 대답하여 이르되 우리가 너를 사마리아 사람이라 또는 귀신이 들렸다 하는 말이 옳지 아니하냐 예수께서 대답하시되 나는 귀신 들린 것이 아니라 오직 내 아버지를 공경함이거늘 너희가 나를 무시하는도다 (요 8:47-49)

먼저 제가 이 새로운 학기의 첫 주간에 많은 교수님들 앞에서 먼저 설교를 하게 되어 죄송합니다. 찬물도 순서가 있다는데, 실은 저 때문이 아니고 실천처의 새로운 정책 때문입니다. 한 학기의 채플 설교 순서가 학기 초에 확정되는 것을 몰랐고, 제가 지난 한 학기 동안 연구 학기로 외국에 나가 있었기 때문에, 한 학기에 적어도 한 번은 채플에서 학생들에게 메시지를 전하는 것이 저의 소원이기 때문에, 실천처에 전화를 했던

것입니다. 빈자리가 있으면 아무 때나 넣어 달라고 했더니, 마침 오늘이 비었다고 해서 아브라함처럼 순종하는 마음으로 이 자리에 섰습니다.

아마도 여러분 가운데는 어제 강○○ 목사님의 설교를 듣고, 그분의 성경 본문이 제가 읽은 구약 본문과 같아서 "왜 다시 찬밥을 먹이려느냐?"고 이의를 제기하실지 모르겠습니다. 사실 제 설교의 성경 본문은 며칠 전에 정한 것인데, 어제 채플에 참석하여 저와 같은 성경 본문으로 설교하시는 것을 들으면서 마음이 조마조마했습니다. 제가 전하려는 메시지를 먼저 전하시지 않을까, 제발 중복되지 않도록, 가능하면 강 목사님께서 약간 지루한 설교를 하시도록(?) 기대하며 기도했던 것입니다.

저는 오늘의 두 본문을 통해, 두 종류의 땅에서 사는 인생의 모습에 대해 생각해 보려 합니다. 그 '두 종류의 땅'이라는 것은 "너의 땅, 나의 땅"이라 말할 때의 그 '땅'과 '하나님이 지시하시는 땅'을 가리킵니다. '나의 땅'에서 여전히 남아 있는 사람은 무가치하고 후회막심한 삶을 살 수밖에 없고, 하나님께서 지시하시는 땅을 향해 부단히 떠나는 삶은 가치 있고 기쁨과 감사가 넘치는 인생이라는 것입니다. 그럼에도 불구하고 여전히 나의 땅을 떠나지 않는 사람이 많은데, 그런 사람에게는 불행과 저주가 지속된다는 것입니다. 더 나아가, 부단히 나의 땅을 떠나 하나님이 '지시하신 땅'으로 아브라함처럼 나아가는 삶, 그 지시하신 땅이란 결국 가나안을 가리키고, 더 구체적으로 말하면 모리아 산이고, 또 예수 그리스도이고, 성령이라는 결론으로 말씀드리려 합니다.

'아브라함'이라는 이름, 아주 좋은 이름입니다. 오늘 본문에서는 '아브람' 즉 'High Father', '높은 조상', '높은 아버지'라는 뜻인데, 창세기 17장에 보면 '아브라함'으로 이름을 고칠 것을 권고하십니다. 그 뜻은 '아브+라브+함' 즉 '열방의 위대한 아버지', 곧 'Great Father of

Multitude', '많은 열방의, 많은 백성의 위대한 아버지' 입니다.

　요한복음 8장에서도 읽은 바와 같이 그는 명실공히 오늘날에도 유대인들에게 '믿음의 조상' 입니다. 그는 굉장한 명예를 얻은, 복이 많은 사람입니다. 진실한 마음으로 사람들로부터 존경을 받고 명예를 얻는다는 것은 하나님의 복이 아닐 수 없습니다. 그는 어떤 의미에서, 바울도 언급한 바와 같이, 모든 믿는 사람들의 조상이라고도 말할 수 있습니다. 그는 신앙의 모델이고 순종의 모델입니다. 마태복음 1장 1절에 보면 구약을 요약할 때 두 인물 즉 '아브라함과 다윗' 으로 요약하는 것을 볼 수 있고, 신구약을 통틀어 세 사람 즉 아브라함과 다윗과 예수 그리스도로 요약할 정도로 아브라함은 참으로 우리 신앙인에게 있어서 믿음의 모델이 아닐 수 없습니다.

　특히 구약성서 저자들에게 있어서, 이 아브라함은 새 시대의 문을 연 사람입니다. 창세기 11장까지는 흑암의 시대인데, 하나님께서 축복의 새 시대를 시작하시면서 아브라함을 선택하셨고, 그런 의미에서 오경 편집자에게 창세기 12장은 새 시대의 시작이라고 할 수 있습니다. 저주의 시대가 끝나고 축복의 시대가 도래하는 그 시점에서 아브라함의 이야기가 시작되는 것입니다. 그리고 창세기 12장에서 25장까지 14장이 이 족장에게 할애된 것입니다.

　히브리서 11장에서도 역시 아벨부터 시작되는 믿음의 열조들을 나열할 때 그 목록 가운데 아벨, 에녹, 아브라함, 이삭, 요셉, 모세, 다윗까지 열거되는데, 거기서도 아브라함에게 가장 많은 절 수를 할애하고 있습니다. 8절부터 19절까지가 아브라함의 믿음에 대한 설명입니다.

　또한 아브라함은 구약시대의 사람으로서 이미 예수님을 대면했던 사람입니다. 요한복음 8장에 보면, 예수께서 유대인들에게 "아브라함도 나를 만나 봤다"라고 말씀하실 때 "50도 못 된 놈이 (약 2천 년 전에 살았던) 아브라함을 어떻게 봤다고 하느냐"면서 예수님을 돌로 쳐 죽이려고 한 사건을 우리는 잘 알고 있습니다.

어떤 의미에서 창세기 22장은 예수 그리스도의 십자가 고난을 예고한 것이라고 해석할 수 있습니다. 그 아들 독생자를 하나님께 바치는 아브라함의 행동을 통해 하나님께서는 그의 독생자 예수를 인류를 위해서 희생하실 것을 예고하셨다고 볼 수 있는 것입니다. 그런 의미에서 아브라함은 영적으로나 육적으로나, 명예에 있어서나 그 후손에 있어서나, 모든 면에서 가장 가치 있는 인생을 살았던 인간이었음을 부인할 길이 없습니다.

하나님께서 아브라함을 인도해 들이신 그 가나안 땅은 명실공히 지구의 중심입니다. 아시아와 유럽과 아프리카가 그곳에서 만나는데, 지구에서 3개 대륙이 만나는 곳은 그곳밖에 없습니다. 거기가 바로 하나님의 아들, 우주의 왕, 예수 그리스도께서 강림하실 장소였던 것입니다. 그러므로 아브라함 한 사람으로 인하여 유대인들은 참으로 큰 복을 받았습니다. 거기에서 성경이 쓰이게 되고, 거기에 있던 사람들이 우리가 그토록 만나고 싶고 만지고 싶은 예수 그리스도를 직접 육안으로 목격할 수 있었던 것입니다.

아브라함이 가졌던 신앙의 내용은 무엇이며, 그 신앙의 특징은 무엇입니까? 말할 것도 없이 그것은 '순종'이었습니다. 그는 하나님의 지시와 명령에 순종하였습니다. 하나님께서 지시하신 명령의 골자는 "네가 지금 살고 있는 땅으로부터 내가 지시할 땅으로 가라"는 것이었습니다. 한글개역성경에서는 "본토를 떠나라"고 했는데, 히브리어로는 "레크 르카 메아르츠카"로 되어 있습니다. 여기서 '메아르츠카'는 '땅'(에레츠)라는 명사와 전치사 '……로부터'(민)와 '너의'(카)라는 인칭 접미가 합쳐진 어구(phrase)로서, '너의 땅으로부터' 나와서 '너 자신을 위해 떠나 가라'(레크 르카)를 의미합니다. 여기서 강조된 것은 '너 자신을 위해'(르카)라는 단어입니다.

그리고 '내가 네게 지시할 땅' 곧 '엘 하아레츠 아아셰르 아르에카'라는 어구에서도 '땅'에 대하여 '에레츠'라는 용어를 쓰고 있고, '내가 지시할 땅'도 문자적으로 번역하면 '내가 네게 보여줄 땅으로' 되어 있습니다. 물론 아브라함이 떠나야 할 대상으로 '네 친척과 네 아비(조상)의 집'도 언급됩니다.

신명기 6장 4절 이하에 나오는 소위 유대인들의 금과옥조로 불리는 '셰마'에서도 "이스라엘아 들으라……너는 마음을 다하고 뜻을 다하고 힘을 다하여 네 하나님 여호와를 사랑하라"고 말하면서 세 가지 항목(마음, 뜻, 힘)이 나열되는데, 이때도 가장 중요한 것은 첫 번째 항목인 '마음'입니다. 마음을 다하면 뜻도 힘도 다하여 하나님을 사랑하게 된다는 의미입니다. 첫 단어가 중요한데, 그런 의미에서 여기서 강조되는 것은 '너의 땅'입니다. "너의 땅을 떠나 내가 보여주는 땅으로 가라"는 것입니다.

본문 4절에서 '이에 아브라함이 여호와께서 그에게 간곡히 말씀하심을 따라서 갔다', 이것은 제가 직역을 한 것입니다. 여기에도 우리 번역은 "말씀을 쫓아갔고"로 되어 있지만, 히브리어로는 '바엘레크 아브람 카아셰르 딥베르 엘라우 야훼' 즉 '그가 갔다'(바엘레크) + 아브람이 + 여호와께서 그에게 말씀하심을 따라서(카아셰르 딥베르 엘라우 야훼)로 나누어 번역할 수 있습니다. 그런데 여기에서 '딥베르'(말씀하셨다)라는 동사는 피엘형 즉 강조형으로서 '간곡하게 열심히 말씀하셨다'고 직역할 수 있으므로, 이 문장은 결국 "여호와께서 그에게 간곡하고도 열심히 말씀한 것을 따라서 아브람이 갔다"고 번역될 수 있는 것입니다.

우리가 고대 아브라함이 살았던 중기 청동기 시대의 상황을 생각한다면, 당시의 상황에서 자기 땅을, 그것이 갈대아 우르인지 하란인지 정확하게 알 수는 없습니다만, 자기가 살던 땅을 떠난다는 것은 참으로 위험천만한 일이었습니다. 아브람에게 주신 하나님의 명령은 참으로 순종하기가 어려운 명령이었던 것입니다. 고대에는 가족의 'solidarity' 즉 '유대감' 이란 것이, 말하자면 하나의 힘이었고 생존 전략이습니다. 그래서 자식이 많아야 되는 이유가 여기 있었고, 숫자가 많아야 약육강식의 시대에서 살아남을 수 있었던 것입니다. 가족과 친척을 떠난다는 것은 쥐가 고양이 굴에 제 발로 들어가는 것과 같다고 할 수 있습니다. 약육강식의 원칙은 옛날이나 지금이나 다름없다고 볼 수 있지만, 고대로 올라갈수록 더욱 참혹했던 것입니다. 엊그제도 한 택시 운전사가 자기 택시에 올라탄 남녀를 강제 납치한 다음 자유로를 거쳐 판문점 쪽으로 가다가 남자는 내려놓고 여자만 끌고 가서 강간한 다음 자유로 하천에 버린 사건이 있었습니다. 하나의 극단적인 약육강식의 실례라고 볼 수 있는데, 고대의 미개 사회로 거슬러 올라갈수록 이런 사건은 다반사였던 것입니다.

신구약 전체를 통해 아브라함이 떠난 곳이 갈대아 우르였는지 하란이었는지, 둘 다 언급되어 있기 때문에, 어디에서 아브라함이 "너의 땅을 떠나라"는 하나님의 명령을 들었는지 확실히 말하기가 힘듭니다. 창세기 15장 7절이나 느헤미야 9장 7절, 사도행전 7장 4절에는 아브라함이 갈대아 우르에서 '떠나라' 는 명령을 들은 것으로 되어 있습니다. 그러나 본문 창세기 11-12장에서는 하란에서 하나님의 명령을 들은 것으로 되어 있습니다. 우르이든 하란이든 그 땅은 우상 문화가 팽배한 땅이었습니다.

여러분 가운데 한 사람이 사진을 찍기 위해 이라크 쪽을 다녀온 것으로 아는데, 이집트도 그렇고 메소포타미아도 그렇고, 고대 중동은 다 우상 문화가 번창했던 곳이었습니다. 어떤 일을 하든 먼저 우상에게 묻고, 신들에게 묻게 되어 있었던 것입니다. 그러므로 나의 땅을 떠난다는 것은 우상의 땅을 떠나는 것을 의미합니다. 그리고 우르에서 떠날 경우, 가나안 땅까지의 직선 거리는 약 1,900여km, 구불구불한 길까지 다 합치면 3,800여km 정도가 됩니다. 그것이 얼마나 먼 거리입니까? 서울에서 부산까지가 456km인데, 그 여섯 배에 해당하는 먼 거리를 이동한 것입니다.

하나님께서는 나중에 이렇게 위험천만한 어려운 명령에 순종하는 것을 보고 더 어려운 명령을 하십니다. "네 아들 독자를 바쳐라." 이것은 앞서 보다 훨씬 순종하기 힘든 명령이 아닐 수 없습니다. 말이 그렇지, 어떻게 아버지가 자기 아들을 하나님께 죽여 바칠 수 있겠습니까? 그러나 한번 어려운 명령에 순종해 본 사람은 더 어려운 명령을 주실 때 이를 순종할 수 있는 힘을 하나님께서 더하여 주시는 것입니다. 하나님의 예상대로 아브라함은 이 두 번째의 명령에도 무조건 순종하는 것을 볼 수 있습니다. 아브라함의 믿음의 특징은 바로 무조건 순종하는 데 있는 것입니다.

성경 저자는 그 두 사건 사이에 많은 이야기를 생략하고 있습니다. 아브라함 쪽에서 여러 가지 조건을 달 수도 있었을 것입니다. 아마 그 조건을 토설했는지도 모릅니다. "하나님, 제 나이가 일흔다섯인데 떠나라고 하십니까?"라고 하소연도 했을 것입니다. 아브라함은 저보다 머리가 희면 더 희었지 아마 검지는 않았을 것입니다. 아마 또 이런 걱정을 했을지도 모릅니다. "제 아내는 너무 예쁩니다. 이런 약육강식의 시대에 제 아내를 뺏길 수도 있습니다." 사실 그런 위협을 나중에 당했을 때 아브라함은 두 번이나 이방 사람들 앞에서 자기 아내를 누이라고 거짓말 아닌 거짓말을 하는 것을 볼 수 있습니다.

그는 또한 조상 때부터 물려받은 재산이 너무나 많았습니다. 올브라이트(W.F. Albright)의 가설에 의하면, 데라나 아브라함이나 'Donkey Caravan' 이었습니다. 당나귀를 타고 국제 무역을 하는 카라반이었습니다. 그러다 보니 굉장히 많은 재산을 소유하고 있었을 것으로 보는 것입니다. 그럼에도 불구하고 성경 저자가 강조하는 것은, 그 모든 이유와 조건을 다 포기했다는 것입니다. 아브라함은 그런 조건을 달지 않았다고도 볼 수 있습니다. 자기 아들 이삭을 드리라고 할 때도 날이 새기가 무섭게, 혹시라도 하나님의 명령을 어기게 될까봐 걱정되어 자기 아내와 의논하지도 않고 모리아 산으로 떠나는 것을 봅니다. 이에 대한 성경 저자의 생략은 참으로 옳은 것 같습니다.

모세는 조금 다릅니다. 하나님께 부름을 받았을 때 이유와 조건을 달았습니다. 또 마태복음에 나오는 부자 청년은 예수님께서 "다 버리고 나를 따르라"고 하실 때 거부했습니다. 재산이 많기 때문입니다. 또 마태복음 21장 30절에 보면 두 아들 가운데 한 아들은 간다고 했다가 나중에 가지 않는데, 아브라함은 그런 모델과 전혀 다른 무조건적 순종을 보여주고 있습니다.

하나님은 무조건 순종하는 것을 좋아하십니다. 참으로 이 부분이 중요한 줄 알면서도 우리 모두 이 문제에 있어서 자신이 없습니다. 오늘 아침에 제가 조깅을 하면서 - 저는 거의 매일 아침 아파트 근처의(명일동) 고명초등학교에서 조깅을 하는데 - 그 운동장 울타리에 세워진 게시판에 초등학교 전체 회장 선거에 출마하는 회장과 부회장의 유세 벽보가 요란하게 붙어 있는 것을 보았습니다. 회장에 세 명이 입후보했고, 부회장에 열두 명이 입후보한 것을 보았습니다. 우리 교단 총회의 부총회장 후보가 난립하듯이 거기서도 차기를 위해 부회장들이 많이 나온 것 같습니다.

모든 후보들이 나름대로 거창한 공약을 내걸었습니다. 몇몇 공약을 관심 있게 읽어보았습니다. '깨끗한 환경을 위해서 환경 미화에 힘쓰겠습니다', '명랑한 학교 분위기를 위해 학생과 교사의 대화를 추진하겠습니다', '학원 폭력을 추방하기 위해서 노력하겠습니다.' 그런데 그 가운데 기호 3번 '김유성' 이라는 학생은 '무조건 힘써 일하겠습니다' 라고 했습니다. 그 말이 눈에 확 띄었습니다. 제 설교 내용과 너무나 비슷해서, '나라면 이 친구를 뽑겠다' 고 생각을 했습니다. 이처럼 무조건 순종하는 것을 주님은 얼마나 좋아하시는지 모릅니다. 제 자녀가 무조건 순종할 때, 제 마음은 얼마나 기쁜지 모릅니다. 아마 자식을 길러보지 않은 사람은 제 마음을 이해하기 힘들 것입니다.

그러나 두 번째 아브라함의 순종 포인트는, 아무 땅으로나 떠난 것이 아니라는 사실입니다. 하나님께서 보여주신 땅으로 간 것입니다. '엘 하아레츠 아셰르 에르에카' (내가 네게 보여줄 땅으로)에서 '에르에' 라는 동사는 히필형, 즉 '내가 보여준다', '보게 한다' 를 의미하므로, 하나님이 보여주시는 땅으로 가라는 것입니다. 사실 우리도 하나님께서 보여주면서 일해 주시면 얼마나 좋겠습니까. 이것이 아브라함의 무조건 순종의 기폭제가 아니었던가 생각하게 됩니다.

'아브라함이 어떻게 보았을까' 거기에 대해 성경은 말해 주지 않습니다. 모든 주석가들도 거기에 대해 저 외에는 관심을 갖지 않는 것 같습니다. 하나님께서 어떻게 보여주셨을까? 환상으로 보여주셨을까? 아니면 음성으로? 아브라함에게 가나안으로 가라고 말씀하셨을까? 아니면 주사위를 던지면서 여기로 갈지, 저기로 갈지를 물었을까? 고대의 점치는 방법 가운데 하나가 주사위를 던지는 것이었습니다.

그러나 또 한편 하나님께서 신탁으로 아브람에게 갈 길을 안내하신 것도 같습니다. 고대로 올라갈수록 대개의 성도들은 제사장이나 예언자를 통해 예배 중에 신탁과 지시를 받기도 했습니다. 창세기 12장 본문에서는 '세겜'을 '모레 상수리나무'라고 표현했는데, '모레'라는 말이 '예언자'라는 뜻을 갖고 있습니다. '가르치는 자' 즉 영어로 'teacher'인데, 영어 번역에서는 이 어구를 'Oak of Teacher'라고 번역했습니다. 지금도 이스라엘에 가면 남자 선생님을 '모레'라고 부르고, 여자 선생님은 '모라'라 부릅니다. '선생의 상수리나무'에 제단이 있었던 것 같고, 거기서 예배를 드리는 중에 예언자를 통해 신탁을 받지 않았을까, 그런 추측도 해보는 것입니다.

그러나 분명한 것은 아마도 아브라함은 가는 곳마다 예배를 드렸기 때문에 예배 중에 성령의 감동을 받고, 말하자면 하란에서 다메섹까지, 나아가 다메섹에서 예배를 드릴 때 다메섹에서 세겜까지, 세겜에서 다시 벧엘까지, 벧엘에서 다시 헤브론까지 이런 식으로, 마치 자동차 헤드라이트가 100m를 전진하면 또 다른 100m를 보여주듯이 매번 예배드릴 때마다 하나님께서 다음에 전진해야 할 행선지를 지시하지 않으셨을까 생각하는 것입니다.

오늘날 많은 합리주의적 주석가들은 천사가 나타난다든지, 하나님이 직접 말씀하신다든지 하는 신탁에 대해 의문을 제기합니다. 합리적 이성으로는 이해가 안 되기 때문입니다. 제가 학교 다닐 때만 해도 (지금은 은퇴하신) 학장님 한 분이 계셨는데, 그분은 현대 사회에서 방언이 필요 없다고 믿는다고 말씀하시면서 방언을 믿지 않았습니다. 또 제가 아는, 에모리 대학에서 같이 공부한 감리교의 어떤 신학자는 부활을 믿지 않았습니다. 부활의 역사성을 믿지 않았습니다. 부활은 신약의 저자들이 기대한 희망 사항일 뿐이고, 그래서 부활은 고백 사항이지 역사적 부활은 일어날 수 없다는 이야기를 들었습니다. 결국 보이지 않으면 미국도 없다고 이야기하는 것과 같고, 천국이나 지옥이나 영생이나 신유, 이런 것들을 믿지 않습니다.

그러나 저는 그런 사람들이 잘못이라고 생각합니다. 분명히 하나님께서 천사를 통해서든 음성을 통해서든 아브라함에게 무엇인가를 보여주셨을 것이라고 확신합니다.

제가 여기서 강조하고 싶은 것은 예배입니다. 아브라함은 가는 곳마다 제단을 쌓았습니다. "여호와의 이름을 불렀더라"라는 말이 9절에 나오는데, 그것은 예배의 행위를 가리킵니다. 결국 하나님이 지시하시는 가나안 땅을 볼 수 있는 비결은 예배이고, 예배를 통해서 우리는 영감을 받게 되는 것입니다. 그런 의미에서 저는 장신대 채플을 누구보다 중요하게 생각하고, 채플에 관한 한 학생들에게 결석의 기회를 주지 말아야 한다고 생각합니다. 그것은 마치 제가 매주 토요일과 주일 아침에 가정예배를 드릴 때 딸들이 더 자고 싶다고, 예배를 드리지 말자고 조를 때, "그럼 네 맘대로 해라"라고 말하는 것과 같고, 예배의 문을 자유롭게 열어 놓는 것은 참으로 위험한 일이 아닌가 생각하는 것입니다.

저는 언제나 예배를 통해 영감을 받습니다. '영감'(靈感, inspiration)이라는 것을 통해 하나님께서 나의 죄를 깨닫게 하시고, 나의 갈 길을 터득하게 되고, 영감 가운데 주님을 만나게 되기 때문입니다.

새 학기를 시작하면서 여러분의 가슴에 기쁨과 감격과 감사가 넘치고 있는지 모르겠습니다. 기쁨과 감격이 없다면, 불안하고 우울하고 스트레스가 쌓여 있다면 그것이 문제이고, 그것은 본질적으로 여러분이 아직도 내 땅을 떠나지 않고 내 땅을 고수하고 있기 때문이라고 할 수 있습니다. '내 땅'이라는 것은 아브람의 경우에 갈대아 우르나 하란과 같은 우상 문화를 가리키는 것입니다. 사람마다 하나님보다 소중히 여기는 우상이 있게 마련입니다. 그것을 떠나지 않으면 영감도 없습니다. 가나안도 보이지 않습니다. 기쁨도 없고, 감사도 없고, 희열도 없는 것입니다.

어떤 사람은 '내 땅'을 떠났다가 다시 돌아오는 사람도 있습니다. 제가 그런 경험을 가끔 했습니다. 이번에도 제가 연구 학기를 맞아 1월에 미국으로 가면서 워싱턴 DC 지역의 교역자들을 위한 세미나가 있어서 뉴욕을 거쳐 볼티모어에 다녀왔는데, 뉴욕 공항에 도착했을 때 한국에서 짐을 두 개 부쳤는데 하나가 분실된 것이었습니다. KAL을 타고 갔는데, 뉴욕 공항에 KAL 직원이 나와 있었습니다. 저만 가방을 잃어버린 것이 아니라 어떤 50대 여자도 가방이 도착하지 않았습니다. 그 여성은 KAL 직원에게 막 욕을 하는 것을 보았습니다. 저는 목사의 신분으로서 그렇게 할 수는 없고 암담했습니다. 원망과 짜증이 났습니다. '야, 이놈의 KAL, 내가 다시 타나 봐라' 하는 생각이 들기도 하고, '거기에 내 강의 노트가 들어 있는데, 그 가방은 새로 산 가방인데, 훔쳐 가려면 헌 가방을 훔쳐가지' 하는 생각이 들기도 하고, 그러다가 갑자기 내가 왜 이렇게 우울함과 어둠에 사로잡혔나 깨닫게 되었습니다.

그때 다시 저는 매일 아침 기도하는 것처럼 속으로 포기의 기도를 드렸습니다. "하나님, 제가 매일 아침 나의 생명, 나의 재산, 나의 자식, 나의 명예, 나의 학위 등 이 모든 것, 내 땅, 모두 다 주님께 드립니다. 주님의 것입니다. 나의 생명까지도 주님이 다시 새로운 것으로 주실 줄 믿습니다."

이와 같은 포기의 기도를 해놓고 '이 가방 하나 때문에 내가 원망하고 불평하는가?' 해서 하나님께 다시 회개의 기도를 했습니다. "하나님, 다 가져가십시오. 몽땅 가져가십시오. 내 생명까지 다 가져가십시오." 그런 기도를 했더니, 마음에 기쁨이 다시 돌아왔습니다. 그 결과 기쁜 마음으로 볼티모어에 도착했는데, 약 6시간 뒤에 공항으로부터 연락이 왔습니다. "가방이 무사히 볼티모어에 도착했으니 찾아가라'는 KAL로부터의 연락이었습니다.

왜 땅을 못 떠나는 것입니까? 왜 안 떠나는 것입니까? 그것은 어리석기 때문이고, 비전을 보지 못하기 때문입니다. 영감을 보지 못하기 때문입니다. 우리 모두에게 영감이 필요합니다. 노래를 부르는 사람도, 피아노 반주를 하는 사람도, 어떤 부서에서 과장으로, 주임으로 일하는 모든 사람에게 영감이 필요한 것입니다. 매사에 하나님이 지시하시는 곳으로 가지 않는 것은 헛수고입니다. 무가치한 것입니다. 인류 역사는 하나님이 지시하시는 방향으로 진행되어 왔습니다. 진정 하나님이 예정하신 구원 사역에 참여하지 않는 사역은 모두 다 무가치한 것입니다. 헛수고입니다. 그렇게 하기 위해서는 하나님의 영감을 받아야 하고 하나님이 지시하시는 땅을 보아야 합니다. 그것은 곧 아브라함이 말하는 것처럼 예수 그리스도입니다. 영으로 오신 성령입니다.

어느 잡지에서 한 목사님께서 "21세기의 한국 교회에는 비전이 없다"는 제목으로 칼럼을 쓴 것을 보았습니다. '비전이 없는 21세기 한국 교회', 지도자가, 선장이, 앞을 못 볼 때, 하나님이 지시하신 것을 보지 못할 때, 그야말로 위기인 것입니다. 지난번 미국에서 '바니'라는 태풍이 불어올 때, 벌써 인공위성에서 그것을 보고 예고하자마자 100만 명이 대피하는 것을 보았습니다. 우리나라에도 IMF에 대하여 저를 비롯해서 많은 교수님들이 강단에서 예고했습니다. 이러한 예고가 없을 때, 그것은 잠언 29장 18절에서 '묵시 곧 비전이 없으면 백성이 방자히 행한다'고 말한 것처럼, 참으로 어려운 시대를 맞이하게 되고, 그 백성과 그 교인들은 비극을 당하게 되는 것입니다.

엘리의 시대처럼 지금은 말씀이 희귀한 시대라는 말에 동감합니다. 여러분의 가나안은 어디입니까? 우리 모두가 참으로 항상 영감으로 충만하여, 하나님이 지시하시는 땅을 향해 전진하는 복된 주의 종들이 다 되시길 바랍니다.

11

■ 주후 1999년 5월 14일 금요일 오전 11시 15분 채플

전도자의 꿈 I

여호와께서 아브람에게 이르시되 너는 너의 고향과 친척과 아버지의 집을 떠나 내가 네게 보여 줄 땅으로 가라 내가 너로 큰 민족을 이루고 네게 복을 주어 네 이름을 창대하게 하리니 너는 복이 될지라 너를 축복하는 자에게는 내가 복을 내리고 너를 저주하는 자에게는 내가 저주하리니 땅의 모든 족속이 너로 말미암아 복을 얻을 것이라 하신지라 이에 아브람이 여호와의 말씀을 따라갔고 롯도 그와 함께 갔으며 아브람이 하란을 떠날 때에 칠십오 세였더라 (창 12:1-4)

열한 제자가 갈릴리에 가서 예수께서 지시하신 산에 이르러 예수를 뵈옵고 경배하나 아직도 의심하는 사람들이 있더라 예수께서 나아와 말씀하여 이르시되 하늘과 땅의 모든 권세를 내게 주셨으니 그러므로 너희는 가서 모든 민족을 제자로 삼아 아버지와 아들과 성령의 이름으로 세례를 베풀고 내가 너희에게 분부한 모든 것을 가르쳐 지키게 하라 볼지어다 내가 세상 끝날까지 너희와 항상 함께 있으리라 하시니라 (마 28:16-20)

여러분의 정체는 무엇입니까? 여러분은 무엇을 위해서 존재한다고 생각하십니까? 여러분은 오늘 이 자리에 무엇을 위해서 앉아 계십니까?

이와 같은 정체성 질문에 대한 사례는 수원 해방교회의 노삼헌 목사님께서 사용하신 예화로 대신해 보겠습니다. 어느 교회의 부흥회 마지막 날, 부흥사께서 전도에 대해 설교한 다음 맨 앞줄에 앉아 있는 처녀한테 단도직입적으로 질문을 했답니다. "처녀, 일어나 봐! 당신의 직업이 뭐요?" 아마 그 처녀는 초등학교 선생님이었던 것 같습니다. "예, 제 직업은 초등학교 선생이에요." 그때 그 부흥사는 노발대발 화난 표정을 지으면서 "그건 당신의 직업이 아니요. 그건 부업이요, 부업. 당신의 직업

은 전도요. 전도!" 이렇게 말했다는 예화입니다.

저는 요즘 저 자신에 대한 정체성 질문을 계속하고 있고, 하루에도 여러 번 이 생각을 합니다. '나는 무엇을 위해 사는가? 나의 정체성은 무엇인가?' 내 직업은 교수가 아니고 전도자라는 생각을 계속하고 있습니다.

"교수는 부업이고, 구약학 전공은 부업이고, 내 직업은 전도다, 전도!"

엘리베이터 안에서나, 시장에서나, 이발할 때나, 전철을 탈 때나, 식당에서나, 저는 모든 사람에게 전천후적으로 언제 어디서든지 복음을 전해야겠다는 생각을 하고, 그렇지 못했을 때에는 하나님께 죄송하고 때로는 후회막심한 것이 한두 번이 아닙니다. 사도 바울이 말한 것처럼 언제 어디서나 '때를 얻든지 못 얻든지' 복음을 전해야겠다는 생각을 항상 갖고 있습니다.

아마 여러분 가운데에도 비슷한 생각을 하는 분이 많을 줄 압니다. 특히 오늘 특별 찬송을 해준 '여호수아 전도단'(교내 신대원 서클)은 이 생각에 모두 동감하는 사람들이고, 대원 가운데 하나인 고대경 화가는 요즘 소강당 앞에서 수채화전을 벌이고 있는데, 그 목적은 그림을 판 그 이익금으로 선교사 후원비를 보내려는 것입니다.

어제 열린 음악회에 참석하여 많은 노래를 들었는데, 출연자 모두가 노래들을 참 잘했고 감동을 주었습니다. 그러나 중간에 찬조 출연을 했던 홍수철 씨가 "나의 고백"과 "베드로의 고백"이라는 노래를 불렀는데, 그 노래를 부르다가 흐느꼈습니다. 그 노래의 내용은 다른 것이 아니었고, 전도할 목적으로 지은 노래였습니다. 전도할 목적으로 노래를 부르니 저같이 아주 감정이 메마른 사람도 그렇게 감동이 되고, '하나님을 내가 더 사랑해야 되겠다'는 진한 감동을 받았습니다. 그렇다고 해서 복음적인 노래를 부르지 않고, 뭐 엉뚱한 '사랑의 고백' 같은 노래를 부른 사람들이 잘못됐다는 이야기는 아닙니다. 무슨 일을 하든지, 교회 음악을 하든, 기독교 교육을 전공하든, 전도 목적으로 할 때 그것은 열매가 있고, 가치가 있고, 의미가 있는 것입니다.

'전도자' 라는 정체 의식, 이것은 본문을 통하여 분명히 예수님께서 우리에게 주시는 정체 의식입니다. 소위 '지상 명령' 이라고도 부르는 이 마태복음 28장 16-20절의 내용, 그것은 예수님께서, 하늘과 땅의 모든 권세를 가지신 분께서 명령하신 것이기 때문에 지상 명령입니다. 가장 큰 명령입니다. 우리가 같은 조직 내에서도 계장이 준 명령보다는 과장이 준 명령이 더 크고, 과장과 실장이 준 명령보다는 총장이 준 명령이 더 크듯이, 하늘과 땅의 모든 권세를 갖고 계신, 만왕의 왕께서 주신 명령이기에 지상 명령이요 가장 큰 명령이요 최후의 명령인 것입니다.

신약 본문에서 마태는 자신의 신학을 표현하고 있는 것 같습니다. 다른 두 복음서에서는 갈릴리에서 예수님이 승천하시기 전에 이 지상 명령을 주시는 것으로 보지 않고, 마태와 마가만 갈릴리에서 마지막으로 "(모든 족속에게) 복음을 전하라"는 최후의 명령으로 끝을 맺고 있습니다. 마태는 이것을 예수님의 최후 유언으로 기록하고 있는 것입니다.

신약학자 미셸(O. Michel)은 이 마태복음 28장 19-20절을 가리켜 마태복음을 끌고 가는 견인차로 보고, 마태복음을 해석해 주는 키(key)로 삼았습니다. 예수께서 많은 명령을 주셨지만 '가서 제자 삼으라' (πορευθέντες οὖν μαθητεύσατε), 즉 '가라' 그리고 '제자를 삼으라' 는 명령보다 더 큰 명령은 없다는 것입니다. 물론 전도하라는 명령은 마태뿐만 아니라, 마가와 누가와 요한 그리고 사도 바울 같은 경우에는 철저하게 "주님이 주신 명령은 무엇이냐? 복음 전도이다. 이것 이외에는 없다"고 강조하는 것입니다. 다른 것을 아무리 많이 말씀하셨어도 복음을 전하라는 명령이 지상 명령인 것입니다.

아브라함도 창세기 12장에서 하나님께로부터 "가라!"는 명령을 받았습니다. 가는 것이 소중한 것입니다. 사실 예수님께서 오신 목적도 궁극적으로는 전도하러 오신 것입니다. 그러므로 이 명령은 반드시 성취해야 할 명령이고, 죽어도 이루어야 될 명령이고, 결사적으로 순종해야 할 명령인 것입니다. 다른 명령은 소홀히 할 수 있어도 이 명령은 결코 놓칠 수 없는 명령이고, 가장 우선시해야 될 명령이고, 생명을 바쳐서 바울처럼 "내가 이 복음을 전하려 함에는 나의 생명을 조금도 귀한 것으로 여기지 않는다"고 말하면서 준행해야 될 명령인 것입니다.

모든 기독교인은 그리스도의 제자입니다. 하나님을 믿는 사람이고, 하나님을 사랑하는 사람입니다. 만약에 그 명령에 순종하지 않는다면, 그 명령을 심각하게 생각하지 않는다면, 그는 제자가 아닙니다. 그냥 제자인 체하는 것입니다. 속담에 '빛 좋은 개살구'라고, 살구는 살구지만 빛만 좋을 뿐인 위선자인 것입니다. 그리스도를 사랑한다고 하면서 가장 중요한 명령에 순종하지 않는다면 그것은 마치 연기하는 배우처럼, 제가 요즘 "왕과 비"라는 사극을 계속 보고 있습니다만, 임동진 장로가 세조인 체하고 한혜숙이 왕비 노릇을 하는 것처럼, 그냥 체하는 것입니다. 시늉만 하는 것입니다.

요한복음 14장 21절에 "나의 계명을 지키는 자라야 나를 사랑하는 자"라고 하셨습니다. 전에도 제가 이 예화를 말씀드린 것 같은데, 제가 사는 명일동 삼익 아파트 201동 앞에는 5년 전에 세운 시계탑이 있는데 아직도 그 시계가 죽어 있습니다. 서 있습니다. 제 아내가 저한테 그래도 하루에 두 번은 정확하게 맞추지 않느냐고 하더라고요. 가지 않는 시계가 무슨 소용이 있습니까? 무용지물입니다. 자리만 차지하는 것입니다.

쳐다보는 사람 목만 무겁게 하는 것입니다. 아무 쓸모없는 것입니다.

하나님의 뜻, 지상 명령, 전도하라는 명령에 불순종하는 자의 삶은 사실 쓸데없고 무가치한 삶입니다. 그런 사람은 하나님의 마음을 아프게 하는 자이고, 성령을 근심케 하는 자이고, 주님으로부터 책망을 받을 자입니다.

또다시 제가 노삼헌 목사님의 예화를 인용하겠습니다. 저는 그분을 아주 존경하는데, 저의 1차적인 꿈은 그분처럼 되는 것이고, 더 궁극적으로는 바울처럼 되는 것인데, 언제 어디서나 그분은 비행기 안에서도 전도하고, 전철 안에서도 전도하는데, 성공적으로 합니다. 전도 실황을 녹음해 놓은 것을 들어보면, 그분이 비행기 안에서 전도를 하는데, 승무원들과 모든 여행객이 귀를 기울여서 들을 정도로 재미있게 전도를 합니다. 전도를 즐기는 분입니다. 그분의 예화 가운데 이런 것이 있습니다.

'용강 올꾼이' 이야기인데, 용강에 올꾼이라는 머슴이 있습니다. 하루는 주인이 올꾼이를 불러 "야, 너 내일 강계에 다녀와야겠다. 그러니 일찍 자 두어라"고 했습니다. 그래서 이 올꾼이가 그날 밤 일찍 사랑방에 들어가 잠을 잤습니다. 다음날 아침에 주인이 사랑방으로 찾아가서 "올꾼아, 일어났냐?" 하고 불렀습니다. 아무 대답이 없습니다. 문을 열어도 없습니다. 논에 가 봐도 없습니다.

그런데 한 12시쯤 되어서 헐레벌떡 올꾼이 돌아왔습니다. "헉헉" 하면서 돌아왔습니다. "야, 이놈아! 내가 오늘 아침에 강계에 다녀올 일이 있다고 했지 않느냐?" 올꾼이가 대답합니다. "지금 강계에 다녀오는데요?" 강계에 다녀왔다는 것입니다. "야, 이놈아, 오늘 아침에 내가 너에게 왜 강계에 다녀와야 하는지 심부름을 시키려 했는데, 내 뜻도 모르고 다녀오면 어떻게 하느냐?"

여러분, 강계에 천 번을 다녀온들, 책을 백 권을 쓴들, 표창장을 열 개를 받은들, 리포트를 스무 개를 쓴들, 과목마다 올 A학점을 받은들, 연주회에 수없이 출연하여 박수 갈채를 받은들, 그것이 하나님의 뜻과 관계 없는 것이라면 무슨 소용이 있겠습니까?

아무리 교회를 크게 부흥시킨들, 물론 그 자체를 나쁘게 보지는 않습니다만, 전도의 사명을 준행하지 않는다면 사실 하나님의 마음, 성령의 마음을 섭섭하게 해드리는 것입니다. 생각해 보셨습니까? 성령의 마음을 아프게 한다는 사실을……. 여러분, 사람들도 자기의 마음을 알아주지 않을 때 마음이 아픕니다. 사람의 마음을 아프게 하는 것은 그럴 수 있지만, 하나님의 마음을 아프게 하는 것은 있어서는 안 되는 것입니다. 주님의 제자로서 있어서는 안 되는 일입니다. 왜 가라고 하는데 가지 않습니까? 왜 땅 끝까지, 세상 끝까지 가라고 하는데 가지 않습니까? 왜 "전도사님, 전도하러 갑시다"라고 여호수아 전도단에서 크게 대문짝만하게 붙였는데도 동조하지 않습니까? 그것은 주님의 뜻에 대한 무지와 무관심, 주님의 명령의 중요성을 깨닫지 못해서일 것입니다. 주님의 명령의 중요성을 알면서도 때때로 우리는 바빠서 미룹니다.

바빠서 미루는 것, 이 부분이 제가 하나님 앞에서 늘 회개하는 부분입니다. 제가 전철을 탄다든지 하면 전도를 하겠는데, 꼭 자가용으로 출퇴근하니까 전도할 기회가 없습니다. 엘리베이터를 타면, 제가 8층 아파트에 사는데, 거기서라도 전도를 해야 되겠는데, "내일 하지 뭐, 다음에 만나서 하지 뭐" 하면서 전도의 기회를 놓친 다음에 하나님 앞에 참 죄송한 마음입니다. 성령의 감동을 내가 차단시킨 것 같아서, 하나님께서 주신 기회를 내가 상실한 것 같아서, 죄송한 것입니다.

사실 전도는 힘든 것입니다. 그러나 여러분은 미루지 말고 일찍부터 전도 훈련을 해야 합니다. 사실 제가 전도를 하면서도 이 나이에 머리가 희어서 잘 안 된다는 말씀입니다. 여호수아 전도단 학생들을 보면 부러울 때가 많습니다. 강변 전철역 앞 테크노마트 옆에 앉아서 저녁에 한 사람씩 행객을 붙들고 대인 전도를 하는데, 그렇게 잘 먹혀 들어가는 것을 보았습니다. 제가 여러 번 보았는데, 전도를 듣는 사람이 어떤 때는 눈물을 흘리며 결심을 하고, 이름을 적어줍니다. 어떻게 그렇게 잘 하는지 모르겠습니다. 저는 그 학생들이 앞으로 어디서 목회를 하든지, 훌륭한 목회자가 될 것을 의심치 않습니다. 아무나 붙잡고 전도했을 때 그들로 하여금 감동 가운데 복음을 받아들일 수 있도록 하는 실력은 아무나 터득할 수 있는 것이 아닌 것입니다.

때때로 우리는 제자들처럼 '여기가 좋사오니' 라고 말하며 전도를 하지 않습니다. 오락과 쾌락의 기회가 너무나 많기 때문에, 즐겨야 할 것이 너무나 많기 때문에 복음을 전할 수 없는 것이고 전도하러 나갈 수도 없는 것입니다. 만약 아브라함이 본토와 친척과 아비 집이 좋아서, 떠나기가 싫어서, 가나안으로 들어가지 않았다면 그를 통해서 모든 민족에게 복음으로 복주시려 했던 하나님의 꿈은 아마 실현되지 않았을 것입니다.

사실 요즘의 현대인들에게는 너무나도 즐길 것이 많다는 생각을 합니다. 엊그제도 제가 사는 아파트 근처의 초등학교 운동장에서 조깅을 하는데, 아침마다 축구반 아이들 한 20여 명이 나와서 축구를 합니다. 경기를 다 마친 다음, 골문에 골키퍼 하나만 세워 놓고 열 명이 각자 자기의 축구공을 가지고 한 10m 거리에서 하나, 둘, 셋 하면서 일시에 그 골문을 향해서 차 넣더라고요.

저는 그것을 보면서, 우리가 어려서 축구할 때는 운동화도 없어서 운동화 하나만 있었으면 좋겠다는 생각을 했고, 그다음에 배구할 때는 공이 요즘처럼 좋지 않아 입으로 바람을 불어넣어 가죽을 부풀려 가지고 만드는 공이었는데, 요즘 어린아이들은 각자 자기의 공을 갖고 있고, 그리고 좋은 운동화를 신을 수 있고 참 얼마나 좋습니까? 만약 그때 제가 요즘처럼 좋은 공을 가질 수 있고 좋은 운동화를 신었다면 축구 선수가 되었을지도 모릅니다. 요즘은 너무나 즐길 것 많다는 말입니다. 가볼 곳도 많습니다. 해볼 것도 많습니다. 요즘 동창회다 세미나다 끼리끼리 모입니다. 또한 돈 버는 재미가 얼마나 좋습니까? 전도는 힘든 것이기 때문에 그래서 회피하게 되고 전도를 미루는 것입니다.

엊그제 TV를 보면서 저는 참 낯이 뜨거운 경험을 했습니다. 만민중앙성결교회, 교인들이 MBC 문 앞에 가서 "방송사가 하나님이냐?"고 외치면서 무릎 꿇고 기도하는 장면을 TV로 보여주는데, 정말 낯이 뜨겁고 부끄러워 혼났습니다. 그 기도 내용이 무엇이겠습니까? "MBC 문 열려라. 하나님께서 해결해 주실 줄 믿-씁니다"라는 식으로 기도를 했겠지요.

때때로 우리는 극단주의적 시한부 종말주의자들의 행동 때문에, 다른 사람들에게 내가 전도를 하면, 나도 그렇게 미친 사람으로 보지 않을까, 전도 대상이 나에게 창피를 주면 어떻게 할까, 또 전도를 받는 대상이 쌀쌀맞은 얼굴로 돌아서면 어떻게 하나 등등의 두려움 때문에 전도자로 나서지 않을 수 있습니다.

그러나 우리는 오늘 본문 가운데서 "세상 끝날까지 너희와 함께할 것이라"는 말씀을 기억해야 할 것입니다. 세상 끝날까지 함께하시는, 하늘과 땅의 모든 권세를 가지신 분, 그분이 우리의 주님이시고, 그분이 우리가 거룩한 전쟁을 수행함에 있어서 동행하십니다. 이스라엘의 병사들이 전쟁에 나갈 때, 자기들의 무기나 군대의 수로 이긴 것이 아니라, 그들이 메고 가는 법궤와 그들과 함께하시는 만군의 여호와, 그 대장의 힘을 의

지해서 승리했던 것처럼, 우리 뒤에서 우주보다 크신 하나님이 나의 어깨에 손을 얹고 계시사, 세상 끝날까지 함께 하신다고 약속하신 그분을 의지할 때 이 모든 두려움을 물리칠 수 있는 것입니다.

무엇보다도 전도하러 가지 않는 이유는 주님을 사랑하지 않기 때문입니다. 주님을 사랑하지 않는 것이 중요한 원인입니다. 저도 결혼 생활 24년째입니다만, 신혼 초에는 아내가 저를 참 사랑하기 때문에 저도 그랬고 제 아내도 철저히 순종했습니다. 그런데 사랑이 식으면서 대들기도 하고 거역을 하며 순종하지 않는 것을 보았습니다. 사랑이 식으면 순종하지 않습니다. 주님께 대한 여러분의 사랑이 식었기 때문에 사실은 전도하지 않는 것입니다. 무엇보다도 전도하러 가지 않는 이유는 복음의 가치를 이해하지 못하기 때문에 그렇습니다. 생명의 가치, 영혼의 가치를 알지 못하기 때문에 그렇습니다. 천하보다 소중한 목숨, 그래서 사도 바울은 생명보다 소중한 목숨이기 때문에, 나의 생명을 바쳐야 구원할 수 있는 목숨을 위해서 복음을 전하러 나섰던 것입니다.

왜 그 영혼들이 어두움 가운데 희망 없이 무가치한 삶을 삽니까? 우리가 복음을 통해 다 아는 바와 같이, 예수 안 믿는 사람들의 영혼은 참 비참합니다. 그저 어둡습니다. 무가치합니다. 우상을 숭배합니다. 바로의 억압 아래 있었던 이스라엘 백성들처럼 그들은 백내장에 걸린 사람처럼, 앞을 보지 못하는 비참한 삶을 살고 있는 것입니다. 그들이 숭배하는 것은 기껏해야 돈이고, 명예이고, 권세이고, 쾌락인 것입니다. 밑 빠진 독에 물 붓듯이, 끝없는 돈과 명예와 쾌락과 권세의 욕망에 사로잡혀서 계속 부어대면서도 아무 소득이 없는 그러한 삶을 살고 있는 것입니다.

명예라는 것, 50대가 넘으면 명예욕이 강하다고 하는데, 제가 가끔 그런 시험을 당합니다. 사람들이 저를 칭찬해 주기를 바라는 것 때문에 얼마나 자주 교만해지고, 마음이 상하는지 아십니까? 엊그제 길을 가다보니까 쥐 한 마리가 죽어 있었습니다. 그 쥐를 누가 기억하겠습니까? 쥐를 기억해 줄 사람은 쥐의 아들과 딸들이 기억하겠습니까? 그 쥐가 뭐 강호동처럼 힘이 세고, 오래 살았고, 머리가 비상해서 잘 피해 다녔고, 그런 것을 기억하겠습니까? 여러분, 우리의 찬란한 명예를 100년 후에 아마도 여러분 자손은 기억할 수도 있을 것입니다. 그러나 500년 뒤에 누가 여러분을 기억하겠습니까? 1,000년 후에 여러분의 이름을 누가 기억하겠습니까?

사람의 칭찬과 명예, 그것만을 위해 산다면 그러한 삶은 바로 지옥 가는 삶입니다. 지옥이 얼마나 비참한지는 가봐야 알겠지만, 주님께서 미리 지옥에 대하여 말씀하셨지 않습니까? 물 한 방울이라도 구걸하는 그런 비참한 삶이 지옥입니다. 그런데도 그들이 왜 지옥에 가야 되는 것입니까? 이 땅에서 왜 비참하게 살아야 합니까? 자기 딴에는 지혜롭게 산다고 생각하지만 가장 비참한 것이 예수 안 믿는, 복음을 듣지 못한 삶인데 말입니다. 그들을 살리는 비결이 무엇입니까?

"믿음은 들음에서 나며 들음은 그리스도의 말씀으로 말미암았느니라"(롬 10:17)

복음을 듣지 않고서는 절대로 믿음이 생길 수 없고, 믿지 않으면 구원 받을 길도 없습니다. 복음은 그만큼 가치가 있는 것입니다. 한마디를 외칠지라도 복음은 가치가 있는 것입니다. 이 세상의 비극은 비아그라는 알지만 복음은 모르고, 유명한 사람들은 알지만 왕 중의 왕이신 예수는 모른다는 사실입니다. 컴퓨터 게임은 알지만 복음을 전할 줄은 모른다는 것입니다. 컴퓨터는 잘하는데 당장 불러다 놓고 전도 좀 해 보라 부탁하면 할 줄 모르는 것, 그것이 크리스천, 특히 신학생들의 비극입니다.

전도의 원리에 대하여 우리가 여러 가지로 생각할 수 있겠습니다만, 전도에는 실패가 없습니다. 전도하는 사람은 인상이 좋아집니다. 구겨진 얼굴과 깡패 같은 표정으로 전도할 수 없기 때문에, 늘 겸손하고 온유하고 사랑이 가득한 얼굴로 전도하게 되기 때문에, 전도하러 나설 때는 기도하고 떠나기 때문에, 전도자들의 인상은 항상 온유하고 겸손하고 아름다운 얼굴을 유지할 수 있게 되는 것입니다.

복음을 전할 때 임마누엘을 체험합니다. 마가복음 16장 20절에 있는 것처럼 제자들이 복음을 증거하러 나가자 그 따르는 표적 즉 사인(sign)으로 역사하신 것처럼, 하나님께서 전도자와 함께하신다는 이 사인은 전도할 때 외에는 경험할 수 없습니다. 예수님께서 누가복음 10장 1절을 보면 가시려는 각동 각처로 보내셨다고 했습니다. 예수님께서 전도하러 보내실 때는 이미 그 자리에 가 계신 것입니다. 하나님이 함께하신다는 그 신비한 사인을 전도를 통해서 확인하고 즐기게 되는 것입니다.

왜 예수님께서 제자들을 갈릴리로 부르셨습니까? 갈릴리 상봉은 마태가 세 번이나 자주 강조한 것입니다. 마태복음 26장 32절에도 제자들을 모아 놓고 "내가 십자가에서 죽고 부활하면, 내가 먼저 갈릴리로 가 있을 테니까 갈릴리로 가라" 하셨고, 또 부활하신 다음에도 천사들이 여인들에게 "제자들에게 빨리 갈릴리로 가라 하라"고 말했던 것입니다. 왜 제자들을 갈릴리로 다시 부르시는 것입니까?

갈릴리는 첫사랑의 감격이 있었던 곳입니다. 예수를 처음 만났던 곳이고, 거기에서 예수를 만난 감격을 맛보았던 것입니다. 배반한 그들이 거기에서 주님을 만날 때 주님의 또 다른 사랑을 맛보게 될 것입니다. 전도는 그리스도의 사랑에 대한 감격이 없이는 불가능합니다. 주님께 받은 감격과 흥분, 그것이 없이는 사실 전도하러 갈 수 없습니다. 왜 갈릴리의 상봉을 예수님께서는 마련하신 것입니까? 그것은 또 다른 상봉을 예고하기 위한 것입니다.

"내가 만나자고 했던 장소로 나오라." 이것은 또 다른 '파루시아' ($παρουσία$)를 예고한 말씀입니다. 여기에는 열한 명의 제자만 왔습니다. 다시 말하면 가룟 유다는 실격했던 것입니다. 우리가 주님을 만나는 그 날을 '디데이'라 할 때 유다처럼 그 자리에 없을 사람이 많다는 것입니다. 예수님을 마지막으로 상봉하는 것은 결코 놓쳐서는 안 되는 것이고, 그 만남은 한쪽 눈으로라도 가야 되는 것이고, 한쪽 팔로라도 반드시 그 자리에는 있어야 되는 것이 우리의 기대요 목표인 것입니다.

왜 산으로 제자들을 부르시는 것입니까? 그 산은 '다볼 산'이라고들 말하는데, 아차산보다 두 배나 높습니다. 산에 올라가면 멀리 볼 수 있습니다. 땅 끝을 볼 수 있습니다. 인생의 끝을 볼 수 있고, 역사의 끝을 볼 수 있습니다. 비전을 갖게 하기 위해서 산으로 부르신 것입니다. 산에 올라갈 때 세상은 작아 보이고 예수님은 커 보이는 것입니다. 세상에 초연하기를 원하시는 것입니다. 세상은 이전투구의 현장입니다. 명예와 권세와 물질과 쾌락을 위해서 마치 똥통에서 싸우고 허우적대는 개들처럼, 이전투구하는 그러한 삶이 바로 세상인 것입니다. 그것을 떠나서 한번 산에 올라와 저 멀리 땅 끝을 바라보라는 것입니다.

여러분, 여러분의 목표는 무엇입니까? 여러분의 사명은 무엇입니까? 여러분, 잠언 25장 13절 말씀처럼 '충성된 사자'가 되어보지 않겠습니까? "충성된 사자는 그를 보낸 이에게 마치 추수하는 날에 얼음 냉수 같아서 능히 그 주인의 마음을 시원하게 하느니라"고 했는데, 우리 한번 주님의 마음을 시원케 해보고 싶지 않습니까? 저는 '007 영화'를 좋아하는데, 그 이유는 그 주인공이 반드시 사명을 완수하기 때문입니다. 우리가 주님께 그러한 기쁨을 드려야 되지 않겠습니까?

여러분, 참으로 주님을 사랑하십니까? 말로만 사랑하십니까? 그것은 예수 안 믿는 사람들도, 깡패도, 말로는 예수님을 사랑한다고 말합니다. 여러분은 기도할 때 얼마나 많은 사람의 이름을 불러가면서 기도합니까? 물론 제가 꼭 노방 전도를 해야 진짜 전도자라고 말하는 것은 아닙니다. 우리가 학업을 통해서, 여러 가지 구제와 봉사를 통해서도 전도할 수 있습니다. 그러나 그것은 참으로 직접 만나서 복음을 전하는 것에 비하면 아주 효력이 약한 것입니다.

바울은 "내가 복음을 전하지 않으면 화로다"라고 말했습니다. 복음을 전하지 않는 것은 죽어 가는 영혼을 외면하는 것입니다. 나만 홀로 천국 가려 하고, 천국을 알면서도 죽어 가는 한 혈통, 한 이웃을 외면한다는 것은 아주 못된 이기주의자입니다. 어디가 땅 끝입니까? 땅 끝은 어떤 사회주의자가 말한 대로 가난한 자를 가리킵니까? 가난한 자를 구제하는 것도 땅 끝일 수 있습니다. 그러나 진정 땅 끝은 복음을 듣지 못한 캄캄한 영혼, 그 지대로 가는 것, 거기가 땅 끝입니다. 적어도 주말에는 전화기를 들고, 아는 사람, 교회 안 나가는 사람에게 전도해야 할 것입니다. 선교사들을 위한 기도도 해야 할 것입니다.

존 스토트는 "현대 크리스천의 죄가 있는데, 그것은 바로 침묵하는 죄"라고 했습니다. 마틴 루터 킹 목사는 이런 말을 했습니다. "아, 모든 비극 중에서 최악의 비극은 젊어서 죽는 것이 아니라, 75세까지 살지만 진정으로 살아보지 못하는 것, 그것이 가장 큰 비극이다." 꿈이 없는 삶, 전도하지 못하는 삶, 그것이 비극입니다.

■ 주후 1999년 10월 12일 화요일 채플

12

전도자의 꿈 II

웃시야 왕이 죽던 해에 내가 본즉 주께서 높이 들린 보좌에 앉으셨는데 그의 옷자락은 성전에 가득하였고 스랍들이 모시고 섰는데 각기 여섯 날개가 있어 그 둘로는 자기의 얼굴을 가리었고 그 둘로는 자기의 발을 가리었고 그 둘로는 날며 서로 불러 이르되 거룩하다 거룩하다 거룩하다 만군의 여호와여 그의 영광이 온 땅에 충만하도다 하더라 이같이 화답하는 자의 소리로 말미암아 문지방의 터가 요동하며 성전에 연기가 충만한지라 그 때에 내가 말하되 화로다 나여 망하게 되었도다 나는 입술이 부정한 사람이요 나는 입술이 부정한 백성 중에 거주하면서 만군의 여호와이신 왕을 뵈었음이로다 하였더라 그 때에 그 스랍 중의 하나가 부젓가락으로 제단에서 집은 바 핀 숯을 손에 가지고 내게로 날아와서 그것을 내 입술에 대며 이르되 보라 이것이 네 입에 닿았으니 네 악이 제하여졌고 네 죄가 사하여졌느니라 하더라 내가 또 주의 목소리를 들으니 주께서 이르시되 내가 누구를 보내며 누가 우리를 위하여 갈꼬 하시니 그 때에 내가 이르되 내가 여기 있나이다 나를 보내소서 하였더니 (사 6:1-8)

하나님 앞과 살아 있는 자와 죽은 자를 심판하실 그리스도 예수 앞에서 그가 나타나실 것과 그의 나라를 두고 엄히 명하노니 너는 말씀을 전파하라 때를 얻든지 못 얻든지 항상 힘쓰라 범사에 오래 참음과 가르침으로 경책하며 경계하며 권하라 때가 이르리니 사람이 바른 교훈을 받지 아니하며 귀가 가려워서 자기의 사욕을 따를 스승을 많이 두고 또 그 귀를 진리에서 돌이켜 허탄한 이야기를 따르리라 그러나 너는 모든 일에 신중하여 고난을 받으며 전도자의 일을 하며 네 직무를 다하라 전제와 같이 내가 벌써 부어지고 나의 떠날 시각이 가까웠도다 나는 선한 싸움을 싸우고 나의 달려갈 길을 마치고 믿음을 지켰으니 이제 후로는 나를 위하여 의의 면류관이 예비되었으므로 주 곧 의로우신 재판장이 그 날에 내게 주실 것이며 내게만 아니라 주의 나타나심을 사모하는 모든 자에게도니라 (딤후 4:1-8)

지난 1학기 똑같은 제목으로 설교했기 때문에 의아하게 생각하는 분이 있을 줄 압니다. '전도자의 꿈, 후편' 입니다. 제가 그때 할 말을 다 못했기 때문에, 마치 콩밭을 매다가 중단한 기분으로 단을 내려온 것 같았습니다. 그래서 2학기가 되면 후편을 선포해야겠다는 생각을 했습니다.

조지 휫필드라는 부흥사는 부흥회 때마다 연속해서 '회개하라'는 제목으로 설교를 했는데, 가방을 들고 다니던 집사님이 진력이 났습니다. 너무나 자주 회개하라는 소리를 들었기 때문입니다. 그래서 목사님한테 "언제 그 회개하라는 설교를 그만두실 겁니까?"라고 물으니까, "당신이 회개할 때까지"라고 말했답니다.

사실 지난 학기에도 말했지만, 저의 이상은 사도 바울처럼 전천후적으로, 때를 얻든지 못 얻든지, 언제 어디서나 전도할 수 있는, 전도를 즐기는 차원에 이르기를 바라는 것이고, 아마도 이것은 저 자신을 향하여 다시 한 번 경고하는 설교라고 할 수 있습니다. 이번 설교는 그 경지에 도달하기 위한 하나님께서 주시는 하나의 채찍이 아닌가 생각하는 것입니다. 그 이상의 행복이 어디 있겠습니까? 언제 어디서나 모든 사람에게 기쁨으로 만나는 모든 사람에게 "예수 믿으라"고 말할 수 있는 그 경지, 사도 바울처럼 앉으나 서나, 넘어져도, 자빠져도, 일어서서도, 목욕탕에서도, 광야에서도, 감옥에서도, 바다에서도, 강에서도, 산에서도, 어디서든지 복음을 전했던 사도 바울, 참 그것은 얼마나 큰 행복의 경지이겠습니까?

지난번 설교를 마치고 많은 분들이 저를 찾아와 이런 이야기를 했습니다. 도전을 많이 받았다고 합니다. 물론 인사와 덕담으로 주신 말씀으로 봅니다만, 저는 도전한 일이 없는데 도전을 받았다고 하십니다. 지난번 똑같은 제목의 설교에서 '기독교인에게 있어서 전도는 궁극적인 사명이다. 기독교인의 정체는 전도자다'라는 말씀을 드렸습니다. 마태복음 28장에 의하면 주께서 제자들에게 마지막으로 주신 지상 명령이기 때문에, 하늘과 땅의 모든 권세를 가지신 그분이 최후로 주신 최고의 명령이기 때문에, 그것은 반드시 이행해야 되는 사명이라는 요지로 말씀을 드렸습니다. 그 중차대한 사명을 완수하지 못하면, 아무리 우리가 무엇을 한다 해도, 박사 학위가 10개라도, 연주를 100회를 거듭해도 아무 소용이 없다는 말씀도 드렸고, 그런 의미에서 전도는 기독교인의 부업이 아니라 본업이고, 우리가 하는 공부나 교수나 의사나 노래 부르는 그 모든 것은 부업에 불과한 것이라는 말씀도 드렸습니다.

왜 전도를 해야 합니까? 전도하지 않는 이유는 우선 하나님의 뜻에 대한 무지 때문에, 또 세상에 너무나 즐길 것이 많아서, 가볼 것, 해볼 것들이 너무 재미있기 때문에 전도를 하지 않거나 때로는 '미쳤다'는 비난이 두려워서, 무엇보다도 예수 그리스도를 사랑하지 않기 때문에, 또는 예수 그리스도에 대한 사랑이 식었기 때문에, 예수 그리스도를 처음 만났던 그 감격을 망각했기 때문에 전도를 하지 않는다는 말씀도 드렸습니다.

전도의 유익은 비로소 내가 전도할 때 예수의 제자 된 감격을 맛본다고 말씀드렸고 또 전도할 때에야 주께서 말씀하신 대로 임마누엘의 체험을 하게 되고, 전도에 따라붙는 표적도 목격할 수 있는 특권을 누리게 된다는 것도 말씀드렸습니다.

전도자의 자격 조건에 대해서도 언급했습니다. 마태복음 28장을 보면 예수님께서 제자들을 갈릴리로 다시 부르신 이유는, 그곳이 첫사랑을 얻었던 곳이고, 또 첫사랑을 회복할 수 있는 곳이기 때문에 사랑으로 재무장시키기 위하여 갈릴리로 부르셨고, 다른 복음서 저자들, 특히 누가복음과 사도행전에서는 주께서 부활하신 다음에 마지막으로 예루살렘에서 제자들을 만나는 것으로 보도하는데, 마태는 특별히 이 갈릴리를 중요시했다는 말씀도 드렸습니다. 또 산으로 부르신 이유는 산에 올라가면 땅 끝이 보이고, 역사의 종말과 개인의 종말도 보이고, 이 종말론적인 신앙, 그것이 우리로 하여금 전도하게 하기 때문에 제자들을 그렇게 무장시키기 위하여, 특히 이전투구의 세상에서 초연하는 자세를 갖도록 하기 위하여 갈릴리의 한 산으로 제자들을 부르셨다는 요지의 말씀을 드렸습니다.

우리의 문제는, 전도는 좋은 것이고 해야 되는 것인데도 언제, 어떻게 할 것인가에 대한 노하우의 문제입니다. 거기에 대해서는 지난번에 제가 시간이 없어서 말씀을 드리지 못했습니다. 아마 오늘도 제가 다 속시원히 말씀드리지 못할 것으로 생각하는데, 전도에 대해서는 참으로 드릴 말씀이 많습니다.

전도의 방법에 대해서는 이런 말씀을 드릴 수 있겠습니다. "한번 하기로 맘 먹으면 방법은 수천수만 가지가 있다." 그것을 궁극적인 목표로 삼는다면, 방법은 전도의 영이신 성령께서 일러주시기 때문에 수만 가지가 있을 수 있다는 것입니다.

제가 다니던 에모리 대학은 코카콜라 대학이라는 별명이 붙어 있는데, 체육관과 의과대학을 비롯한 모든 건물들이 코카콜라 사장이 기증한 돈으로 지었기 때문입니다. 그런데 이 코카콜라가 세계 음료계를 석권하고, 펩시콜라가 추종을 하려고 애쓰지만 아직도 코카콜라를 능가하지 못하고 있습니다. 중국 음료 시장도 코카콜라(가구가와)가 정복한 것을 제가 중국에 갔을 때 확인했습니다. 코카콜라 회장이 그런 말을 했다고 하지 않습니까? "내 혈관 속에는 코카콜라가 흐른다." 자기 혈관 속에는 피가 흐르는 것이 아니라 코카콜라가 흐른다는 것입니다. 오매불망 코카콜라가 세계 음료계를 정복하는 방법을 생각한 것입니다. 목표를 정하니까 방법은 그렇게 수만 가지로 나올 수 있었던 것입니다.

오늘은 특별히 제가 구약 교수이지만 신약에 초점을 맞추어서, 나아가 바울에게 초점을 맞추어서, 간접적으로 이사야 이야기도 하겠습니다만, 어떻게 전도할 것인가를 말하려고 합니다. 바울처럼 하자는 것입니다. 디모데후서 4장에서 사도 바울이 디모데에게 말할 때는, 사실 간접적이지만 "네가 전도인의 일을 해라 때를 얻든지 못 얻든지 항상 힘쓰라"고 말할 때에는 '내가 이미 그렇게 했다' 는 것이고, 그러므로 '너도 나처럼 하라' 는 의미가 포함되어 있습니다.

바울이야말로 전도의 챔피언이요, 전도의 대가요, 전도학의 권위자요, 전도의 원형이요 모델로서, 아마 요즘 말로 하면 전도학 Ph. D.를 취득한 사람이라고 할 수 있습니다.

우리가 이 본문을 읽으면서 여러 가지를 생각하게 되는데, 제가 주석을 잠깐 보니까, 이 디모데후서 4장은 사도 바울의 마지막 유언과 같은 명령이었습니다. 우선 신약성경의 13개 정도 서신들이 사도 바울의 이름으로 되어있습니다만, 가장 마지막으로 쓴 책이 이 디모데후서일 것으로 봅니다. 그러니까 마지막으로 쓴 책, 아마도 주후 66년에 이 책이 쓰인 것으로 보는데, 그가 67년에 로마 감옥에서 순교를 했으니까 죽기 1년 전에 쓴 책이고, 그런 의미에서 예수님께서 갈릴리에서 제자들에게 마지막 유언으로 지상 명령을 주신 것처럼(마 28장) 바울도 그 유언의 요지가 바로 전도를 하라는 것으로, 디모데뿐만 아니라 예수 그리스도를 따르는 모든 성도와 제자들에게 주신 지상 명령인 것입니다.

여기서 강조되는 것은 여러 가지로 말할 수 있겠지만, 2절에 있는 말씀 '때를 얻든지 못 얻든지' 라는 말이 두드러지게 눈에 띄는 것입니다. 때를 얻든지 못 얻든지 힘쓰라는 것입니다. '유카이로스 아카이로스' ($εὐκαίρως\ ἀκαίρως$)라는 말은 '카이로스' ($καίρως$) 즉 하나님이 정한 때라고 생각되든, 그때가 아니라고 생각되든, 즉 자기가 생각할 때 이때는 전도할 때가 아니라고 생각될 때에라도 전도에 힘쓰라는 것입니다. 좋은 때든 나쁜 때든, 전도의 기회는 '언제든지'라는 것입니다.

노삼헌 목사님이 주장하는 전도학의 원리 가운데 하나는 기독교인이라면 누구나 예수를 믿는 순간부터 원하든 원치 않든 전천후로 항상 전도를 하게 된다는 것입니다. 노삼헌 목사님에게 한번 특강이든 사경회이든, 아니면 한 학기 동안 전도학을 강의할 수 있는 기회를 드렸으면 좋겠습니다. 장신대 학생이라면 반드시 의무적으로 그분의 전도학 강의를 들을 수 있도록, 그래서 모든 신학생들이 졸업할 때는 전도에 관하여는 자신을 가질 수 있도록 무장하는 것이 필요하지 않겠는가 생각합니다.

그분은 전도학을 강의할 때 교인들에게 그런 질문을 한답니다. "예수 믿은 지 몇 년이나 되셨습니까?" 그러면 어떤 권사님은 "한 20년 되었지요"라고 대답하게 마련이고, 이때 다시 "그러면 권사님은 몇 명이나 전도하셨습니까?"라고 묻는답니다. 이 질문에 대하여 그 권사님은 "제가 부족해서요. 세 명 정도밖에 못했어요"라고 대답하는데, 이것은 잘못된 대답이라는 것입니다. 그 정답은 이렇게 해야 된다는 것입니다. "목사님, 그 많은 수를 어찌 다 기억합니까?"

대개의 교인들은 믿지 않는 사람을 교회로 인도해야만 참 전도라고 잘못 생각한다는 것입니다. 노삼헌 목사님의 주장에 의하면, 불신자를 교회로 인도하는 것만이 전도가 아니고 말과 행동으로 자신이 예수 믿는 사람임을 드러냈을 때, 또 "예수 믿으라"는 말 한마디 안 했어도 성경 찬송을 들고 교회로 걸어오는 모습을 사람들이 보았을 때 그것도 전도라는 것입니다. 그렇게 생각하면 우리가 알게 모르게 얼마나 전도를 많이 하는 것입니까? 불신자들은 예수 믿는 사람들을 눈여겨봅니다. 우리가 교회를 드나들 때, 우리를 바라보는 모든 사람들에게 이미 예수를 전도하고 있는 것입니다. 이런 관점에서 우리는 부끄러운 한국 교회의 현실을 생각하면 창피한 것도 있고 부끄러운 것도 많은 것이 사실입니다.

지난번 신대원 사경회 때 김진홍 목사님께서 그런 말을 했지 않습니까? 어떤 한국인이 이렇게 말한답니다. "우리나라가 망하게 되었다. 기독교인들 때문에 나라가 망하게 되었다. 큰 사건들이 터질 때마다, 예를 들면, 옷 로비 사건이나, 공금 횡령, 세금 포탈, 불법 선거, 사치 향락, 이런 대형 사건들의 뒤에 가보면 거기엔 기독교인들이 있었다. 그런 관점에서 참 얼마나 부끄러운지 모르겠다. 이런 상황에서 우리가 어떻게 사람들에게 예수를 믿으라고 말하겠는가?"

그럼에도 불구하고 본문에서, 사도 바울은, 그리고 주님과 성령께서는, 우리에게 언제 어디서나 전도하라고 명령하고 계십니다. 전도를 못하게 막는 것은 마귀의 작전입니다. 마귀는 기독교인만 공격합니다. 불신자들은 이미 함께 지옥에 갈 백성들이기 때문에 아무리 비행을 저지르고, 정말 속된 말로 '개차반' 같은 생활을 해도 고발하지 않는 것입니다. 기독교인의 비행만을 고발하는 것입니다. 그래서 전도하지 못하게 하는 것입니다. 예수 믿는다는 말을 못하게 하는 것, 기독교를 거짓 종교로 악선전할 목적으로 모든 수단과 방법을 동원하는 것이 바로 마귀의 작전입니다.

우리는 영의 눈을 열어서 이 상황을 직시해야 될 것입니다. 우리의 싸움은 혈과 육에 대한 것이 아니요, 하늘의 악한 영들에 대한 것이고, 악한 영들과 적군들은 쉬지 않고 사역하는데, 우리 아군들은 놀면서 잠만 자고 있다면, 그것은 스스로 마귀의 작전에 지는 것이라 할 수 있습니다.

우리가 때를 얻든지 못 얻든지 전도해야 하는 이유는 바로 예수 믿지 않는 영혼들의 영적 굶주림과 목마름을 알기 때문입니다. 빌리 그레이엄 목사님은 전도 집회를 한 다음 반드시 끝 부분에서 처음 온 사람들로 하여금 결심을 하도록 하지 않습니까? 어떤 사람이 그분에게 왜 그와 같은 의식을 반드시 거행하느냐고 물으니까, 이렇게 대답했다고 합니다. "나는 저들을 볼 때마다, 안 믿는 사람들을 볼 때마다, 나이아가라 폭포에 떠내려가는, 폭포가 있는 줄도 모르고 거기서 뱃놀이를 하다가 떠내려가는 사람들로 생각한다."

위기 일발의 비참한 최후를 앞두고 있는 사람들, 이것이 바로 불신 영혼들의 비참한 상황이기 때문에 그렇게 한다는 것입니다. 사실상 예수 안 믿는 사람들의 경우, 복음을 듣지 못한 상태에서 30년을 살았다면, 그는 30년 동안 영적으로 굶은 것과 같습니다. 실제로 그들은 애타게 복음을 기다린다는 것입니다. 육신적으로 풍요로우면 풍요로울수록 영적으로는 빈곤해진다는 것이 바로 성경이 말하는 증거입니다.

요즘 홍수가 나서 물난리로 곡식이 썩는 것을 보지 않습니까? 그들이 겉으로는 잘살고 풍요로운 것 같지만, 산과 들로 떠돌아다니며 즐기려 하지만, 실상 마음은 갈급한 상태에 있고 전도를 받을 준비가 되어 있다는 것입니다. 예수님께서도 곡식이 희어져 누렇게 익은 들판을 보여주시면서 어서 속히 추수할 일꾼을 보내 달라고 기도하라고 하시지 않았습니까? 잠시라도 추수철이 지나가면 싹이 나고 곡식이 상하여 못쓰게 되는 것입니다.

무엇보다도 기독교인들이 언제나 전도해야 되는 이유는, 전도할 때 우리의 신앙이 'survive' 할 수 있기 때문입니다. 우리가 살아남기 위해서, 사도 바울이 로마서 10장 9절 이하에서 말한 것처럼, '사람이 입으로 시인하여 구원에 이르기' 때문입니다. 우리가 입으로 예수님을 그리스도 메시아로 시인함으로써 구원의 상태를 지속하게 되는 것입니다. 예수를 시인하지 않으면 그것은 예수를 거부하는 것입니다. 전도는 곧 예수를 시인하는 행위입니다.

유대인의 전설 가운데 이런 에피소드가 있지 않습니까? 소돔과 고모라가 망할 때 롯의 식구 말고 또 다른 전도자가 있었다고 합니다. 그가 소돔 성문에 앉아서 지나가는 사람들한테 "회개하시오! 회개하시오! 소돔 성이 망합니다. 심판을 받습니다"라고 하루종일 외쳤지만, 한 사람도 그의 말을 듣지도, 쳐다보지도 않았답니다. 그때 어떤 소년이 다가와 "아저씨, 아무도 듣지 않습니다. 한 사람도 변화하지 않지 않습니까? 회개하는 사람이 한 사람도 없지 않습니까? 무엇하러 그 짓을 하고 있습니까?"라고 물었답니다. 그때 그 전도자가 대답하는 말은 "내가 그들을 변화시키려는 것이 아니라, 그들이 나를 변화시키지 못하도록 하기 위해서이고, 무엇보다도 내가 회개하라고 외치는 동안 적어도 나는 소돔 사람처럼 되지 않기 때문에, 즉 내가 살기 위해서 나는 외친다"라고 했다는 것입니다.

제가 '때를 얻든지 못 얻든지' 이런 모토를 가지고 하루에 적어도 한 사람 이상, 예수 안 믿는 사람들에게, 순전히 예수 안 믿는 사람들에게, 전도해야겠다는 결심을 하고 생활하고 있는데, 그렇게 하다보니까 제가 기도하게 됩니다. 제가 설교를 하기 위해서 긴장된 마음으로 기도하듯이, 내가 오늘 적어도 한 사람에게 전도해야겠다는 마음이 저로 하여금 긴장하게 하고, 기도하게 하고, 경건하게 하고, 절제하게 하고, 언행을 조심하게 하는 모습을 스스로 보게 느끼게 됩니다. 우리가 초대교회의 순수한 신앙을 지키는 비결, 즉 이 혼탁한 세상에서 쾌락을 추구하며 떠밀려가는 사람들 가운데에서, 살아남기 위한 그런 방법이 바로 전도이기 때문에, 우리는 때를 얻든지 못 얻든지 전도해야 되는 것입니다.

21세기는 어떤 시대가 될 것 같습니까? 또 다른 천년, 그것은 참으로 풍요로운 시대가 될 것이고, 분명히 로마 제국처럼 쾌락을 추구하는 세상이 될 것이고, 우리를 유혹하는 것이 더욱 많아지고, 마귀는 더욱 거세게 우리를 유혹할 것입니다. 내 자신이 유혹을 받지 않고 세속화되지 않는 길이 바로 전도입니다.

여러분은 기독교인입니까? 진정으로 그리스도의 제자입니까? 아직도 예수 그리스도께 부끄럽지 않습니까? 무엇이 주님을 기쁘게 하는 삶입니까? 주께서 누가복음 15장에 우리에 있는 아흔아홉 마리보다 잃어버린 한 마리의 양을 찾았을 때 목자에게는 더 큰 기쁨이라고 말씀하셨습니다. 주께서 이사야에게 "우리를 위하여 누가 갈꼬"라고 물으셨을 때, 이사야는 어린아이 같은 대답을 하고 있습니다. "제가 여기 있지 않습니까. 나를 보내주소서."

제가 어렸을 때, 크리스마스가 되면 연극이나 노래 순서에 저를 뽑아 주지 않아서 늘 섭섭했는데, 간혹 연극이나 합창에서 조연이라도 시켜주면 그렇게 기쁘고 감사했는데, 사실 이사야는 지금 자기가 해야 될 일이 뭔지도 모르고 지금 자신을 보내달라는 것입니다. 그다음에 읽어보면, 그는 나중에 벌거벗고 다니면서 상징적으로 전도하였고, 마침내는 므낫세에게 톱으로 몸이 잘려 순교하지 않습니까?

사도행전은 사실상 미완성 작품으로서, 앞 부분에는 베드로의 사적이 소개되고, 11장부터는 바울의 전도 사역이 시작되어 28장까지 이어지는데, 그 나머지는 'open end'인 것입니다. 그 나머지를 누가 써야 하겠습니까? 그 사도행전 후반부의 주인공은 누가 될 것입니까? 그것은 여러분을 위해 하나님께서 열어 놓으신 것입니다. 그 이상의 영광이 없는 것입니다. 지금이야말로 모든 사람들이 영적으로 굶주려 있는 갈급한 세상입니다. 황금 들판처럼 우리의 추수를 기다리고 있는 것입니다.

슈테른 베르크의 〈이 사람을 보라〉라는 제목의 그림 가운데서 예수님은 가시관을 쓴 채로 서 계십니다. 이 그림의 하단에는 "나는 너를 위해서 이 몸을 주었건만 너는 나를 위해서 무엇을 주느냐"라는 문구가 기록되어 있습니다. '이 사람을 보라' 라는 말을 저는 '사도 바울을 보라' 는 말로 바꾸고 싶습니다. 사도 바울이 있지 않습니까? 여러분은 사도 바울을 생각하지 않습니까? 그는 주님을 기다린 사람입니다. '파루시아'(παρουσία)를 기다린 사람이기에 땅 끝까지 가려고 했던 것입니다. 복음이 땅 끝까지 이르러야 주님이 오시기 때문입니다. 그의 이름을 사울에서 바울로 바꾸었던 것입니다. '작은 자', 그가 키가 작아서 그랬는지는 알 수 없지만, 하여튼 주님과 사람 앞에 작은 자가 되려 했던 것입니다.

복음을 전하기 위해서 그는 생명까지 바쳤던 것입니다. 생명의 가치는 소중하기 때문에, 생명을 바쳐야만 남의 생명을 구원할 수 있기 때문에, 그는 본문에 있는 것처럼, "관제와 같이 부음이 되려" 했던 것입니다. 제단 위에 포도주를 붓듯이 자기의 피를 제단 위에 붓는 심정으로 전도에 올인하였던 것입니다.

고린도후서 11장 24-27절에 보면, "유대인들에게 사십에서 하나 감한 매를 다섯 번 맞았으며 세 번 태장으로 맞고 한 번 돌로 맞고 세 번 파선하고 일 주야를 깊은 바다에서 지냈으며 여러 번 여행하면서 강의 위험과 강도의 위험과 동족의 위험과 이방인의 위험과 시내의 위험과 광야의 위험과 바다의 위험과 거짓 형제 중의 위험을 당하고 또 수고하며 애쓰고 여러 번 자지 못하고 주리며 목마르고 여러 번 굶고 춥고 헐벗었노라"라고 바울은 고백했습니다.

    그는 주께서 재림하실 때 의의 면류관을 씌워 주실 것을 바라보면서, 당시 땅 끝으로 알고 있었던 스페인까지 가기 위해서 먼저 로마로 갔던 것입니다. 그가 마지막 로마로 가는 장면은 죄수로 가지 않습니까? 그의 삶의 궁극적인 목표는 전도였기 때문입니다. 그의 얼굴에 수심이 있었습니까? 근심이 있었습니까? 고통이 있었습니까? 항상 감사와 기쁨으로 충만했습니다(살전 5:16-18). 여러분은 어떤 모습으로 주님을 만나려 하십니까? 주님이 오실 날이 가까이 다가오고 있습니다.

■ 주후 2000년 4월 28일 오전 11시 15분 채플

13

부활과 영생의 비전

그 때에 네 민족을 호위하는 큰 군주 미가엘이 일어날 것이요 또 환난이 있으리니 이는 개국 이래로 그 때까지 없던 환난일 것이며 그 때에 네 백성 중 책에 기록된 모든 자가 구원을 받을 것이라 땅의 티끌 가운데에서 자는 자 중에서 많은 사람이 깨어나 영생을 받는 자도 있겠고 수치를 당하여서 영원히 부끄러움을 당할 자도 있을 것이며 지혜 있는 자는 궁창의 빛과 같이 빛날 것이요 많은 사람을 옳은 데로 돌아오게 한 자는 별과 같이 영원토록 빛나리라 다니엘아 마지막 때까지 이 말을 간수하고 이 글을 봉함하라 많은 사람이 빨리 왕래하며 지식이 더하리라 (단 12:1-4)

내가 그리스도와 그 부활의 권능과 그 고난에 참여함을 알고자 하여 그의 죽으심을 본받아 어떻게 해서든지 죽은 자 가운데서 부활에 이르려 하노니 내가 이미 얻었다 함도 아니요 온전히 이루었다 함도 아니라 오직 내가 그리스도 예수께 잡힌 바 된 그 것을 잡으려고 달려가노라 형제들아 나는 아직 내가 잡은 줄로 여기지 아니하고 오직 한 일 즉 뒤에 있는 것은 잊어버리고 앞에 있는 것을 잡으려고 푯대를 향하여 그리스도 예수 안에서 하나님이 위에서 부르신 부름의 상을 위하여 달려가노라 (빌 3:10-14)

복음성가 "생명수 흐르는 강"(김문제 작사 작곡)을 불러주신 성가대 여러분께 특별히 감사를 드립니다. 제가 이 곡을 너무나 좋아해서 신청했습니다. 여러분도 혹시 나중에 한번 불러 보시면 좋을 것입니다. 제가 지난번 안식년으로 미국에 가서 지낼 때 어느 교회 성가대가 이 찬송가를 불렀는데 역시 은혜롭고 감동적이었습니다. 이 성가는 제가 오늘 설교할 내용과도 연관이 되어 특별히 부탁을 한 것입니다.

'부활과 영생의 비전' 이라는 설교 제목을 들으시면서 약간 의아하게 생각하시는 분들이 계실 줄 압니다. 제가 이와 비슷한 설교를 이 채플에서 세 번째 하는 것 같습니다. 부활과 영생의 소망' 그리고 '엠마오로 가

는 길'이라는 제목으로 설교한 것을 기억합니다. 제가 꼭 이맘때쯤 부활절을 전후하여 채플 설교를 맡게 되는데, 정말 놓치기 싫은 것이 부활의 소망이기 때문입니다.

현대 한국 교회들을 돌아보면 대개 부활절에만 부활의 메시지를 전하고, 그다음에는 마치 12월 25일까지만 크리스마스캐럴을 부르다가 더 이상 부르지 않는 것처럼, 부활에 대한 설교가 강단에서 사라지는데, 제가 생각하기에 부활과 종말에 대한 사상은 너무나 소중하므로 이와 같은 종말론적 메시지를 재차 선포하게 되는 것입니다.

부활 신앙은 아마 기독교 진리 가운데 가장 놀랍고 신비한 사상적 클라이맥스로서, 말하자면 기독교 신앙의 핵심 진리가 여기에 엑기스 형태로 집약되어 있다는 생각을 하게 됩니다. 우리가 읽은 다니엘서를 보통 묵시 문학이라 부르는데, 예언 문학이 한 단계 더 발전하면 묵시 문학까지 최종적으로 귀착하게 되며, 이 묵시 문학의 핵심에 부활 신학이 자리잡고 있고, 그 부활 신학 안에는 또다시 창조 신학과 구원 신학과 해방 신학 등의 첨단 신학들이 집중적으로 포진하고 있기 때문에 부활 신학은 그만큼 중요한 것입니다.

이 부활 신앙 때문에 바울은 목숨을 걸고 전도하면서 로마까지 줄기차게 달려갈 수 있었던 것입니다. 빌립보서 3장 10절 이하에 보면, 그의 목표는 어찌하든지 예수 그리스도께 잡힌 것, 곧 그 부활에 이르려는 것으로서, 이를 위해서 그는 결혼도 하지 않고, 1만 6천 킬로미터 이상의 전도 여행을 감행하였으며, 이 세상에서 예수님 다음으로 복음을 위해서 고난을 당해야 하겠다 하는 각오로 "그리스도의 남은 고난을 내 육체에 채우노라……"(골 1:24)고 선언할 수 있었던 것입니다.

예수께서 부활 승천하신 뒤에 초대교회가 탄생되는데, 이 초대교회도 결국 주님의 부활을 선포하기 위해서 주께서 부활하신 안식 후 첫날, 즉 '주일'(The Day of the Lord/욤 아도나이)에 모이기 시작한 것입니다. 그 후 초대교회는 200년 이상 카타콤, 즉 로마의 지하 동굴에서 두더지 생활을 하면서 온갖 고통을 감내할 수 있었던 동기도 바로 이 부활 신앙 때문이 었고, 이 사상과 진리가 마침내 로마 제국을 정복하여 기독교 국가가 되게 했던 것입니다.

며칠 전 한경직 목사님께서 돌아가신 것을 보면서 많은 생각을 하게 됩니다. 1950년 이후 가장 위대한 목회자, 최근에 이분보다 더 영향력있는 훌륭한 목회자를 찾아볼 수 없을 정도로 한경직 목사님은 위대한 목사님인 것을 매스컴을 통해서 실감합니다. 그는 집 한 채, 땅 한 평도 갖지 않았고, 그가 종교의 노벨상이라 불리는 템플턴상을 받으셨을 때 인사하는 자리에서 "저는 과거에 신사 참배를 한 죄인입니다"라고 고백할 수 있을 정도로 진실하고 겸손하셨던 분입니다. 그에게는 한마디의 스캔들도 없었습니다. 대개 큰 교회 목사님들에겐 스캔들이 있지 않습니까? 그리고 제가 기억하기로는, 한경직 목사님께서 한 번이라도 얼굴에 화내시는 모습을 본 적이 없습니다.

제가 한 목사님의 설교집을 많이 읽었는데, 특히 미국에서 목회하며 설교 준비할 때 자주 참고했습니다. 그분의 설교집이 12권으로 되어 있었는데, 폐일언하고 그분의 설교집에서 제가 받은 인상을 생각할 때 그분의 설교에도 부활에 대한 메시지가 강하게 들어 있었습니다. 부활 신학을 갖고 있으니까 스캔들이 없는 것입니다. 부활 신앙이 있으니까 집 한 채, 땅 한 평 갖지 않는 것입니다.

이번에 우리 선교지 답사팀이 인도네시아에 가서 깊은 감동과 깨달음과 은혜를 받고 돌아왔는데, 가장 기억에 남는 일은 40세를 넘긴 두

분의 처녀 선교사님들이었습니다. 송광옥 선교사와 김영숙 선교사님인데, 송 선교사님은 인도네시아 깔리만따르에서, 그리고 김 선교사님은 바탐에서 사역하고 계셨습니다. 두 분 다 어느 전도사님의 표현을 빌리면, 절세의 미녀들입니다. 그분들의 말에 의하면, 자기들과 결혼하자고 따라오는 스토커들이 그렇게 많다고 합니다. 그래서 우리 전도사님들이, 매혹적인 미인들이신데, 가끔은 결혼에의 유혹을 받지 않느냐, 왜 그렇게 오지에서 결혼도 않고 허송세월(?) 하느냐고 질문했습니다. 자세한 대답을 듣지 못했습니다만, 틀림없이 부활에 대한 소망이 그들로 하여금 그와 같은 독신 선교사의 삶을 선택하게 했다는 생각을 합니다. 이 부활 신앙이야말로 참으로 엄청난 위력을 갖고 있고, 우리로 하여금 엄청난 인내와 절제와 경건에로 몰입하게 하는 것입니다.

제가 오늘 중점적으로 강조하고 싶은 것은, 부활 신앙을 갖게 되는 것 자체가 하나의 신비요 기적이라는 것입니다. 그래서 이 부활에 대한 믿음은 아무나 그렇게 쉽게 깨닫기 힘든, 하나님께서 선택하신 사람에게만 주시는, 일종의 특별한 은사라는 사실입니다.

두 주 전에 여러분의 선배 가운데 한 사람인 김주환 학생이 하버드 대학교에서 Th.M.을 마치고, 그다음 단계로 Ph.D. 학위를 위하여 여러 대학에 접수했는데, 하버드와 시카고와 또 다른 어느 대학으로부터 합격했다는 소식을 듣고 제게 물어왔습니다. "세 군데 다 장학금을 주면서 들어오라고 하는데 어디를 가야 합니까?"

말이 그렇지, 하버드에서 박사 학위를 취득할 수 있다면 그것은 보통 명예가 아닙니다. 그래서 제가 "이왕이면 하버드에 들어가라. 우리 졸업생들 가운데 하버드 출신이 없으니까, 특히 신약학 Ph.D.를 전공해라" 했더니, 그 김주환 전도사가 자기는 Ph.D.는 하지 않겠다는 대답이었습니다. "왜 그러느냐?"고 물으니, 자기는 Th.D.를 취득하려 하는데, 현재 미국에서 Ph.D.를 소지한 신학 교수 가운데 예수 부활의 역사성을 믿는 사람이 없다는 것입니다. 한 사람도 없다고 합니다. 그게 두렵다는 것입니다. 하버드 대학의 Ph.D., 얼마나 명예로운 박사 학위입니까? 얼마나 성경을 많이 읽었겠습니까? 그런데도 어찌하여 부활 신앙을 못 믿는 것입니까? 그게 신비가 아닙니까?

그래서 저는 이런 생각을 했습니다. "부활 신앙은 은혜다. 하나님의 특별한 선물이다. 아무나 믿어지는 진리가 아니다."

마치 "허준"이라는 드라마에 나오는 유도지처럼, 그 유도지라는 사람은 도저히 허준을 이해할 수 없는 것입니다. 스타일이 다른 것입니다. 인생 철학이 다른 것입니다. 과거 보러 허준과 같이 한양으로 올라가는데, 그 많은 병자가 의사인 줄 알고 몰려오는데, 허준은 그들을 고쳐 줘야 맘이 편한 것입니다. 그게 의사의 도리라고 믿는 것입니다. 그런데 유도지는 다릅니다. 나중에 왕비의 남동생이 구안와사에 걸려 입이 돌아간 상태에서 유도지는 3일이면 고칠 수 있는데도 7일 걸린다고 말하면서, 3일 안에 이 병을 고치는 실력을 보여주면 왕으로부터 큰 칭찬과 영광이 있을 것으로 생각하고 그렇게 거짓말을 합니다. 나중에 그 환자가 허준에게 가는데, 허준은 사실대로 말합니다. 3일이면 고칠 수 있다고.

도저히 유도지의 상식으로서는 이와 같이 진실한 허준을 이해할 수 없는 것입니다. 그래서 유도지는 출세의 욕망에 사로잡혀 잔꾀를 부리게 되었던 것입니다. 그는 허준과 같은 정직하고 충성되고 올바른 의사의 길을 가려고 해도 갈 수가 없는 것입니다. 이것은 허준만이 갖고 있는 하나의 은혜입니다.

우리가 성경에서 읽은 바와 같이, 베드로나 요한이나 둘 다 예수님의 부활을 목격했지 않습니까? 여러분들도 이미 성경을 읽어 보셨기 때문에 예수님의 부활에 대한 정보는 모두 익히 알고 있는데도, 믿어지지 않는 사람들이 있다 하지 않습니까? 베드로와 요한이 부활의 예수님을 목격한 뒤에도 갈릴리로 가지 않습니까? "나는 고기 잡으러 가겠다"고 말했지 않습니까? 이들 제자들이 부활 신앙을 갖게 되는 것이 언제입니까? 오순절날 모여서 성령 받고 그때서야 비로소 예수님의 부활이 믿어진 것입니다. 그때에야 비로소 힘이 생기게 되고, 그때 교회가 출발하게 된 것입니다.

그러므로 부활의 비전, 소망, 이것은 참 하나님의 은혜이고, 이 은혜를 깨달을 때 자신을 향하신 하나님의 사랑에 감격하여 눈물을 흘리게 되는 것입니다. 이 부활이 믿어지지 않고, 예수님의 부활이 나와 아무 상관이 없는 사람은, 그런 의미에서 땅을 치며 통곡해야 하는 불쌍한 사람들입니다. 통곡을 해서라도 부활 신앙을 가질 수 있도록 하나님께 기도해야 합니다.

부활의 진리를 깨닫게 되는 것은 마치 강아지나 토끼 새끼가 눈을 뜨는 것과 비슷합니다. 강아지나 토끼가 태어났을 때 보면 그 어린 새끼들이 눈을 뜰 때까지 답답한 생활을 합니다. 강아지가 눈을 떴을 때 그에게 보이는 세상은 이전에는 전혀 보이지 않던 너무나 놀라운 세상입니다. 이처럼 부활의 진리를 깨닫는 것과 깨닫지 못하는 것은 강아지가 눈을 뜨기 전과 후처럼 엄청난 차이가 있는 것입니다.

부활 신앙을 갖게 될 때 비로소 엘리야의 하나님이 나의 하나님이 되고, 아브라함의 하나님이 나의 하나님이 됩니다. 그제야 비로소 복음을 위한 고난도 기쁨이 되는 것입니다. 그제야 비로소 어깨에 주었던 힘이 빠지고, 온유하고 겸손한 삶이 시작되는 것입니다. 붓글씨를 잘 쓰는 대가한테 가서 초년생이 붓글씨를 잘 쓰는 비결을 일러 달라고 하니까, 그 대가의 말이 "어깨에서, 팔에서 힘을 빼라"고 했답니다. 그 말을 들은 초년생이 "쉽군요. 힘만 빼면 되겠군요"라고 대답하니까, 그 대가가 하는 말이 "팔에서 힘 빼는 데 적어도 십 년 걸리네"라고 말했다지 않습니까?

부활 신앙 곧 부활의 비전, 이 비전은 무한하고 영원한 세월이 나의 기업이 되는 그런 꿈입니다. 본문 다니엘서에 언급된 것처럼, 하늘나라에서 주님을 만나 궁창의 별처럼 빛나는 그 경험, 이 경험을 미리 하는 것 아니겠습니까? 비전이라는 것은 히브리서 11장에 있는 것처럼 보지 못하는 것들을 미리 보고, 바라는 것들을 실상으로 미리 보는 것 아닙니까? 그 환희를 이 세상에서 미리 경험하는 것입니다. "별처럼 빛난다"는 구절을 읽으면서, 저는 이런 생각을 했습니다.

미국 테네시 주 내슈빌에서 켄터키 주로 가다 보면, 거기에 맘모스 케이브(Mammoth Cave)가 있습니다. 길이가 약 500km나 되는 거대한 동굴로 세계에서 가장 큰 동굴입니다. 그곳에 들어가면, 시험적으로 보여주는 것이 있는데, 안내자가 갑자기 동굴 안의 전등을 모두 꺼버리는 것입니다. 지하로 약 80m나 되는, 빛 한 줄기 들어오지 않는 완벽한 흑암 지대가 된 것입니다. 정말 그렇게 어두운 것은 제 생애 처음 경험했습니다. 칠흑같이 어둡고 깜깜했습니다. 잠시 후에 안내자가 크리스마스트리에 매다는 작은 꼬마 전구보다 더 작은 전구를 하나씩 하나씩 켜 가는데, 그 빛이 그렇게 밝은지 처음 보았습니다.

궁창의 빛처럼 된다는 것, 궁창은 어두운 데가 아닙니까? 깜깜한 데서 빛나는 그 빛, 그 초하르(Zochar) 광채, 이것이 부활을 믿는 성도들이 재림의 주를 만날 때 경험하게 될 그 기쁨과 환희가 아니겠습니까?

이 부활 신앙은 주로 구약 가운데서 욥기나 다니엘이나 에스겔에서 언급되는데, 특히 다니엘서에서 보는 것처럼 부활 신학은 순전히 위기와 고난이 극한 상황에서 싹트고 발전하는 것입니다. 부활 신앙과 신학은 고난을 당해 보지 않은 사람에게서는 기대할 수 없습니다. 가난하고 병들고 억압받는 사람들만이 부활을 생각하는 것입니다. 그러므로 여러분 가운데 부활 신앙이 없다면 나는 아직도 부요하고 배부른 자이고, 고통도 설움도 겪어보지 않은 재벌 아들과 같은 사람임에 틀림없습니다.

한국 교회의 문제가 무엇입니까? 부활에 대한 정보는 갖고 있지만, 부활 신앙을 생활 가운데 실천하지 않는 데 있다고 봅니다. 부활 신앙을 가진 사람은 정직합니다. 절제합니다. 순결합니다. 이 세상의 어떤 쾌락이나 이해 관계에 그렇게 집착하지 않습니다.

요즘 사람들이 이런 말을 한다고 하잖습니까? 기독교인이 입사 시험을 볼 때 '다 좋은데 예수 믿는 것이 흠' 이라고 한답니다. 이처럼 한국 교회의 위신이 추락한 상태인데, 왜 이런 일이 생긴 것입니까? 부활 신앙을 깨닫게 될 때 진정한 사회 복음도 나오는 것입니다. 이지술 목사님의 설교 테이프를 들으면 눈물겨운 이야기가 많은데, 정말 나를 희생시켜서 남을 위해서 병든 사람을 입으로 빨아가면서 치료할 수 있는 그러한 경지가 부활 신앙 없이 가능하겠습니까? 이 소망에 집중할 때 파도처럼 밀려오는 육체의 유혹도 극복하고, 죽음까지도 초월할 수 있습니다.

부활신앙을 가진 사람이 무엇이 두렵습니까? 무엇이 억울합니까? 오히려 복음을 위해서 고난당하는 것을 기뻐하게 됩니다. 부활과 영생의 비전, 이것이야말로 우리가 추구하는 비전 가운데 가장 가치 있고 소중한 비전입니다. 이 비전을 잊지 말고 늘 생각하고 확인하고 준비하면서, 다니엘처럼 그리고 사도 바울처럼 어떤 역경도 능히 극복하며 끝까지 잘 달려갈 수 있게 되시기 바랍니다.

■ 주후 2000년 10월 18일 오전 11:15 채플 설교

14

자유인의 삶

아브람이 애굽에서 그와 그의 아내와 모든 소유와 롯과 함께 네게브로 올라가니 아브람에게 가축과 은과 금이 풍부하였더라 그가 네게브에서부터 길을 떠나 벧엘에 이르며 벧엘과 아이 사이 곧 전에 장막 쳤던 곳에 이르니 (창 13:1-3)

그러므로 예수께서 자기를 믿은 유대인들에게 이르시되 너희가 내 말에 거하면 참으로 내 제자가 되고 진리를 알지니 진리가 너희를 자유롭게 하리라 그들이 대답하되 우리가 아브라함의 자손이라 남의 종이 된 적이 없거늘 어찌하여 우리가 자유롭게 되리라 하느냐 예수께서 대답하시되 진실로 진실로 너희에게 이르노니 죄를 범하는 자마다 죄의 종이라 종은 영원히 집에 거하지 못하되 아들은 영원히 거하나니 그러므로 아들이 너희를 자유롭게 하면 너희가 참으로 자유로우리라 (요 8:31-36)

오늘 설교는 특별히 졸업반 학생들을 위하여 준비하였습니다. 또한 앞으로 졸업할 모든 사람들을 위해서도, 2-3년 후에 졸업할 학부의 교회음악과, 신학과, 기독교교육과 학생들을 위해서도, 그리고 5-10년 뒤에 은퇴할 교직원 여러분을 위해서도 말씀드립니다.

제가 2천년도의 마지막 채플에서 무슨 말씀을 전할까 기도하던 중, '자유인' 이라는 단어가 떠올랐습니다. 여러분도 그러시겠지만 예수를 오래 믿을수록 깊이 생각하게 되는 것이 '자유' 라는 개념입니다. 오늘의 본문에서 예수님도 자유에 대하여 말씀하고 계시고, 사도 바울도 그의 서신들 가운데서 자유에 대해 적지 않은 지면을 할애하였으며, 또 루터나 존 칼빈과 같은 개혁자들도 '자유' 라는 주제를 붙들고 계속 씨름했음을 엿볼 수 있습니다.

'나는 참으로 자유한가? 나는 진정 자유인인가?' 이와 같은 질문은 성숙한 기독교인이라면 반드시 한 번쯤 묻게 되어 있습니다. 갈라디아서 5장 1절에서 사도 바울은, "그리스도께서 우리를 자유롭게 하려고 자유를 주셨으니 그러므로 굳건하게 서서 다시는 종의 멍에를 메지 말라"고 갈라디아 교인들에게 강조하고 있는데, 저 역시 이 말씀을 묵상하면서 다시 한 번 '정말로 나는 자유인의 삶을 살고 있는가?' 하고 질문해 보았습니다. 최근에 제가 어느 목회 연구 과정의 강의를 맡아 '엑소더스' (Exodus)라는 주제에 대하여 설명할 때도 '네가 자유에 대하여 그토록 많은 이야기를 하면서, 정말 너 자신은 자유한 사람인가?' 라는 생각을 하게 되었고, '나는 지금 온전한 자유를 누리지 못하고 있다' 라는 결론에 도달했습니다. 저는 지금까지 많은 억압을 받으며 살아왔고, 지금도 수많은 억압 가운데 살고 있기 때문입니다.

특히 어렸을 때, 제 기억으로 초등학교 3, 4학년 때였는데, 밤마다 가위눌림을 받았고, 그처럼 고통스럽고 힘든 것이 없었습니다. 그런데 그 후 어느 순간에 그것이 싹 사라졌습니다. 초등학교 5학년 때였는데, 제가 충남 예산 삽교 사람인데, 인근에 '다락니' 라는 동네가 있었습니다. 어떤 중학교 3학년 선배가, 저도 잘 모르는 깡패 같은 애였는데, 자기 동네로 저를 끌고 가서는 온종일 놓아 주지 않는 것입니다. 하루 종일 끌고 다니면서 온갖 궂은일을 다 시키는 것입니다. 해가 질 무렵에야 가까스로 그의 손아귀로부터 탈출한 기억이 있습니다.

또 한 번은 군대 시절인데, 인사과에서 함께 근무하는 임 병장이라는 분이 계셨는데, 약 1년 동안 같이 근무를 했습니다. 그런데 그 임 병장이 얼마나 지독한지, 저의 일거수일투족을 간섭하고 감시하며 허락을 받아야만 그의 곁을 떠나게 했습니다. 화장실 가는 것까지도 그의 허락을 받아야 했습니다. 그렇게 생지옥 같은 고생을 한 기억이 있습니다. 그 임병장이 제대하여 사라지니까 그렇게 좋을 수가 없었습니다. 그때 저는 제 일생에 가장 통쾌한 해방감을 맛보았습니다.

저는 요즘에도 참 스트레스가 많습니다. 특별히 아침 7시부터 9시 사이에 우리 집에서는 화장실 전쟁이 일어납니다. 방은 두 개뿐이고, 세 딸과 부모님을 포함하여 동거하는 식구는 일곱이고, 같은 시간에 화장실을 사용해야 하기 때문에, 누가 먼저 화장실을 차지하느냐, 그게 한동안은 감당하기 힘든 압박감이었습니다. 또 페이퍼(논문)를 두 개나 써야 하는 의무가 저를 압박하고 있습니다. 실은 세 개를 써야 합니다. 계속 연기해 왔는데도 아직 끝마치지 못해 중과부적의 압박감마저 느끼고 있습니다.

그러나 이 모든 압박감 가운데서 가장 힘든 것은 탐욕이라고도 할 수 있고 질투심이라고도 할 수 있는, 정신적인 스트레스입니다. 아마도 장신대 교수인 제가 질투심이 많다고 하면 여러분은 믿지 않겠지요. 약간 착각일 수 있습니다만, 많은 학생들이 저를 '성자'처럼 우러러보는 것 같은데, 제 속을 들여다보면 참으로 문제가 많습니다. 늘 제가 하는 말버릇처럼 저는 정말로 '죽은 개만도 못한' 생각을 하면서 살고 있고, 이것이 저의 진정한 아이덴티티(identity)라고 보는 것입니다.

질투심은 일종의 교만에서 나오는 것인데, 어떤 분이 그랬습니까? 인생살이에서 교만한 마음처럼 사람을 괴롭히는 것이 없다고. 어떤 사람이 아무도 통과한 적이 없는 사막을 횡단하는 일에 성공했을 때, 신문 기자가 그에게 "사막을 통과하면서 무엇이 가장 고통스러웠나요?"라고 묻자, 그것은 작열하는 태양도 아니고, 밤중에 불어오는 차가운 사막 바람도 아니고, 다만 신발 속으로 끊임없이 침투하는 모래알들이 가장 고통스러웠다고 대답했다고 합니다. 이 모래알처럼 성도들을 괴롭히는 것이 다름아닌 교만 아니겠습니까?

한 2, 3년 전인 것 같은데, 어떤 학생이 스승의 날에 꽃다발과 '스승님, 사랑해요' 라고 쓴 카드를 가지고 왔습니다. 그런데 옆방의 교수님 방에 가니까 똑같은 꽃다발과 똑같은 내용의 카드가 놓여 있는 것을 보고 기분이 안 좋았습니다. 저의 못난 질투심이 발동한 것입니다.

사람에게는 각기 다른 육체적이고 정신적인 억압이 쉴 새 없이 다가옵니다. 그것이 질병일 수도 있고, 고독일 수도 있고, 죽음에 대한 공포와 두려움, 때로는 수다증이나 도벽증 같은 것도 억압적 요인이 될 수 있습니다. 때로는 가정 문제, 자녀 문제, 직장 문제, 사회의 부정부패가 정신적으로 참기 힘든 고통과 억압일 수도 있고, 학생들 같으면 아마도 중간고사나 기말고사가 스트레스일 수 있고, 특별히 나이 든 노총각이나 노처녀들은 나이가 억압일 수도 있습니다. 제가 공부하면서 늘 억압으로 느꼈던 것 가운데 하나는 성서 언어, 즉 헬라어와 히브리어였습니다.

그러나 이러한 억압과 스트레스들 앞에서 우리 기독교인들은 그렇게 두려워할 것이 아닙니다. 성경에 나와 있는 성자들도 그렇고, 바울을 비롯하여 아브라함에게도 늘 주변에는 이와 같은 스트레스 요인이 있었으나 능히 극복했기 때문입니다.

바울에게 있었던 그 육체의 가시(고후 12:7)가 어떤 병이었는지 알 수 없습니다만, 그는 정신적으로도 "오호라 나는 곤고한 사람이로다 이 사망의 몸에서 누가 나를 건져내랴"(롬 7:24) 하고 절규할 정도로 견디기 힘든 고민이 있었던 것으로 보입니다.

오늘의 본문에서 아브라함도 예외는 아니었습니다. 그가 가뭄을 피해 애굽으로 피난 갔을 때, 자기 아내를 누이라고 거짓말한 것도 비슷한 상황이라 할 수 있고, 오늘 본문에서도 자기 집 머슴들이 그의 조카 롯의 머슴들과 목초지를 사이에 두고 다투었다고 했는데, 이 다툰 것이 보통 다툰 것이 아니었습니다. 히브리어로 '리브'(Rieb)는 대단히 격렬한 소송 사건에서 왈가왈부하는 그런 분쟁을 가리킵니다.

다행인 것은, 우리에게 항상 억압이 있지만, 성도들에게는 그 억압을 해결할 수 있는 길이 열려 있다는 사실입니다. 억압에서 탈출할 수 있는 방법에 대해서 창세기부터 요한계시록까지 계속 우리에게 가르쳐 주고 있기 때문입니다. 어떻게 우리가 이 모든 억압과 스트레스로부터 자유케 될 수 있겠습니까? 주께서 우리를 죽음과 죄와 모든 억압에서 해방하셨는데, 과연 우리는 매일의 삶 가운데에서 자유인으로 살고 있는지 심각하게 물어보는 것입니다.

저는 오늘 아브라함의 경험을 예로 들면서, 또 제 자신의 경험을 예로 들면서, 억압에서 자유를 얻는 방법을 소개해 보려 합니다. 저 자신을 포함해서 현대의 많은 기독교인들 특히 지도자급 목회자들을 타락하게 하는 주범은 명예심이 아닌가 생각합니다. 당장 캠퍼스를 나서서 교회에 들어가 보면 돈(money) 총대가, 돈 총회가 있지 않습니까? 그 배후에는 명예심이 있고, 탐욕이 있고, 그릇된 욕심과 교만이 있는데, 그 교만의 뿌리는 결국 자기 자신인 것입니다.

한국인의 보편적이고 고질적인 심성이 질투심이라 하는데, "한국 사람은 배고픈 것은 참아도 배 아픈 것은 못 참는다"는 이야기가 있을 정도입니다. 이와 같은 질투심이나 교만으로부터 해방되는 길은 자기를 극복하는 것이고, 자기를 극복한다는 것은 자기를 부인하는 것인데, 주께서 말씀하신 대로 자기를 부인한다는 것은 자기를 십자가에 못 박아 죽이는 것으로서, 결국 자기가 죽어 없어져야 진정으로 자유와 해방을 누리게 되는 것입니다.

　그러나 이와 같은 정신적 자유와 해방을 위해 자기를 부인하고 자기를 십자가에 못 박아 죽이는 것이 그리 쉽지 않다는 것을 우리는 알고 있습니다. 잠언 16장 32절에 있는 것처럼, "노하기를 더디하는 자는 용사보다 낫고 자기의 마음을 다스리는 자는 성을 빼앗는 자보다 나으니라"고 했습니다. 즉 그만큼 자기를 부인하는 것이 힘들다는 의미입니다. 장수(將帥)같이 큰 용사라도, 자기를 극복하여 비우는 것은 참으로 힘든 일이라는 것입니다. 자기와의 싸움은 많이 배웠다고 해서 이기는 것이 아니고, 부자라고 해서, 가진 것이 많다고 해서 승리하는 것도 아닙니다.

　그제도 제가 어느 교회에서 설교할 때 언급했습니다만, 한국의 국회의원들이 얼마나 많이 배운 사람들입니까? 거의 다 명문 대학을 나온 사람들인데도, 국회에서 하는 행동들을 보면 꼭 뒷골목의 깡패들처럼 멱살을 잡고 싸웁니다. 한 시내버스가 한강에 추락했는데, 많은 사람들이 물에 빠져 죽게 되었고, 그 자리에는 한 수녀님도 물에 빠져 살려 달라고 아우성치고 있었는데, 119구조대가 오더니 국회위원을 먼저 구출하더랍니다. 그래서 이 장면을 구경하던 사람들이 119구조대에게 항의했답니다. "어떻게 그럴 수가 있느냐? 수녀를 먼저 구출해야지." 그때 119구조대가 하는 말이 국회의원을 오래 두면 한강 물이 오염되기 때문에 빨리 구출해야 했다는 것 아니겠습니까?

　이처럼 자기를 극복하고 자유를 얻는 길은 배웠다고, 지위가 높다고 해서 쉽게 터득할 수 있는 것이 아닙니다. 오늘의 성경 본문을 통해 우리에게 가르쳐 주는 자유인의 길, 그것은 어떻게 보면 아주 심플한 해답입니다. 요한복음 8장 31절 이하에서 "진리를 알지니 진리가 너희를 자유롭게 하리라"라고 했고, 또한 8장 36절에서도 "아들이 너희를 자유롭게 하면 너희가 참으로 자유로우리라"고 했습니다.

　이 두 본문에서 우리가 확인할 수 있는 것은, 진리와 말씀과 하나님의 아들이신 예수님 자신, 이 셋이 동일시되어 있다는 것이고, 한 걸음 더 나아가 요한복음의 전체적 맥락에서 볼 때, 예수님과 진리와 말씀, 이 셋을 성령과 동일시하고 있으므로, 결국 성령을 통해서만 모든 인간이 자유를 얻게 된다는 것입니다. 이것이야말로 성경이 우리에게 주시는 해결책입니다.

　오늘 우리가 하나님께 예배를 드림으로써 참 자유를 맛보기 위해 채플에 참석했는데, 이 예배는 영과 진리로(요 4:23) 드리지 않는다면 아무 의미가 없는 것입니다. 성령께서 함께하시지 않는다면 우리가 참된 예배를 드릴 수 없고, 진리이신 성령의 도움을 받지 않는다면 우리가 결코 억압과 스트레스로부터 자유할 수 없습니다. 성령이 임재하시는 예배를 통해서만 우리는 하나님의 영 곧 성령을 만나게 되고, 성령의 감동이 있을 때만 모든 스트레스가 녹아 없어지는 것입니다. 그러므로 언제 어디서나 우리가 억압과 스트레스로부터 자유를 얻는 길은 성령 충만 외에는 방법이 없다는 사실을 잊지 말아야 할 것입니다. 이것이 신구약성경 본문을 통해 우리에게 가르쳐 주시는 자유인의 길입니다.

　구약의 본문을 통하여 우리는 아브라함이야말로 참으로 자유인이었다는 생각을 하게 됩니다. 그야말로 자유인이 되는 길을 알고 있었던 것입니다. "네가 좌하면 나는 우하고 네가 우하면 나는 좌하리라"(창 13:9)는 말은 아무나 할 수 있는 것이 아닙니다. 이 사건을 통하여 하나님께서는 너무나 감동을 받으셨고, 아브라함에게 "너는 걱정하지 말아라. 내가 이 땅을 네 후손에게 주겠다. 너의 후손이 땅의 티끌보다 더 많아질 것이다"(창 13:14-18, 사역)라고 아주 격앙된 어조로 아브라함을 격려하셨습니다. 그로 하여금 모든 스트레스로부터, 즉 질투와 소유욕과 탐욕으로부터 자유와 해방을 누리는 삶을 기약하고 계신 것입니다.

오늘의 구약 본문에 나타난 문제의 발단을 설명하면 다음과 같습니다. 아브라함이 애굽에서 나올 때 자기 아내의 일로 인하여 바로로부터 하사받은 엄청난 재산을 갖고 있었습니다. 우리 성경에는 이 '카보드' (Kabod)란 말이 제대로 번역이 안 되어 단순히 '풍부하다'고 했는데, '카보드'는 너무 무거워서 들고 올 수 없을 정도로 큰 무게를 가리킵니다. 6절에도 "그들의 동거함을 용납지 않았다"고 했는데, 이때의 히브리어는 '나사아'(Nashaa), 즉 '지탱하다'를 의미합니다. 이 구절을 영어로 번역하면 'The land could not support them both together', 땅이 그들을 'support'(지탱) 할 수 없었다는 표현은 일종의 과장법인 것입니다.

이러한 표현은 성경에 이따금 드러나는 유머 가운데 하나라고 볼 수 있는데, 좀 더 문자적으로 번역하면 "그들이 너무나 많은 보화를 갖고 있어서 지구가 지탱하기 힘들 정도였다"는 것이고, 그 때문에 작은아버지와 조카 사이에 문제가 생긴 것입니다. 둘 다 양 떼가 많은 목축업자였기 때문에 땅이 부족했던 것입니다.

자기가 나이로 보나 지위로 보나 우선권이 있었는데도, 아브라함이 어떻게 롯에게 모든 것을 양보할 수 있었겠습니까? "네가 좌 하면 나는 우 하겠다. 네가 먼저 선택하라." 이것이야말로 모든 욕심으로부터 초연한 사람이 하는 말입니다. 물질에 대한 욕심과 자기 자신까지 완전히 포기한 사람만이 이런 말을 할 수 있는 것입니다. 아브라함이야말로 참으로 여유 있는 사람이었습니다. 양보는 여유가 있을 때만 가능합니다. 바울도 아그립바 왕에게 "당신도 나처럼 되기를 바란다"는 아주 엄청난 말을 했지 않습니까? 아브라함이 어떻게 해서 그렇게 여유 있는 사람이 된 것입니까?

오늘 본문을 보면 그 비결에 대하여 간접적으로 암시하는 말이 있습니다. "애굽에서 (가나안 땅의) 남방으로 올라갔다"는 표현에서 '알라'(Alah/올라가다)라는 동사는 성지 순례자가 성전으로 올라가는 행동을 표현하는 용어입니다. 애굽에서 가나안을 향하여 탈출한 다음, 무엇보다 먼저 그가 벧엘에서 하나님께 제단을 쌓는 것을 볼 수 있습니다. 벧엘은 가나안의 중심지입니다. 거기에서 무엇을 했겠습니까? '여호와의 이름을 불렀다'는 것은 여호와 하나님을 예배 중에서 만나 뵌 것을 의미합니다. 칠십인역(LXX)에 의하면 '여호와'를 '퀴리오스'(κυριος)로 번역했는데, 다시 말하면 아브라함은 여호와이신 예수 그리스도를 벧엘에서 만나 뵌 것입니다.

오늘의 본문 요한복음 8장 56절 이하에서도 유대인들에게 "너희는 종인데, 내가 너희를 자유케 하겠다"고 말씀하시니까 "우리가 종 된 적이 없다"면서 예수님을 힐난했고, 이때 주님은 "아브라함도 나에게 이렇게 대하지 아니했다"고 대답하심으로써 구약의 '여호와'와 자신을 동일시하셨던 것입니다. "네가 나이가 몇 살인데, 아브라함을 봤다 하느냐?"는 추궁에 대해서도 예수께서는 이런 말로 대답하시지 않습니까? "아브라함은 나를 만나 봤고, 나 메시아가 올 날을 기다렸다." 그때가 언제였는지에 대하여는 대체로 창세기 22장에서 아브라함이 이삭을 제물로 바치려 했을 때, 산양이 이삭을 대신했는데, 그 산양이 바로 예수님이셨다는 해석도 있습니다.

어떻든 아브라함은 오늘의 본문 13장 끝 절에서도 또다시 하나님께 제단을 쌓음으로써 시작과 끝에서 언제나 주님을 만나는 모습을 보여주는 것입니다. 그가 왼쪽이든 오른쪽이든 그 무엇이라도 양보할 수 있었던 것은 하나님의 약속을 믿었기 때문입니다. '하나님의 약속이 있는 한, 하나님이 함께하시는 한, 나는 모든 것을 잃어도 상관없다', 아브라함은 이와 같은 생각을 했던 것 같습니다.

예수님을 만날 때에만 비로소 사람들은 자기를 극복할 수 있고, 모든 탐욕과 정욕의 억압으로부터 자유할 수 있습니다. 이번에 김대중 대통령도 노벨 평화상을 받은 것을 보면, 그에게 사형을 언도하고, 일본에서 납치하여 토막 살해하려 했던 사람들까지도 모두 다 용서할 수 있었기 때문에 노벨 평화상을 받은 것 같습니다. 제가 어제 《나의 삶 나의 길》이라는 제목으로 된 그분의 책을 읽어보니까, 그분은 실제로 예수님을 만났다는 확신이 들었습니다. 배 위에 갑자기 빛이 나타나면서 예수님을 만나 뵐 수 있었는데, 이렇게 주님을 만난 것이 환상인지 아닌지 고 김수환 추기경에게 질문했던 것입니다.

저는 매일 아침 억압을 벗어나기 위한 하나의 의식을 거행합니다. 하루를 살다 보면 많은 스트레스가 쌓이고, 마음이 어둡고 불안하고, 꿀꿀해지고, 싫은 사람도 생기고, 억울하다는 생각이 들 때도 있고, 그래서 새벽에 제단 앞에 나아갈 때쯤이면 먼지를 뒤집어쓴 것처럼 우울하고, 마치 파워가 떨어진 배터리처럼 영력이 다한 것을 느끼게 되었던 것입니다. 그때 제 마음에 떠오르는 생각은 '아, 내 속에 다시 자아가 머리를 들고 있구나. 내 교만이 다시 살아났구나!' 라는 것입니다. 아무리 펀치로 때려도 다시 살아나는 그 기구처럼 자아가 다시 머리를 든 것입니다. 그때 고갈된 마음에 성령의 능력으로 재충전을 받는 의식을 시작하게 됩니다.

그 첫 번째 절차는 회개입니다. 사도행전 2장 38절에 있는 것처럼, "하나님, 저의 교만을 용서해 주십시오. 오직 주님께만 충성을 다하고 오직 주님만 사랑하기로 서약했는데, 주님 외의 또 다른 왕을 섬김으로써, 주님을 배신한 가룟 유다처럼 큰 죄를 저질렀습니다"라고 회개하는 것입니다. 마음의 왕좌에 모시던 주님을 밀어내고 그 자리에 '자아'가 앉아서 왕 노릇 하려 했던 것 자체가 얼마나 큰 교만입니까? 그래서 저는 회개할 때마다 반드시 "죄인의 괴수요 개만도 못한 사람입니다"라고 여러 번 반복함으로써 저 자신을 완전히 십자가에 못 박아 죽일 수 있었습니다.

두 번째 절차는 회개하고 비운 제 마음의 왕좌에 영으로 오시는 예수님 곧 성령님을 영접하여 모시는 것입니다. 이때는 입으로 소리내어 다음과 같은 말로 주님을 영접합니다. "나의 왕, 나의 주인이시여, 이제 주님의 보혈로 정결케 된 저의 빈 마음에 들어와 좌정하시고, 다스리시고 영광을 받으옵소서. 이제 저의 소중한 생명과 재산, 시간과 건강, 명예와 쾌락의 특권까지도 모두 주님께 바치오니, 저를 사랑과 평화의 도구로써 주시옵소서. 이제는 오직 주님 한 분만을 사랑하고 주님 한 분만으로 만족하겠나이다."

이때 비로소 온유와 겸손과 진실과 사랑의 영이신 성령은 제 초청을 거절하지 않으시고, 약속하신 대로 제 마음에 들어오셔서 교만한 마음을 몰아내시고, 원수까지도 용서할 수 있는 사랑과 평안으로 충만케 하시고, 또다시 하루를 달려갈 수 있는 능력으로 채워주십니다.

빈부귀천 남녀노소를 막론하고 모든 사람은 억압 속에 살 수밖에 없습니다. 세상에는 우리를 유혹하고 죽이려 달려드는 원수 사탄이 항상 존재하기 때문에, 세상에 살고 있는 우리도 항상 억압과 긴장을 느낄 수밖에 없습니다. 기독교인이 미소를 잃었다는 것, 얼굴과 마음이 어둡다는 것은 일종의 위기요 사탄의 공격을 받은 것입니다. 스트레스가 생긴 것입니다. 그 원인은 교만일 수도 있고 탐욕일 수도 있고 정욕일 수도 있습니다. 회개하고 다시 성령으로 재충전을 받아 자유를 회복하시기 바랍니다. 여러분은 예수 그리스도의 그 보배로운 피로 자유를 얻었으므로 다시는 종의 멍에를 메어서는 안 될 것입니다.

아브라함과 달리 그의 조카 롯은 불행한 사람이었습니다. 항상 욕심에 끌려 다니느라 자유와 해방을 놓친 사람입니다. 롯이 안고 있는 근본적인 문제가 무엇입니까? 마귀에게 속은 것입니다. 롯은 요단 평원, 에덴 동산 같은 소돔에 눈길을 돌렸습니다. 아브라함이 가나안 땅을 서로 나누자 제안했는데도 그는 동쪽 끝으로 갔습니다. 가나안 땅의 경계를 벗어났습니다. 속은 것입니다. 그곳이야말로 멸망의 도시요 악의 도시였는데 그곳이 낙원으로 보였던 것입니다.

여러분은 이처럼 억압 아래 신음하는 수많은 이웃들을 자유케 해야 할 사명과 의무가 있는데, 진정으로 여러분이 자유인이 되지 않고서 어떻게 남을 자유케 할 수 있겠습니까? 어떻게 여러분은 그 불쌍한 민중을 향하여 불쌍히 여기는 마음을 가질 수 있겠습니까? 예수 그리스도, 성령으로 충만치 않고서는 결코 스스로 자유하지도 못하고, 남을 자유케 할 수도 없는 것입니다. 성령 충만한 자유인이 되시기를 바랍니다.

■ 주후 2001년 11월 20일 화요일 채플

15

상처 받은 치유자로 오신 주님

우리가 전한 것을 누가 믿었느냐 여호와의 팔이 누구에게 나타났느냐 그는 주 앞에서 자라나기를 연한 순 같고 마른 땅에서 나온 뿌리 같아서 고운 모양도 없고 풍채도 없은즉 우리가 보기에 흠모할 만한 아름다운 것이 없도다 그는 멸시를 받아 사람들에게 버림 받았으며 간고를 많이 겪었으며 질고를 아는 자라 마치 사람들이 그에게서 얼굴을 가리는 것 같이 멸시를 당하였고 우리도 그를 귀히 여기지 아니하였도다 그는 실로 우리의 질고를 지고 우리의 슬픔을 당하였거늘 우리는 생각하기를 그는 징벌을 받아 하나님께 맞으며 고난을 당한다 하였노라 그가 찔림은 우리의 허물 때문이요 그가 상함은 우리의 죄악 때문이라 그가 징계를 받으므로 우리는 평화를 누리고 그가 채찍에 맞으므로 우리는 나음을 받았도다 우리는 다 양 같아서 그릇 행하여 각기 제 길로 갔거늘 여호와께서는 우리 모두의 죄악을 그에게 담당시키셨도다 (사 53:1-6)

예수께서 베드로의 집에 들어가사 그의 장모가 열병으로 앓아 누운 것을 보시고 그의 손을 만지시니 열병이 떠나가고 여인이 일어나서 예수께 수종들더라 저물매 사람들이 귀신 들린 자를 많이 데리고 예수께 오거늘 예수께서 말씀으로 귀신들을 쫓아 내시고 병든 자들을 다 고치시니 이는 선지자 이사야를 통하여 하신 말씀에 우리의 연약한 것을 친히 담당하시고 병을 짊어지셨도다 함을 이루려 하심이더라 (마 8:14-17)

겨울이 다가오는 이 늦가을, 여러분은 성탄절을 앞두고 무엇을 생각하십니까? 낙엽이 쌓인 워커힐 뒷산을 걸으면서, 이 사색의 계절에 당신의 사색적 테마는 무엇입니까? 아마 재학생들은 다가오는 학기말 시험 걱정을 할 것입니다. 학기 말 리포트에 대한 걱정을 할 것입니다. 졸업생들은 졸업 논문을 앞두고, 11월 말까지 마감인데 아마 준비가 안 된 사람들은 조마조마할 것입니다. 또 졸업 후에 가야 될 임지, 또 학부 졸업생들은 신대원 진학 문제, 노처녀와 노총각은 겨울이 오기 전에는 배우자를 만나야 될텐데 하는 생각을 할지 모르겠습니다.

　나이가 드신 어른들, 특히 나이 드신 교수님들이 식사를 하시면서 "참 세월이 빠르다. 벌써 두 주일만 지나면 학기말이구나!" 하고 말씀하십니다. 특히 은퇴를 앞둔 두 분 교수님은 아마도 '이제는 떠나야 할 강단, 떠나야 할 연구실과 정든 사람들, 내가 떠나는 것이 아니라 나를 떠나는 사람들, 나로부터 떠나가는 사람들'을 생각하실 것입니다. 그래서 더욱 인간적으로 고독을 느끼실지 모르겠습니다.

　고독은 하나의 고통입니다. 결국 모든 인생은 혼자 죽음의 길을 가야 한다는 생각을 하면 고독이 엄습하게 되고, 그런 의미에서 고독은 모든 인간이 공통으로 경험하는 하나의 궁극적인 고통이라 볼 수 있습니다. 어떤 사람이 고독을 가장 많이 느끼겠습니까? 저는 이 가을에 장애인을 생각해 봅니다. "돈을 잃으면 조금 잃는 것이고, 명예를 잃으면 많이 잃는 것이고, 건강을 잃으면 다 잃는 것이다"라는 말이 있지 않습니까?

　장애인들은 정신적으로나 육체적으로나 참으로 많은 것을 잃은 사람들이고, 보통 사람이 상상도 할 수 없을 정도로 많은 상처를 받고 사는 사람들입니다. 육신적인 고통은 차치하고라도 사람들로부터의 무관심과 멸시와 천대와 외면을 당합니다. 요즘 학생들 가운데 횡행하는 그 왕따를 당한다고 할 때, 이 용어(왕따)야말로 참으로 장애인들에게 해당되는 말이 아닐 수가 없습니다. 장애인의 고독과 고통은 장애인만 안다는 말이 사실입니다. 비장애인, 즉 건강한 사람들은 장애인들이 당하는 고통과 상실감을 상상도 할 수 없습니다.

　오늘 설교의 대상은 그래서 특별히 장애인들을 대상으로 한 것이고, 어떤 의미에서는 모든 사람을 대상으로 한 것입니다. 왜냐하면 모든 사람은 어떤 형태로든 적어도 한 가지 이상의 장애를 갖고 있기 때문에 그렇습니다. 정도의 차이는 있을지 몰라도, 모든 사람이 상처 받은 사람들이고, 일종의 장애인입니다. 육체적인, 정신적인 장애인입니다.

저는 한동안 이런 생각을 해보았습니다. 저도 육체적인 여러 가지 장애를 갖고 있지만 특별히 제가 느낀 장애는 사랑의 장애입니다. 겸손의 장애, 진실의 장애도 있습니다. 제가 중학교 다닐 때 시골에서 삽교중학교를 다녔는데, 그때 학교 가는 길에 어떤 여학생 집이 있었습니다. '조아무개'라고 하는 여학생인데, 저를 좋아했는지 저를 계속 따라 오는 것입니다. 언제나 길목에서 저를 기다렸다가 내가 지나가면 그때부터 막 따라오는 것입니다. 아, 그런데 저는 그 여학생이 그렇게 싫을 수가 없습니다. 키도 작았지만, 저도 키가 작습니다만, 그리고 그 여학생의 얼굴에는 주근깨가 많았습니다. 지금 생각하면 '그때 그 여학생에게 그렇게 쌀쌀맞게 대하지 않고, 같은 교회에 다니는 동료로서 좀 더 친근하게 대해주었으면 얼마나 좋았을까?' 후회가 되기도 합니다.

그런데 그 당시에는 그게 안 되는 것입니다. 사랑하고 친절해야 되는데 그것이 그렇게 안 되는 것입니다. 요즘도 저는 이와 비슷한 현상을 자주 경험하고 있습니다. 사랑의 장애, 겸손의 장애, 진실의 장애, 그리고 주님처럼 성 프란체스코처럼 모든 사람을 사랑할 수 있어야 하는데, 그렇게 할 수 없는 사랑의 한계, 용서의 한계를 느낍니다. 이와 같은 것을 생각하면, 우리는 얼마나 불쌍하고 가련한 장애인들입니까?

특별히 오늘 저는 졸업생들을 대상으로 설교를 준비했다는 말씀을 드렸습니다. 특별히 신대원 졸업생들, 제가 설교 제목을 '상처 받은 치유자로 오신 주님'이라 붙였는데, 실은 '상처 받은 치유자'라 하고 싶었습니다. 그런데 헨리 나우웬이 이미 《Wounded Healer》라는 책을 썼기 때문에, 제 자존심이라고 할까, 하여튼 똑같은 말을 하고 싶지 않아서 '상처받은 치유자로 오신 주님'이라고 했습니다. 하지만 여전히 《Wounded Healer》만큼은 못한 것 같습니다.

그 책을 이번에 다 읽었습니다만, 그 '상처 받은 치유자'는 곧 예수님을 가리키는 것입니다. 그래서 참된 목회자는 예수님과 같은 '상처 받은 치유자,' 곧 자기가 상처를 당했으면서도 다른 상처 받은 사람에게 자신의 붕대를 계속 감아주면서 다른 사람을 치유해 주는 그 모습, 그것이 진정한 메시아의 모습이고, 그것이 바로 예수님의 모습이고, 또 모든 목회자들과 지도자들이 본받아야 할, 이상적 모델이 아닌가 생각하는 것입니다.

대체로 질병에 대한 또는 장애나 고난에 대한 보편적인 사고(思顧)는 부정적이고 'negative' 합니다. 즉, 질병은 하나의 비극이고 저주이고 형벌이고 하나님의 심판의 결과이다, 하나님께 심판을 받은 사람이라고 생각하는 것입니다. 욥기에 보면, 욥의 세 친구가 계속 욥이 당한 질병을, 아마도 한센병과 같은 질병으로 봅니다만, 그 질병을 가리켜 "네가 죄를 지었기 때문에 그런 고난을 당하는 것이다"라고 말하며, 아픈 상처를 자꾸만 더 찌르는 것을 볼 수 있습니다. 시골의 닭장에 가보면, 어떤 닭이 꽁무니에 상처가 나면 다른 닭들이 다른 데는 쪼지 않고 그 꽁무니를 따라다니며 계속 물어뜯습니다. 나중에는 내장이 다 꽁무니로 빠져 나올 정도로 쪼아대는데, 이와 같은 악질적인 작태를 욥의 세 친구에게서 엿볼 수 있습니다.

육체적인 장애 또는 질병을 부정적인 관점에서 하나님의 형벌로 보는 또 다른 사례는 신명기 28장에서도 엿볼 수 있습니다. 거기에 보면, 고창병을 비롯한 여러 가지 병명이 나열되는데, 이 모든 질병들이 하나님을 거역한 죄에 대한 하나님의 심판과 형벌로 소개되고 있습니다.

오늘의 본문 이사야 53장 1-3절에 보면, '여호와의 종' 또는 '고난의 종' 이 어떤 병인지 모르지만 질병으로 인하여 흉하게 일그러진 모습을 보고, 사람들은 '그가 하나님께 맞아서 저런 고통을 당한다' 라는 부정적인 해석 가운데 여호와의 종을 비난하고 있는 것을 봅니다.

예수님 당시에도 제자들이 어떤 시각 장애인을 가리켜 "이것이 부모의 죄입니까? 자기의 죄입니까?"라고 노골적으로 부정적인 판단을 내리는 것을 보면, 당시에 죄를 전염병과 같은 실체로 인식할 뿐만 아니라 조상이 지은 죄로 인하여 후손이 벌을 받게 되는, 일종의 연좌제적인 관념 속에서 질병을 해석하는 지극히 부정적인 사고를 보여주고 있습니다.

솔로몬이 지은 죄를 르호보암이 이어받아 벌을 받는 모습도 그 하나라고 할 수 있습니다. 또 이사야 본문에서도 '여호와의 종' 이 당한 그 형벌과 고난과 채찍은 바로 자기의 죄 때문이 아니라 다른 사람이 지은 죄를 대신한 것이라고 말함으로써, 일종의 연좌제적인 사고방식을 간접적으로 암시한다고 볼 수 있습니다.

그러나 오늘 저는 부정적인 관점에서가 아니고, 지극히 적극적이고 'positive' 한 관점에서, 재난이나 상처나 질병을 해석해 보려 합니다. 대체로 성서학자들의 3분의 2 정도가 이사야 본문에 대한 역사적인 해석을 시도하며, 이를 통해서 '여호와의 종' 또는 '고난의 종' 은 다름 아닌 이사야 예언자 자신을 가리킨다고도 하고, 스룹바벨이나 예레미야나 요시야나 여호야김 같은 실제 인물을 가리킨다고 봅니다. 어떤 주석가는 이사야가 소개하는 '고난의 종' 은 이스라엘 자신이 포로기에 당하는 고통, 그것을 의인화한 것이라고 해석합니다.

수많은 구약학자들 가운데 한 사람으로 자처하는 저는, 정경적인 입장에서, 특히 오늘의 본문 마태복음 8장 17절에서 이해한 것처럼, 이 '고난의 종' 또는 '여호와의 종' 은 예수님 자신이라고 생각합니다. 사도행전 8장 34절에서도 에티오피아 내시가 귀국하는 길에 이사야 53장을 읽다가 빌립을 만나 "이것이 자기 이야기냐? 누구 이야기냐?"고 물었을 때, 그분이 바로 예수라고 해석해 주고 있습니다. 이와 같은 해석이 정경적인 해석인데, 이와 같은 정경적인 입장에서 질병과 장애에 대한 긍정적인 메시지를 살펴보려 합니다.

첫째, 질병과 장애는 하나님께서 주시는 '사랑의 매' 일 수 있다는 것입니다. 질병을 하나님의 사랑의 표현으로 보는 것입니다. 어떤 형태로든, 고난을 당하고 있는 사람은 하나님의 사랑을 받고 있는 사람이라는 것입니다. 오늘의 이사야 본문에서도 53장 5절에 질병을 채찍으로 비유하고 있습니다. 성경의 곳곳에서 하나님은, 부모가 자식을 징계하듯이, 사랑하는 자녀를 징계하신다고 가르치고 있습니다. 만약 그 아버지가 의부라면 의붓자식이 잘못해도 때리지 않는다는 것입니다.

이와 같은 전통적인 사고방식에서 엿볼 수 있는 것처럼, 사랑하는 자는 반드시 채찍으로 연단시키려 한다는 것입니다. 그러니까 채찍은 하나의 징계와 연단의 수단이고, 사랑의 표현이 됩니다. 어떤 목적을 갖고 개선과 개혁을 추구하는, 하나님의 부성적이고 모성애적인 채찍이라는 것입니다. 잘못된 것을 바로잡아 주려 하는 징계라는 것입니다. 그래서 저도 가끔 감기 걸리면 늘 생각하는 것이 '내가 무슨 죄를 지었나?' 반성하게 되고, 마침내 그 죄를 찾아서 회개하면 감기가 금방 낫고, 뭐 그런 경험을 자주 하는 것입니다.

'징계가 얼마나 유익한지' 드라마틱하게 보여주는 유머가 있습니다. 어느 왕이 작은 애완견 한 마리를 선물로 받아 애지중지 키우고 있었답니다. 그런데 언제부터인지 이 애완견에게 머리를 이렇게 위아래로만 계속 끄덕이는 나쁜 버릇이 생겼답니다. 이렇게 좌우로도 움직였으면 좋겠는데, 이렇게 상하로만 연속 동작을 계속하므로 수의사에게 부탁했으나 그 나쁜 버릇을 고칠 수 없었답니다. 마침내 이 국왕은 전국 방방곡곡에 다음과 같은 내용의 광고를 붙였답니다. "내 애완견으로 하여금 좌우로도 흔들 수 있도록 고쳐주는 사람에게는 상금을 주겠다."

때마침 어떤 농부가 이 광고를 보고 왕궁으로 달려왔는데, 손에는 벽돌 한 장을 들고 있더랍니다. 왕의 안내를 받아 그 애완견을 보자마자 좌측 볼때기를 빡 때리자, 그다음부터 이렇게 고개를 좌우로 흔들게 되더랍니다. 아, 그런데 또 문제가 생겼습니다. 벽돌로 맞은 다음부터는 이 애완견이 고개를 좌우로만 흔드는 버릇이 생긴 것입니다. 이 버릇 역시 수의사들이 고치지 못하자, 전과 같이 왕은 전국에 광고하였답니다. 이번에도 전번에 찾아왔던 그 농부가 역시 벽돌 한 장을 들고 왔답니다. 곧바로 애완견 앞에 다가간 다음, 애완견 앞에서 얼굴을 마주하여 앉더니 손에 든 벽돌을 보여주며 이렇게 묻더랍니다. "너 이게 뭔지 알지?" 그러니까 그 애완견이 '알고 말고요' 하면서 다시 고개를 상하로 끄덕이더랍니다.

한번 하나님에게 올지게 매 맞으면, 얼얼하게 맞으면, 그다음부터 죄를 못 짓겠지요. 웃는 사람들은 대개 그런 혹독한 경험을 아직 한 번도 안 해본 것 같은데……. 하나님의 채찍의 첫 번째 목적은 바로 우리를 연단시키려는 것입니다. '연단'은 죄를 깨닫게 하려는 의도도 있지만 우리로 하여금 하나님 앞에 약자로 서게 하고 겸손하게 만들려는 목적이 있습니다. 인간은 상처를 받을 때, 그 상처는 가난일 수도 있고, 질병일 수도 있고, 멸시와 천대일 수도 있고, 그런 여러 가지 동기로 하나님의 채찍에 맞아 상처를 당하면 사람들은 겸손해지게 마련입니다. 교만한 자세를 버리게 됩니다. 인간이 얼마나 간사합니까? 얼마나 착각에 빠집니까? 사실은 모두가 상처받은 약자인데도, 강자인 체하고 교만을 떠는 것입니다.

하나님께서 가장 싫어하시는 것들 가운데서 첫 번째 항목이 교만입니다. 하나님은 교만한 자를 대적하시고 원수로 대하신다고 성경은 말씀합니다. 교만할 때는 벌써 하나님께 원수로 서는 것입니다. 하나님과 원수가 되고 적군이 되는 것입니다. 그만큼 하나님께서는 교만한 자를 미워하십니다. 하나님께서 겸손한 자에게 은혜를 베푸시고, 약한 자를 자신과 동일시하시어 우선적으로 구원하신다는 것은 만국통상법처럼 분명합니다.

마태복음 25장에서도 두 그룹이 심판대 앞에 나왔는데, 강자 곧 염생이 같은 사람들은 지옥으로 가게 되었는데, 그들을 향하여 심판자이신 주께서, "너희가 약자들 곧 배고프고 목마른 자, 갇힌 자와 병든 자와 고독한 자들에게 하지 않은 것이 곧 내게 하지 않은 것이다"라고 책망하셨던 것입니다. 주님은 약자와 자신을 동일시하실 만큼 약자를 좋아하시고, 그만큼 주께서는 우리 인간이 주님 앞에 약자로 서기를 원하십니다. 약자의 자세는 하나님 앞에 '나를 불쌍히 여기시옵소서'라는 기도를 드리는 것입니다. 이때 비로소 기도가 시작되는 것입니다. 나중에 하나님께 쓰임을 받는 능력 있는 사람들, 특히 하나님의 특별하신 능력을 경험한 사람들은, 사도 바울을 비롯해서 자신들이 가장 약할 때, 즉 하나님 앞에서 가장 나약한 자세로 섰을 때, 다른 사람들이 경험하지 못한 놀라운 능력을 경험하게 되었다고 고백합니다.

인간 역사를 빛낸 위대한 음악이나 미술이나 문학 등의 작품들은 저자 또는 작가들이 가장 약했을 때 제작된 것을 알 수 있습니다. 헨델의 오라토리오 〈메시아〉나 베토벤의 〈운명〉 교향곡, 그리고 링컨이나 한경직 목사님이나 다윗이나 모세나 헬렌 켈러나 송명희 시인 등 이 모든 사람들이 언제 대작을 남겼습니까? 그들이 하나님 앞에 약자가 되었을 때, 겸손했을 때, 고난의 그 용광로를 통과했을 때, 그때 하나님의 강하신 능력을 체험했고, 그 능력을 힘입어 능히 그 위대한 사역을 잘 감당할 수 있었던 것입니다.

약자가 될 때 사람들은 비로소 기도를 시작하게 됩니다. 강자들을 기도하지 않습니다. 부자들은 기도하지 않습니다. 배운 사람들은 기도하지 않습니다. 자기 능력이 있으니까, 자기 지식이 있으니까, 자기가 가진 것이 있으니까, 그것을 과시하고 즐기고 끼리끼리 모여 "우리는 일류다. 우리는 상류다"라고 자화자찬하며 공주병, 황제병에 걸려 우쭐대면서 하나님을 찾지 않습니다. 착각 가운데 약자를 비웃는 것입니다.

약자가 되었을 때 진정으로 하나님을 만나는 기쁨은 이루 다 표현하기 힘듭니다. 설악산에 갔을 때 '12선녀탕'을 보고 기면암도 봤습니다만, 그 아름답고 놀라운 경치를 봐도 좋기는 좋지만 여전히 공허함을 느끼는 것입니다. 인격적인 대화가 없기 때문에, 사랑이 없기 때문에 차라리 동행한 애인과 손을 잡고 있는 것이 더 감격적일 수 있는 것입니다.

만남의 기쁨, 하나님과의 만남, 전능자, 치유자, 만왕의 왕, 사랑의 목자 이 하나님을 만나는 그 때가 언제입니까? 바로 약해져 있을 때이고, 기도할 때입니다. 하나님을 만날 때의 그 기쁨이야말로, 사도 바울이 말한 것처럼, 세상의 모든 쾌락과는 비교가 안 되는, 세상의 모든 쾌락과 권세와 명예가 배설물처럼 여겨지는, 그런 환희와 기쁨인 것입니다.

우리가 이와 같은 약한 자의 경지에 이르렀을 때 비로소 하나님도 만나고, 영안이 열려 자신보다 더 연약한 이웃도 보이게 되는 것입니다. 나보다 더 상처를 받고 고통 속에 있는 이웃들이 옆에 있다는 것을 알게 되고, 수고하고 무거운 짐진 자들을 불쌍히 여기는 그런 안목도 갖게 됩니다.

장애인들이 모여 사는 공동체에 들어가 보면, 아주 감동적인 현상이 많습니다. 예를 들어, 시력이 약한 사람들 사이에도 급수가 있어서, 약간 더 잘 보이는 사람이 덜 보이는 사람을 도와주면서, 서로서로 자랑스럽게 여긴다는 사실입니다. 장애인들 사이에도 자기보다 더 약한 장애인을 가리켜 '장애인'이라 부르는 것입니다. 따라서 장애인만이 다른 장애인이 보이고 다른 장애인을 이해하게 된다는 것입니다.

건강한 사람에게는 이와 같은 장애인이 보이지 않고, 절대로 못 보고, 그래서 그들은 1년에 한 번도 장애인을 찾아가지 않고, 전혀 관심도 보이지 않는 것입니다. 사실 거기에는 예수님이 계신 곳인데 말입니다. 장애인이 있는 곳, 약자가 있는 곳, 가장 낮은 곳, 마구간보다 더 낮은 곳, 사실은 거기에 예수님이 계십니다. 그곳에서 예수님을 만날 수 있습니다. 스스로 건강하고 강한 자로 자처하는 사람들은 그 기쁨, 그 쾌락을 맛볼 수가 없습니다.

예수님을 발견한 사람들을 보십시오. 헨리 나우웬의 경우 그가 하버드 대학교 교수지만 캐나다의 장애인촌으로 들어가는 이유가 바로 여기 있습니다. 송명희 시인의 글도 제가 많이 읽었습니다만, 그 꿈이 장애인들을 위한 어떤 예술학교를 세우는 것이랍니다. 그녀는 자기보다 더 연약한 사람들이 있는 낮은 데로, 더 낮은 데로 내려가야 거기에 예수님이 있으니까, 예수님을 만나려고 그런 소원을 갖게 된 것이 아니겠습니까?

둘째, 고난과 질병과 상처, 하나님께서 성도들에게 이런 것들을 주시는 또 다른 궁극적인 이유는 천국 소망의 고귀한 가치 때문입니다. 오늘 읽은 본문 이사야 53장 5절에 의하면, 예수께서 채찍에 맞음으로 우리가 나음을 입었다고 했는데, 베드로전서 2장 24절도 마찬가지입니다만, 문제는 저도 여러 가지 장애를 갖고 있기에 이를 위해 늘 기도를 하는데도 여전히 치료가 안 되는 것입니다.

사실 송명희 시인이나 레나 마리아나, 이런 사람들이 얼마나 주님을 사랑합니까? 얼마나 하나님을 잘 믿습니까? 그런데 그들의 상처가 치유됩니까? 그들의 장애가 치유됩니까? 그러면 이 말씀 곧 하나님의 약속이 거짓말입니까?

그러나 우리가 궁극적인 소망을 가질 때 이 문제는 해결됩니다. 우리가 짊어진 60-70년의 장애는 잠깐입니다. 영원의 차원, 즉 천국에서의 수억 수천 년에 천억을 곱한 것보다 더 긴 영원의 세월에 비하면 이것은 잠깐인 것입니다. 그때에는 고통도 없고 질병과 눈물도 없고, 온전한 인간의 모습, 건강한 모습으로 다시 회복되는, 마치 〈다이 하드〉 영화의 주인공이 손발이 다 잘려도 나중에는 다시 온전하게 회복되듯이, 이처럼 현재적 상황이 완전히 뒤집히는 천국에 대한 기대가 장애인이 갖는 소망입니다. 그러니까 장애인들은 송명희 시인의 시를 읽어보아도 한결같이 천국에 초점을 맞추어 사는 것입니다. "그 나라 잠깐입니다. 참겠습니다. 주님을 만나는 그날……." 거의 모든 주제가 일관되게 거기에 초점을 맞추고 있습니다.

마지막으로, 장애나 질병을 주시는 하나님의 또 다른 궁극적인 목적은 바로 고독한 하나님의 감성 때문입니다. 하나님은 무한대의 하나님으로서, 무한대의 공의와 무한대의 진리를 갖고 있지만 그분은 또한 무한대의 사랑을 갖고 계십니다. 그러므로 얼마나 고독하신지 모릅니다. 이것은 구약 신학자들의 주제만은 아닙니다.

실제로 하나님은 얼마나 고독하신지 모릅니다. 아브라함이 이삭을 지나치게 사랑할 때 그것을 샘내시는 분입니다. 그래서 자식을 바치라 명령하시는 것입니다. 그 사랑을 테스트하기 위함입니다. 또 구약에서

'여호와의 종'으로 명명되는 독생자 예수 그리스도를 하나님께서 그토록 혹독한 방법으로 고난을 당하게 하는 이유가 무엇입니까? 하나님이 의도적으로 고난을 받게 하셨다고 본문 53장 10절에서 말하고 있지 않습니까? 하나님께서는 아들로부터도 순종하는 사랑을 받고 싶은 것입니다.

사실 고난 속에 있는 장애인들을 보면 한결같이 그들이 그토록 미칠 정도로 하나님을 사랑하는 자세를 표현합니다. 스펄전은 이렇게 말했습니다. "하나님께서 그 자녀를 풀무에 던지실 때는 하나님께서도 그 안에 같이 들어가신다." 풀무 속에서 하나님은 같이 사랑을 나누기 원하시는 것입니다.

사랑의 속성 가운데 독단적인 면이 있습니다. 애인을 독차지하기 원하는 것입니다. 저도 대학 시절에 좋아하는 여학생이 있는데, 그 여학생을 또 다른 친구가 좋아하면 그게 그렇게 싫을 수가 없었습니다. 그 여학생도 싫어집니다. 얼굴이 팔렸으니까. 그 여학생이 나만 사랑하기를 기대하기 때문입니다. 나 홀로 그녀를 독차지하고 싶은 것입니다. 데이트 할 때 사람이 없는 곳, 한적한 곳, 비밀 장소로 가는 이유가 너와 나만의 사랑을 독차지하고 싶기 때문인 것입니다.

하나님이 참으로 장애인들에게 보여주시는 성품에 그런 면이 있다는 것입니다. 당신을 가두어 놓고 사랑을 받기 원하시는, 당신이 세상에 알려지지 않고 아무도 알아주지 않을 때, 오직 나와 당신과의 사랑을 나누기 위해서, 하나님께서는 그러한 무명의 멸시와 천대의 고통과 상처 속에서 장애인과 약자들이 살게 하실 수도 있다는 것입니다.

여러분은 남은 일생을 어떻게 사시기 원하십니까? 어차피 여러분은 약자입니다. 착각에 빠진 사람들은 스스로 강자로 자처합니다. 하나님 앞이든 사람 앞이든, 절대로 강자로 서지 마십시오. 강자로 서는 그 순간 그 사람은 "왕건"에 나오는 유근필처럼 하나님께 대역죄를 짓는 것입니다. 자기가 왕 대신에, 하나님 대신에, 만세를 받는 것이 대역죄입니다. 상처와 고난과 질병은 하나님께 나아가 하나님을 만나뵙도록 하시기 위한 채찍입니다. 그것은 하나님의 사랑의 표현일 수도 있습니다.

하나님은 공평하십니다. 의미 없는 사건은 아무것도 없습니다. 하나님은 모든 계획을 갖고 계십니다. 예수님처럼 바울처럼 그리스도의 남은 고난을 끝까지 잘 감당하려는 자세로 세상을 살아야 할 것이고, 또 우리들의 사역지에서 이런 자세로 섬겨야 할 것입니다.

16 ■ 주후 2002년 4월 24일 수요일 오전 11시 15분 채플

사랑의 주제

하나님이 요나에게 이르시되 네가 이 박넝쿨로 말미암아 성내는 것이 어찌 옳으냐 하시니 그가 대답하되 내가 성내어 죽기까지 할지라도 옳으니이다 하니라 여호와께서 이르시되 네가 수고도 아니하였고 재배도 아니하였고 하룻밤에 났다가 하룻밤에 말라 버린 이 박넝쿨을 아꼈거든 하물며 이 큰 성읍 니느웨에는 좌우를 분변하지 못하는 자가 십이만여 명이요 가축도 많이 있나니 내가 어찌 아끼지 아니하겠느냐 하시니라 (욘 4:9-11)

해골이라 하는 곳에 이르러 거기서 예수를 십자가에 못 박고 두 행악자도 그렇게 하니 하나는 우편에, 하나는 좌편에 있더라 이에 예수께서 이르시되 아버지 저들을 사하여 주옵소서 자기들이 하는 것을 알지 못함이니이다 하시더라 그들이 그의 옷을 나눠 제비 뽑을새 백성은 서서 구경하는데 관리들은 비웃어 이르되 저가 남을 구원하였으니 만일 하나님이 택하신 자 그리스도이면 자신도 구원할지어다 하고 군인들도 희롱하면서 나아와 신 포도주를 주며 이르되 네가 만일 유대인의 왕이면 네가 너를 구원하라 하더라 그의 위에 이는 유대인의 왕이라 쓴 패가 있더라 (눅 23:33-38)

설교 제목을 '사랑의 주제'라고 붙인 이유는, '사랑'은 히브리어로 '헤세드'(Chesed)라 하는데, 구약학 교수로서 이 의미심장한 신학적 용어를 채플에서 한번 집중적으로 다뤄 보고 싶었기 때문입니다. "그의 헤세드가 영원하시다." 이 말은 시편 136편에서 27번이나 매 절마다 후렴구로 반복되고 있는데, 그만큼 이 '헤세드'라는 용어는, 마치 우리가 '어머니'라는 단어를 잊어버릴 수 없는 것처럼, 이스라엘 백성들의 마음에서 결코 잊어서도 안 되고 잊어버릴 수도 없는 소중한 용어입니다. 이 용어야말로 하나님의 사랑을 가장 잘 표현해 주는, 아마도 구약성서 안에서 가장 심오한 신학적 깊이를 지니고 있는 용어입니다.

오늘 우리가 요나서 일부(4:9-11)를 읽었는데, 원칙적으로는 문단을 이렇게 구분하지 않습니다. 가르칠 때는 그렇게 하지 않습니다만, 오늘은 시간이 없을 것 같아 그렇게 문단을 잘라서 읽은 것입니다. 마치 영화를 볼 때 한 장면만 본 후 다 봤다고 할 수 없는 것처럼, 영화건 성경 구절이건, 원래 이야기가 시작되는 부분부터 끝나는 부분까지 문단 전체(욘 4:1-11)를 다 읽어야 하는 것입니다.

오늘의 본문 요나서 4장 2절에서 "하나님의 '인애'(헤세드)가 크시다"라는 말을 하고 있는데, 이곳 문맥으로 보면, "하나님은 자비가 많으시고, '인애'가 크시고, 잘 용서하시니, 보나마나 제가 전도하면 우리 민족의 철천지 원수인 니느웨 사람들이 금방 회개할 것이고, 제가 기대하는 앗수르의 멸망은 물 건너갈 것입니다"라는 의미로 요나가 하나님께 항변하고 있는 내용입니다.

요나가 여기에서 사용한 '인애'란 말이 히브리어로 '헤세드'입니다. 영어로 'Loving-kindness,' 'Unfailing Love', 'Steadfast Love' 등, 다양하게 번역될 수 있는 이 용어는 우리말로 번역하면 '다함이 없는', '한결같은', '결코 포기하지 않는', '언약에 성실한 그런 사랑'을 가리키는 말입니다. 이 용어야말로 출애굽 사건 이래 이스라엘 백성들이 경험했던, 가장 독특하고 유일한 하나님의 성품을 대변하는 말입니다.

제가 왜 하필 오늘 이와 같은 '사랑'의 주제를 또다시 다루려 하는지 아십니까? 여러 가지 이유가 있겠지만, 〈탈무드〉에 이런 이야기가 있다고 합니다. "자식들에게 유산을 물려주지 말고 한 가지만이라도 기술을 가르쳐 주어라. 기술을 물려주지 않으면 그 자식을 도둑놈으로 만드는 것이다."

저는 짧은 시간이지만 오늘 여러분에게 가장 소중한 사랑의 기술을 전수해 드리고 싶은 욕망이 있습니다. '사랑'이라는 주제는 신앙이 성숙하면 할수록 더 많은 관심을 갖게 되고, 그 신비한 가치와 능력을 더욱 깊이 이해하게 됩니다. '사랑'이라는 주제는 목사 후보생들의 코어 코스(core course)에 해당한다고 할 수 있고, 이 사랑의 능력을 구비한다면 언제 어디서나 사람들에게서도 존경받고, 하나님께도 칭찬과 인정을 받아, 세상적인 어투로 말한다면 절대로 굶어죽지 않는 형통한 사역자가 될 것입니다.

사도 바울도 고린도전서 13장에서 이런 이야기를 했습니다. "너희들이 방언도 하고 예언도 하고 자기의 모든 재산을 들여 구제를 한다 해도 사랑(아가페, 헤세드)이 없으면 아무것도 아니다", 'Nothing'이다, 박사 학위 열 개를 갖고 있고, A학점을 100개를 받았다 해도 사랑이 없으면 아무것도 아니라는 의미입니다. 그런 의미에서 오늘 여러분에게 사랑의 중요성을 가르쳐 드리고 싶은 것입니다. 기독교 교육을 하는 사람도, 음악을 하는 사람도 교회음악과의 연주 현장에서도 기본적으로 가장 필요한 플러스 알파(plus alpha)가 무엇입니까? 엄마가 해주는 밥과 음식점에서 해주는 밥의 차이, 곧 엄마의 도시락만이 갖고 있는 플러스 알파가 무엇입니까? 어머니의 사랑이 아니겠습니까? 그 둘 사이에 그렇게 필링이 다르다는 것을 우리가 아는 것입니다.

그러므로 이 사랑의 기술에 익숙한 사람이 된다면, 언제나 감동적이고, 능력과 기쁨이 충만한 설교자, 교육자, 연주자가 될 것을 확신하기 때문에, 사랑의 주제를 말씀드리려 합니다. 이 주제처럼 말하기 쉽고 설교하기 쉬운 주제도 없습니다. 어떤 성서학자는 "성경에 가장 많이 나오는 단어 셋이 있는데 첫째가 '사람'이고, 둘째가 '하나님', 셋째가 '사랑'이다. 즉 '사람을 하나님이 사랑하셨다.' 이것이 성경에서 가장 핵심적인 진리다"라고 말했다고 하지 않습니까?

우리가 어려서부터 외운 요절, 요한복음 3장 16절에서도 "하나님이 세상을 이처럼 사랑하사"라는 구절이 가장 핵심적 진리라고 말하지 않습니까? 그리고 사랑에 대하여 설교할 때처럼 성도들이 감동을 받는 때도 없는 것 같습니다.

참된 사랑은 생수와 같고 음식의 소금과 같아서, 우리의 모든 대화와 인간관계 가운데서 반드시 필요한 주제가 아닐 수 없습니다. 여러분이 장신대의 높은 언덕을 올라올 때 높기 때문에 목마르지 않습니까? 모든 사람은 사랑에 목마릅니다. 사랑에 목마르지 않은 사람은 한 사람도 없습니다. 자살 인구가 급증하고 있는데, 왜 자살합니까? 그들의 이야기는 한결같이 아무도 자기를 사랑해 주는 사람이 없었다는 것입니다. 당신의 삶에, 설교에, 교육과 연주 가운데 사랑의 소금을 치시기 바랍니다. 그만큼 여러분의 삶은 업그레이드되는 것을 경험하게 되실 것입니다.

사랑보다 강력한 힘은 없습니다. 원자탄보다도 강한 무적의 무기가 바로 사랑입니다. 로마 제국을 무너뜨린 파워가 바로 예수 그리스도의 복음이었고, 그 복음의 핵심에 사랑이 있었습니다. 로마 제국의 통치자들이 장담했습니다. "바벨론도 무너졌고, 페르시아도 무너졌고, 헬라 제국도 무너졌지만, 로마는 무너지지 않는다. 로마의 문화, 로마의 경제, 로마의 군사 제도와 정치 제도, 원로원, 이것을 무너뜨릴 사상도 없고 군대는 없다." 그러나 그 제국과 그 황제와 그 제도가 바로 예수 그리스도의 사랑에 무너진 것입니다. 예수님이 못 박히시는 장소에 백부장이 있었는데, 백부장은 로마 제국을 대표하는 사람이었고, 로마 문화의 대표자였습니다. 예수께서 돌아가시는 장면을 보고 그가 큰 충격을 받습니다. 예수님의 어떤 말씀에 충격을 받았겠습니까? 그가 "그는 실로 하나님의 아들이었다"라고 고백을 했는데, 그것이 결국 로마 제국의 고백이 되지 않습니까?

콘스탄티누스 황제 이전까지 로마 제국의 정신은 군인 정신이고 복수와 보복의 문화였습니다. 우리가 〈글래디에이터〉(Gladiator)라는 영화를 보고 감동을 받았는데, 그 영화에서도 핵심 주제는 복수였습니다. 결국 복수로 끝나지 않습니까? 열 배, 백 배로 복수를 잘하는 사람이 훌륭한 군인이고 훌륭한 시민이었던 것입니다.

그러나 기독교의 문화는 사랑의 문화요 용서의 문화입니다. 예수님으로부터 이 문화, 이 사상을 전수받은 스데반이 그대로 실천했고, 사도 바울과 베드로와 사도 요한도 그대로 실천하여, 그 영향이 마침내 로마의 시민들에게도 전수되어, 마침내 로마 제국을 무너뜨리게 된 것입니다.

예수께서 가르쳐 주신 이 사랑의 차원은 원수까지도 사랑하는 것입니다. 자기에게 침뱉고 손가락질하며 야유하는 군중을 향하여 "아버지여, 저들이 하는 일을 알지 못해서 그러하오니, 저들을 용서하여 주옵소서"라는 이 말, 이 철학, 이 정신, 이것은 로마 사람들이 과거에 한 번도 들어보지 못한, 그 이전엔 그 어떤 철학자도 가르쳐 준 적이 없는 가장 위대하고 신비하기 그지없는 놀라운 진리였던 것입니다.

원수까지도 사랑함으로써 그 사랑 앞에 모든 원수가 굴복하는 그 진리, 원수까지 사랑하는 사람에게는 원수가 없어집니다. 원수까지 사랑해 버리니까 원수가 있겠습니까? 적이 있겠습니까? 원수까지 사랑했으면 다 정복한 것입니다. 모든 인간의 마음을 정복한 최고의 정복자가 된 것입니다. 미워하는 사람을 사랑하는데, 그쪽에서 어떻게 하겠습니까? 모든 사람을 사랑으로 녹여 더 이상 원수가 없는 경지가 바로 예수께서 일러주신 사랑의 경지입니다.

에베레스트 산에 올라가 느끼는 쾌감이 아무리 좋아도 이 원수 사랑의 쾌감에 비하면 아무것도 아닙니다. 로마 제국이 다 정복하지 못한 세상을 예수 그리스도는 사랑으로 정복하셨습니다. 빌립보서 2장 5절 이하에 있는 것처럼, 모든 무릎이 그 앞에 꿇어 엎드려 예수를 주라고 시인하며, 하나님 아버지께 영광을 돌리게 되는 그 비결, 이보다 더 위대한 힘, 더 위대한 권세가 어디 있겠습니까?

이와 같은 하나님의 사랑이 인간 가운데서 가장 유사하게 복사(카피)된 것이 곧 어머니의 사랑입니다. 우리 모두에게 다 어머니가 계십니다. 어머니를 싫어하는 사람이 있습니까? 어머니를 미워하는 사람이 어디 있습니까? 아담 이래로 태어난 모든 인간이 어머니 앞에 무릎을 꿇었습니다. 누구나 어머니 말은 듣습니다. 어머니의 사랑은 하나님으로부터 그대로 물려받은, 조건 없는 사랑이기 때문입니다. 만약에 어머니의 사랑을 못 느끼는 사람은 둘 중에 하나일 것입니다. 하나는 진짜 어머니가 아니든지, 어머니가 정신 이상이든지, 아니면 자기가 정신 이상이든지, 이건 거짓말이 아닙니다. 여러분 가운데 한 사람도 어머니가 싫은 사람은 없을 것입니다. 어머니의 무조건적인 사랑 때문에 그런 것입니다. 어머니의 사랑이 모든 만민을 굴복시킵니다.

하나님의 사랑 '헤세드'는 이와 같은 어머니의 사랑보다도 더 강력한 감화력을 갖고 있습니다. 인간 개조의 능력을 갖고 있는 것이 사랑입니다. 하나님의 사랑에 감동을 받아 위대한 사역을 이룬, 하나님의 사랑학을 가장 잘 이해하고 전수받은 사람이 사도 요한이라고 생각합니다. 어제 채플에서 이철신 목사님(영락교회)께서 사도 요한을 '사랑의 사도'라고 부르신 것처럼, 요한이야말로 하나님의 사랑, 예수님의 사랑을 가장 잘 이해한 사람 중 하나입니다. 심지어는 하나님이 누구냐고 물었을 때 그는 요한일서 4장에서 "하나님은 사랑이시다"라고 연거푸 대답할 정도로 하나님의 아이덴티티(identity)를 '사랑'으로 정의했던 것입니다.

요한의 공식에 의하면 '하나님 사랑'인 것입니다. 구약적인 용어로 말하면, 하나님은 헤세드이고, 헤세드가 하나님이라는 것입니다. 사도 요한의 논리에 의하면, "이와 같은 하나님의 사랑을 경험한 사람이 다른 사람을 사랑하게 된다. 따라서 하나님을 사랑한다 하면서 이웃을 미워하는 사람은 거짓말하는 자다. 보이는 사람도 사랑하지 못하면서 어떻게 보이지 않는 하나님을 사랑할 수 있겠는가"라는 것입니다.

참사랑은 엄청난 힘을 갖고 있습니다. 〈집으로〉라는 영화를 보셨습니까? 신대원 1학년 필수 과목인 '신학 생활' 수강생 17명이 이 영화를 보고 그 소감을 서로 나누자고 하여 두 주 전에 함께 영화관에 갔었는데, 여러분 가운데 혹시 눈물이 메마른 사람이 있으면 꼭 그 영화를 보십시오. 저는 다섯 번 정도 울었습니다. 제 옆에 있는 여학생은 계속 울더라고요.

감동적인 장면이 많이 나오는데, 외할머니 댁에 간 '상우'라는 아이가 말도 못하고 듣지도 못하는 외할머니를 '병신', '귀머거리'라고 핀잔을 주며 할머니를 마구 구박합니다. 결국 상우가 외할머니를 사랑하게 되는 전환점(turning point)이 있는데, 그가 할머니께 짜장면이 먹고 싶다고 하니까, 호박 농사 지은 것 몇 개를 들고 장날에 버스를 같이 타고 가서, 하루 종일 그걸 팔아 4,000원을 벌어, 그 가운데 2,000원으로 짜장면을 사주고, 할머니는 상우가 먹는 것을 바라보고만 있습니다. 상우가 "할머니는 왜 안 먹어?" 하고 물으니까 "난 -괜찮아"라고 대답합니다.

그 다음에 초코파이가 먹고 싶다고 해서, 1,000원으로 그걸 사준 다음,

남은 1,000원으로는 집에 돌아가기 위하여 상우를 버스에 태워주고, 할머니는 "나는 조금 있다 갈테니 먼저 가라"고 말합니다. 상우는 집에 먼저 도착하여, 다가오는 버스마다 바라보며, 할머니가 이제나저제나 오시려나 기다립니다. 아무리 기다려도 할머니 모습은 보이지 않습니다. 거의 해질 무렵에 저쪽 커브 길을 돌아서 허리가 굽은 할머니가 터덜터덜 걸어 오시는 것을 보고, 이 아이가 큰 충격을 받습니다. 할머니는 차비가 없어서 그 먼 거리를 걸어서 오신 것입니다. 그 일 후에 상우는 할머니를 사랑하고 좋아하게 됩니다.

사랑은 강퍅한 마음도 감동시키는 엄청난 힘이 있습니다. 사랑이 좋은 줄 알지만 사랑할 능력이 없다는 것이 우리의 문제입니다. 제가 지난 학기에도 '상처 받은 치유자로 오신 예수님'이란 제목으로 설교할 때, 제가 좋아하지 않던 여학생에 대하여 말씀드렸습니다. 그 여학생은 저를 좋아하는데, 저는 그 여학생의 사랑에 맞장구쳐 줄 수 있는 사랑이 없어 한계를 느꼈고 그것이 고통이었다고 말씀드렸습니다. 사실 우리는 세상을 살면서 이웃에 대하여 얼마나 자주 혐오감을 느끼게 되고, 좋아하는 사람보다는 싫어하는 사람이 얼마나 많습니까? 오늘 아침에도 차를 타고 오면서 빨간 신호등이 켜졌는데도 그걸 무시하는 운전자들, 새치기하는 자동차들, 또 새벽 기도에 다녀오는데 앞서 걸어가는 사람이 뒤에 따라가는 저를 무시하고 계속 담배를 피우는 모습 등, 얼마나 밉고 싫은 사람이 많습니까? 사실 사랑보다는 저주하고 싶은 대상이 많은 세상입니다.

오늘 본문에 나오는 요나도 사랑의 한계와 장애를 갖고 있었던 대표적인 인물입니다. 요나는 여기에서 물론 유대인의 대표자로 묘사됩니다. 요나를 보면 참 편협한 사람입니다. 옹졸한 사람입니다. 니느웨로 가서 복음을 전하라 하니까 정반대 방향인 다시스로 갑니다. 하나님의 전격적인 간섭으로 결국 니느웨에 도착하여 하나님의 메시지를 전달할 때도 다른 말은 하지 않습니다. 히브리어로는 다섯 자로 되어 있습니다. "40일 후에는 망한다."

"너희들이 죄를 지었으니 하나님이 곧 벌을 주실 테니까 어서 속히 회개하라"든지, 이런 앞뒤가 분명한 메시지가 있어야 할 게 아니겠습니까? 그냥 "40일 후에 망한다"입니다. 말하기가 싫은 것입니다. 니느웨 왕이 그 말을 듣고 눈치를 채고, 짐승까지 베옷을 입혀 금식까지 하며 회개하는 것을 보니 속상한 것입니다. 그래서 하나님께 "죽여주십시오. 죽고 싶습니다. 이럴 줄 알았습니다"라고 항변하는 것입니다. 얼마나 편협합니까?

요나가 안고 있는 문제가 바로 이와 같은 사랑의 장애, 사랑의 한계인데, 그 직접적인 원인이 바로 그의 선민의식 때문입니다. 유대인들의 '이웃'(레 19:18)에는 이방 민족이 포함되지 않고, 다만 자기들과 혈통이 같은 동족에 국한되었던 것입니다. 동족이 아닌 이방인들은 개나 돼지처럼 취급했고, 선교학에서 말하는 것처럼 그들의 선교 개념은 유니버셜리즘(universalism)이 아니고 파티큘러리즘(particularism)이었습니다. 유대인들은 출애굽 사건 이후로 특수주의적 선민 사상에 의식화되어 있어서, 이방인을 향하여는 자기들과 종자가 다르다고 생각했습니다. 하나님의 사랑의 대상은 이스라엘 민족밖에 없다고 생각했던 것입니다. 그러한 아집과 교만과 편견이 얼마나 잘못되었는지 요나서의 저자는 여기에서 지적하고 있습니다. 물론 요나서의 저작 연대가 어느 때인지에 대하여는 학자들마다 견해가 다릅니다.

요나가 그토록 앗수르를 싫어한 이유는 무엇입니까? 역사가들이 고 고학적 연구를 통하여 확인해 주는 것처럼, 지구상에 앗수르 군대처럼 잔인한 군대가 없었다는 것입니다. 북왕국 이스라엘이 앗수르에게 망할 때, 기록에 의하면 아이 밴 여자의 배를 가르고, 포로의 목을 자르는 것은 약과이고, 코를 베고, 산 채로 껍질을 벗기고, 대꼬챙이로 턱을 꿰어 매달고……. 그러니 요나 같은 국수주의자의 입장에서 생각할 때, 철천지 원수였던 앗수르의 수도 니느웨가 백번 천번 저주를 받기를 바라는 것은 당연지사인 것입니다.

그래도 요나는 하나님의 명령을 거역할 수 없어 다만 '망해라. 망해라. 내가 외쳤으니 책임은 너희들에게 있다' 라는 식으로 대충대충 복음을 전합니다. 마치 우리 한국 사람이 일본 사람에 대해 갖고 있는 반감과 비슷한 것입니다. 결국 요나가 안고 있었던 문제는 일종의 피해 망상이었습니다. '저 사람은 나를 해칠 거야' 라는 두려움이 요나로 하여금 니느웨를 사랑하지 못하게 하는 것입니다.

요나가 갖고 있었던 가장 치명적인 약점을 말하라면, 그것은 하나님에 대한 무지(無知), 곧 하나님의 사랑에 대한 무지라 할 수 있습니다. 4장 2절에 분명히 요나는 하나님의 사랑(헤세드/인애)에 대하여 언급합니다. 요나의 말에 의하면, 하나님은 인애가 크신 분입니다. "주께서는 은혜로우시며 자비로우시며 노하기를 더디하시며 인애가 크시사 뜻을 돌이켜 재앙을 내리지 아니하시는 하나님이신 줄 내가 알았음이니이다."

그러나 요나는 하나님의 헤세드가 진정으로 무엇을 의미하는지는 몰랐던 것입니다. 하나님의 눈으로 보실 때 니느웨 사람들은 "좌우를 분별하지 못하는 어린아이"(욘 4:12) 같은 존재들이었습니다. 예수님께서 십자가 위에서 말씀하신 것처럼, 모든 죄는 철없는 어린애들처럼 몰라서, 무지해서 범하게 되는 것 아닙니까? "좌우을 분별하지 못하는 자"가 누구를 가리키는지, 어린애인지, 소나 나귀 같은 짐승인지에 대하여 본문이 애매합니다만, 후자일 경우 하나님은 짐승 한 마리조차도 섣불리 해칠 수 없는 사랑의 하나님이신 것을 요나는 몰랐던 것입니다. 태평양보다도 넓고 태양보다도 더 밝은, 우주보다 더 크신 하나님의 사랑에 대하여 요나는 무지했던 것입니다. 요나가 이해한 하나님의 사랑은 너무나 유치한 것으로, 만약 태평양 물이 본래의 하나님의 사랑이라면, 요나가 이해한 하나님의 사랑은 기껏해야 그 물방울 하나에 지나지 않았던 것입니다. 엄청난 차이입니다.

사랑의 오리진(origin), 즉 사랑의 능력을 공급해 주는 수원지가 무엇이겠습니까? 어디서 우리가 사랑을 다운로드 받을 수 있습니까? 하나님의 차원에 속하는 사랑의 능력을 어떻게 충전 받을 수 있겠습니까? 그것이 문제입니다.

사도 바울은 고린도전서 13장에서 사랑은 은사 곧 '하나님의 선물'이라고 말합니다. 시계가 멎었다면 배터리를 갈아끼워야 다시 작동할 수 있는 것입니다. 영적 원리에도 질량 불변의 법칙이 적용되어, 힘이 고갈된 기계에는 다른 힘이 충전되어야 살아나는 것입니다. 사람은 사랑을 받을 때만 사람일 수 있다는 것입니다. 그러므로 사랑의 능력을 얻는 첫 번째 원리는 먼저 하나님의 사랑을 경험한 사람만이 다른 사람을 진정으로 사랑할 수 있다는 것입니다.

제가 어렸을 때, 제 기억으로는 고등학교 1학년 때, 〈쌍무지개 뜨는 언덕〉이라는 영화를 단체 관람하게 되었는데, 관람 도중에 갑자기 나를 향하신 하나님의 사랑이 얼마나 크신지 생각하게 되었고, 특별히 남들이 그렇게도 들어가고 싶어하는 고등학교의 학생이 되고, 그렇게도 입어보고 싶어하는 교복을 모자를 쓰고, 기차 통학을 하고, 이렇게 군민회관에서 단체로 영화 관람까지 할 수 있도록 인도하신 하나님의 은혜와 사랑이 너무나 감사하여, 눈물 콧물 흘리며 엉엉 울다가 그 영화를 다 보지 못하고 그냥 나온 적이 있습니다.

우리가 어렸을 적에는 학교 운동장에 이동식 천막을 치고 영화를 상영했는데, 당시에는 모두들 영화관에 갈 돈이 없으니까 천막 밖에서 문지기가 문을 열어 주기를 기다리다가 영화가 다 끝나갈 무렵 한 10분 남겨놓고 문을 열어 줍니다. 그러니까 영화가 얼마나 보고 싶었겠습니까? 제가 중학교 시절에 본 영화 가운데 유일하게 기억되는 것이 〈모정〉이란 한국 영화였는데, 그렇게 영화 관람을 한다는 것이 제게는 기적 같은 은혜가 아닐 수 없었습니다.

무엇보다도 당시 그 영화관에서 제가 하나님께 감사한 것은 나보다 잘난 부잣집 애들도 많은데, 오직 나만이 일찍부터 하나님을 알고 초등학교 5학년 때 목사가 되기로 서약하고, 그때부터 중학교 및 고등학교에 보내 달라고 하나님께 기도하여 응답받고, 다들 잘 모르는데도 나만이 하나님을 알고 이처럼 사랑하게 된 것을 생각하니 눈물이 막 쏟아졌습니다. 그런 다음부터 이웃이 불쌍하게 보이고, 사랑하게 되고, 그런 경험이 있습니다.

이와 같이 나같이 추하고 못난 죄인도 용서하시고 기도에 응답해 주시는 하나님의 사랑을 깨달을 때, 그만큼 이웃이 불쌍해 보이고 사랑할 수 있게 되는 것입니다. 제가 〈집으로〉라는 영화를 본 다음에 고민을 많이 했습니다. 그 영화를 보면서 적어도 다섯 번은 울컥한 감정을 누르지 못하고 눈물을 쏟았는데, 그토록 충격적인 감동을 안겨준 70이 넘은 김을분 할머니 때문이었습니다. 버릇없는 손자를 향한 외할머니의 사랑도 이처럼 감동을 주는데, 우리 예수님의 사랑은 성경에서 읽고 들어온 바에 의하면, 이 할머니의 사랑보다 천 배, 만 배, 억만 배나 더 깊고 넓고 높은 것인데도 지금 내 마음엔 이 사랑에 대한 감격도 충격도 못 느끼고 눈물도 없다는 사실 때문이었습니다.

내게 베푸신 예수님의 사랑, 마구간에 태어나시고, 침 뱉음을 당하시고, 나를 위해 엄청난 고통 가운데 돌아가신 그 사랑에 대해서 우리가 얼마나 눈물을 흘리고 있습니까? 불공정(unfair)하고, 불공평하다는 것입니다. 그것이 계속 나에게 부딪쳐왔습니다.

원수에 대한 예수님의 용서 방법은, 요나서에 강조된 것처럼 죄인들이 알지 못해서 그런 잘못을 저지르고 있다는, 인간의 무지와 연약성에 대한 인식에 기초합니다. 이것은 예외 없이 모든 인간에게 적용됩니다. '저들이 하는 일을 알지 못해서' 그렇습니다. 즉 신호등을 위반하는 것도 몰라서 그러는 것이고, 남보다 앞에 가면서 담배를 피우는 것도 내가 그의 담배 연기로 얼마나 괴로워하는지 몰라서 그러는 것입니다.

무지와 어리석음에 억눌린 불쌍한 인간들, 이것이 예수님의 생각입니다. 그토록 엄청난 주님의 사랑을 받았으면서도 별로 충격도 느끼지 못하고 별로 눈물도 흘리지 않는 저 자신의 완악함과 강퍅함도 실은 제가 무지해서 그런 것임을 우리 주님께서 아신다고 생각하기에, 겨우 주님을 향한 양심의 가책에서도 자유할 수 있는 것입니다.

이처럼 우리는 하나님의 사랑을 깨닫는 만큼 이웃을 사랑할 수 있는데, 문제는 이와 같은 하나님의 사랑에 대한 무지와 무능력과 사랑의 한계를 극복할 수 있는 방법이 무엇인가 하는 것입니다. 다행히도 우리는 성경에서 그 방법을 확인하게 되는데, 그것은 사랑의 영이신 성령으로 충만해지는 것입니다. 이 성령님에 대해서는 제가 언젠가 성령 충만에 대하여 설교했기 때문에 다시 다루지 않겠습니다.

참으로 스트레스가 많은 세상, 사랑을 갈급해하는 세상에서 여러분은 이웃에 대해서 미안함을 갖고 있습니까? 주님처럼 사랑하지 못한 것, 그것은 교만 때문일 수도 있습니다. 여러분의 무지 때문일 수도 있습니다. 봄철 좋은 계절에 '헤세드'가 충만한, 복된 주님의 제자들이 되시기 바랍니다.

17

■ 주후 2005년 10월 25일 화요일. 11시 15분 장신대 채플

고귀한 사명, 위대한 생애

이튿날 모세가 백성에게 이르되 너희가 큰 죄를 범하였도다 내가 이제 여호와께로 올라가노니 혹 너희를 위하여 속죄가 될까 하노라 하고 모세가 여호와께로 다시 나아가 여짜오되 슬프도소이다 이 백성이 자기들을 위하여 금 신을 만들었사오니 큰 죄를 범하였나이다 그러나 이제 그들의 죄를 사하시옵소서 그렇지 아니하시오면 원하건대 주께서 기록하신 책에서 내 이름을 지워 버려 주옵소서 여호와께서 모세에게 이르시되 누구든지 내게 범죄하면 내가 내 책에서 그를 지워 버리리라 이제 가서 내가 네게 말한 곳으로 백성을 인도하라 내 사자가 네 앞서 가리라 그러나 내가 보응할 날에는 그들의 죄를 보응하리라 여호와께서 백성을 치시니 이는 그들이 아론이 만든 바 그 송아지를 만들었음이더라 (출 32:30-35)

믿음으로 모세는 장성하여 바로의 공주의 아들이라 칭함 받기를 거절하고 도리어 하나님의 백성과 함께 고난 받기를 잠시 죄악의 낙을 누리는 것보다 더 좋아하고 그리스도를 위하여 받는 수모를 애굽의 모든 보화보다 더 큰 재물로 여겼으니 이는 상 주심을 바라봄이라 믿음으로 애굽을 떠나 왕의 노함을 무서워하지 아니하고 곧 보이지 아니하는 자를 보는 것 같이 하여 참았으며 (히 11:24-27)

여러분은 하나님께 예배드리기 전에 몇 사람과 인사를 했습니까? 우리 '샬롬!' 하고 서로 인사해 봅시다. '샬롬'은 히브리어로 평안과 행복을 비는 축복의 인사입니다. 이스라엘에 가서 입국 수속할 때 '샬롬!' 하고 인사하면 굳어 있던 여군들의 얼굴이 환하게 밝아지는 것을 보게 됩니다. '샬롬'을 발음할 때 히브리어는 악센트가 뒤에 있음을 참고하십시오.

인간을 가리켜 '호모 사피엔스'(homo sapiens), '이성적 인간', '생각하는 갈대' 라고 합니다. 데카르트는 "나는 생각한다. 고로 나는 존재한

다"(Je pense, donc ju suis.)라고 말했는데, 여러분은 지금 무슨 생각을 하고 계십니까? 애인을 생각하는 사람도 있을 테고, 친구, 부모, 자녀, 결혼, 돈, 명예, 건강, 리포트, 욘사마 등등 여러 가지 생각을 하실 것입니다. 미친 사람 외에는 생각 없이 사는 사람이 없을 것입니다.

무엇을 생각함에 있어서 우리가 반드시 기억해야 하는 것은, 잠언 23장 7절 말씀처럼, "대저 그 마음의 생각이 어떠하면 그 위인도 그러하다"는 것입니다. 여러분이 생각하는 그만큼 큰 사람도 될 수 있고 작은 사람도 될 수 있고, 인격자가 될 수도 있고 졸렬한 사람이 될 수도 있다는 사실입니다. 도둑놈은 도둑질만 생각하고 제비족은 제비질만 생각하기 때문에, 그런 인간이 되는 것입니다. 생각이 그 사람을 만듭니다.

오늘의 주제는 '고귀한 사명, 위대한 생애'인데, 저는 오늘 여러분에게 위대한 생각을 하며 위대한 생애를 살았던 모세의 이야기를 하려 합니다.

먼저 모세가 얼마나 위대한 인간인가 한번 생각해 봅시다. 그의 사상의 폭과 크기, 넓이와 깊이, 영향력 등 여러 면에서 그는 참으로 위대한 사람입니다. 그는 이스라엘의 국부였습니다. 위대한 사람을 보통 '그레이트 맨'(Great Man)이라 표현하지만, 이 사람은 그레이티스트 그레이트 맨(The Greatest Great Man)입니다. 엊그제도 여러 교수님들과 함께 안성에서 열린 기독교학회(KAATS)에 다녀오면서 한 교수님이 "참, 바울이라는 사람, 공부하면 할수록 위대한 인간이다"라고 말씀하시는 것을 들었습니다.

모세도 구약성경을 읽을수록 "참으로 위대한 생애를 살았던 사람이다"라 말을 할 수 있습니다. 소위 조지 워싱턴이나 에이브러햄 링컨, 이런 사람들은 저리 가라 할 정도로 모세는 위대한 사람으로서, 구약에서는 다윗과 쌍벽을 이루는 불멸의 영웅이라고 할 수 있습니다. 그의 일생이 영화 〈십계〉에서 잘 표현되고 있습니다. 그는 200만 정도의 이스라엘 백성을 바로의 억압에서 구출해서 가나안 복지로 인도한 사람입니다.

저는 미국에서 한 5년 목회를 했는데, 대체로 제 사이즈가 그래서인지, 늘 50명 정도의 작은 교회에서 목회를 했습니다. 제가 이 경험을 통하여 터득한 진리는 "50명도 목회하기 힘들다"는 생각이었습니다. 한 교회에서는 너무나 힘들어서 일 년도 안 되어 사임한 적도 있습니다.

참으로 200만이나 되는, 100년 이상 노예 근성에 찌든 오합지졸을 하나님의 백성으로 업그레이드 시켜서, 시내 산에서 마침내 여호와 하나님과 중매하여 계약을 맺게 하고 거기서 국가를 탄생시킨 국부가 바로 모세입니다.

오늘의 출애굽기 본문처럼, 그는 백성을 위해서 생명을 바쳐 죽을 각오를 했던 사람입니다. 어떤 학자의 말로는 모세가 가나안에 못 들어간 이유는 백성을 들여보내고 자신은 백성을 위하여 가나안을 포기하려고, 즉 백성에 대한 그의 사랑 때문이었다고 말합니다.

그는 신명기 34장 10절에 나온 것처럼, 여호와 하나님께서 대면하여 아시던 자로서, 예수님 이외에는 모세보다 더 가까이서 하나님과 대면하여 교제를 나눴던, 거룩의 극치를 경험했던 사람은 없습니다. 인간은 죄가 많기 때문에 하나님을 보면 죽게 되어 있는데, 이 사람은 살아난 것입니다. 그는 위대한 신학자로서 소위 '토라'라고 하는 오경의 구두(口頭) 저자였습니다. 물론 많은 부분을 그가 썼다고 생각합니다만, 이 오경은 인류 구원의 영원한 베스트셀러입니다. 아마도 유대인을 오늘날 세계 제1의 일등 국민으로 만든 텍스트북이, 유대인들의 생각에 의하면, 바로 이 토라 곧 모세의 작품입니다. 유대인들은 모세가 써놓은 토라를 읽고 가장 지혜로운 민족이 되었고, 가장 정신력이 강한, 2천년을 떠돌이 나그네 생활을 하면서도 정체성을 잃어버리지 않은 민족이 되었던 것입니다.

어떤 분은 유대인들이 노벨상의 30%를 점령하고 있다고 말합니다. 아인슈타인, 키신저 등의 배후에는 토라가 있고, 토라의 배후에는 모세가 있습니다. 미국에서는 지금도 유대인들이 은행에서 돈을 빼 가면 경제가 기침을 하고, 한국은 독감에 걸린다는 이야기가 있습니다. 제가 미국 애틀랜타에서 9-10년 살았는데, 한국 분들이 큰 건물의 청소를 맡아 합니다. 세탁소도 많이 하고. 그분들이 하는 이야기가, 큰 20-50층 건물의 주인이 누구냐 하면 거의 다 유대인이라는 것입니다.

또한 모세는 인격의 최고봉에 도달했던 사람입니다. 민수기 12장 3절에 보면 "모세는 온유함이 지면의 모든 사람보다 더하더라"고 했습니다. 지구촌 65억 인구 가운데 그 누구도 모세처럼 겸손한 사람이 없을 정도로 모세는 온유와 겸손의 세계 챔피언이었습니다. 예수 그리스도를 제외하고 말입니다.

도대체 모세는 무슨 생각을 했길래 이와 같이 위대한 생애를 살 수 있었겠습니까? 잠언 23장 7절을 다시 인용합니다. "대저 그 마음의 생각이 어떠하면 그 위인도 그러한즉."

모세의 생각, 그의 사상의 절정은 오늘의 구약 본문에 잘 나타나 있습니다. 본문 출애굽기 32장 전후를 잘 살펴보면, 이스라엘 백성들이 시내 산에서 하나님과 언약을 맺을 때 모세가 산에 올라간 사이에 아론의 금송아지를 만들어 결과적으로 시내 산 계약(Sinai Covenant) 항목 중 가장 중요한 부분인 제1계명과 2계명을 범하게 되고, 결국 계약을 파기할 뿐만 아니라 여호와 하나님께 정면으로 도전하게 됨으로써 진노하신 하나님께서 이스라엘 백성을 진멸시키기로 작정하시고, 그 대신 모세와 그의 가문을 통해서 다시 새롭게 이스라엘을 건설하겠다고 모세에게 말씀하신 것입니다.

우리 같으면 "아멘, 할렐루야! 어서 속히 그리하옵소서"라고 대답했겠지만 모세는 그러지 않고 오히려 "주께서 인도하신 위대한 민족을 주님께서 다시 진멸하시면 주님의 명예에 손상을 입히지 않겠습니까? 광야에서 죽이려고 백성을 인도한 하나님을 누가 믿겠습니까? 하나님께 불명예가 되지 않겠습니까?" 하는 어조로 백성를 대변하여 기도했던 것입니다.

이때 모세는 다시 40일 동안 시내 산에 올라가 생명을 건 중보기도를 시작하게 됩니다. 신명기 9장 18-21절은 이 부분을 아주 잘 묘사해 주고 있습니다.

"그리고 내가 전과 같이 사십 주 사십 야를 여호와 앞에 엎드려서 떡도 먹지 아니하고 물도 마시지 아니하였으니 이는 너희가 여호와의 목전에 악을 행하여 그를 격노하게 하여 크게 죄를 지었음이라 여호와께서 심히 분노하사 너희를 멸하려 하셨으므로 내가 두려워하였노라 그러나 여호와께서 그때에도 내 말을 들으셨고 여호와께서 또 아론에게 진노하사 그를 멸하려 하셨으므로 내가 그때에도 아론을 위하여 기도하고 너희의 죄 곧 너희가 만든 금송아지를 가져다가 불살라 찧고 티끌같이 가늘게 갈아 그 가루를 산에서 흘러내리는 시내에 뿌렸느니라"(신 9:18-21).

한마디로 말하면 백성을 위하여 40일 동안 금식 기도를 드렸다는 내용입니다.

　여기에 모세의 신학과 사상의 절정(클라이맥스)이 있습니다. "이스라엘 백성을 위해서, 이스라엘 백성의 인구 목록에서 내 이름을 지워주십시오. 차라리 저를 죽이시고 백성을 살려 주십시오." 그런 간구를 한 것입니다. 이야말로 자연인의 이기적 본성의 한계를 극복하고 초월한 극적인 장면이 아닐 수 없습니다.

　인간은 얼마나 이기적이고 얼마나 계산이 빠른지, 절대로 손해 보는 장사를 하지 않으려 합니다. 1초도 손해 보려 하지 않고, 1원도 10원도 절대 양보하지 않으려는 것이 인간입니다. 그렇거든 하물며 동족을 위하여 생명을 포기한다고 하는 것은 상상을 초월하는 것입니다. 강도가 들어도 천하를 다 줘도 자기 생명만큼은 포기할 수 없는 것이 인간인 것입니다. 예수님께서도 그런 말씀을 하셨지 않습니까? "온 천하를 차지한들 생명을 잃으면 무슨 소용이 있으리요." 천하를 다 줘도 바꾸지 않는 생명을, 동족을 위하여 포기하겠다는 것은 참으로 백성을 사랑하는 모세의 지도력의 절정이라고 할 수 있습니다.

　저는 제가 다니는 교회와 울타리 하나 사이를 둔 아파트(10층)에서 살고 있는데, 집에서 교회까지 3분밖에 안 걸릴 정도로 가깝습니다. 6시에 시작하는 새벽 기도에 참석하기 위해서 주로 6시 5분 전에 엘리베이터를 탑니다. 그런데 꼭 새벽에 출근하는 아가씨가 8층에 살고 있습니다. 그래서 제가 내려갈 때 보면 꼭 그 아가씨가 중간에 올라탑니다. 1초라도 빨리 내려 가야 하는데 이 아가씨가 제 시간을 빼앗기 때문에 기분이 안 좋습니다. 이 아가씨를 피하기 위해 어떤 때는 7분 일찍 엘리베이터에 올라탑니다. 그 7·8초 가까운 시간을 절약하기 위해서입니다. 그리고 엘레베이터에서 나와 아파트 문을 통과하는데 문 앞에 누가 봉고차를 세워 놓고 길을 가로막아서 또 2초 정도 늦어집니다. 기분이 나쁩니다. 조금 더 가다가 교회 앞에 '저 높은 곳을 향하여' 라는 문구가 새겨진 큰 돌이 있습니다. 거기가 마지막 코너인데, 가능하면 그 코너를 가장 안쪽으로 돌아가려고 바쁘게 걸어가는데, 또 어떤 젊은 부부가 팔짱을 끼고 저보다 더 안쪽으로 들어와 길을 가로막습니다.

제가 오늘 이 설교를 준비하면서 생각해 보았습니다. 나같이 별로 바쁘지 않은 사람도 1초가 아까워 빼앗기지 않으려고 발버둥치는데, 모세가 백성의 구원을 위하여 생명까지 포기하며 손해 볼 작정을 했다니, 그야말로 굉장한 사람이 아니겠습니까?

모세가 백성들을 위해 그토록 위대한 인격의 경지에 도달할 수 있었던 배경과 원인은 무엇이겠습니까? 이 사건의 배경을 역사적으로 재건하여 다음과 같이 설명할 수 있을 것입니다. 그는 철저한 사명 의식을 갖고 있었기 때문입니다. 이 사명 의식은 정체성 의식과 같은 것이라고 할 수 있는데, 나는 누구인가 무엇을 위해서 사는 자인가, 이와 같은 질문에 대한 확실한 대답을 갖고 있었던 것입니다.

정체성과 관련된 유머가 많이 있습니다만, 보통 사람들은 자기의 정체와 사명에 대해서 그렇게 확실한 의식을 갖고 있지 않습니다. 어떤 아이가 아빠에게 와서는 말합니다.

"아빠, 난 바보인가 봐. 친구들이 나보고 바보래!"

"무슨 소리! 누가 뭐래도 넌 바보가 아니다."

그 다음날에도 다시 아이가 말합니다. "아빠, 난 바보인가 봐. 잘하는 것도 없고."

"넌 절대로 바보가 아니야, 우리 가문에는 바보가 없어."

셋째날에 또다시 아빠에게 "그래도 난 바보인가봐"라고 말하자, 아빠가 뭐라고 대답했는지 아십니까? "이 바보 자식아! 넌 바보가 아니다!"

자신에 대한 뚜렷한 정체성 의식이 인간을 위대한 사람으로 만드는 것입니다. 모세의 자기 정체성 의식은 바로 자기가 백성을 구원해야 할 사명을 받은 지도자라는 것입니다. 그는 일찍부터 이와 같은 사명감을 갖고 있었습니다. 물론 그는 애굽에서 애굽 사람을 쳐 죽인 다음 도망쳐 나와, 그간 40년 동안 광야에서 목동 생활을 하면서, 양의 운명이 목자에게 달려 있다는 사실을 너무나 절실하게 경험했던 것입니다. 광야 40년 동안 뼈저리게 체험한 것입니다. 이제 양 떼와 같은 백성들, 과거 200년 종살이로 찌든 동족들인데, 이들이 나를 믿고 애굽에서 떠났는데, 하나님께서 나에게 이 사명을 맡겼는데, 생명을 바쳐 이 사명을 이행해야 된다는 사명 의식이 그의 마음에 가득했던 것입니다.

이러한 사명 의식이 있었기에 그는 백성을 자기 생명보다 소중히 여길 수 있었던 것입니다. '나는 절대로 백성을 배신하지 않겠다. 양을 배신하지 않겠다'는 지도자로서의 사명과 정체 의식이 그로 하여금 이와 같은 생명을 건 기도를 드릴 수 있게 했던 것입니다.

그는 또 하나님의 정체성에 대한 바른 이해를 갖고 있었습니다. '나는 누구이고 하나님은 누구입니까?'라는 신학적인 질문에 해답을 갖고 있었습니다. 그는 하나님의 사랑을 그 누구보다도 진하게 경험했기 때문입니다. 40년 동안 광야의 고독, 아무도 알아주지 않는 자신을 40년 동안 기다리셨다가, 때가 되어 만나주신 하나님의 사랑과 은혜, 또 자기에게 주신 능력의 지팡이, 열 가지 재앙으로 보여주신 하나님이 능력, 홍해에서의 위대한 이적 등은 모세가 그 누구보다도 분명히 의식했던 영원히 변치 않는 하나님의 사랑의 증거였고, 이와 같은 하나님의 사랑에 대한 확신이 있었기 때문에 기꺼이 자기 생명을 포기하는 기도를 드릴 수 있었던 것입니다.

"여호와는 분명히 살아 계신 하나님이다. 내가 여호와의 종으로서 생명을 포기해도 이 직분만 보존된다면 그것으로 만족한 것이고, 여호와는 언약을 지키시는 성실한 분이기 때문에, 한번 구원자는 영원한 구원자이기 때문에, 나는 하나님을 믿고 내 생명을 맡길 수 있다. 하나님은 절대로 나를 배신하지 않으시고, 내가 보여드린 충성에 대해서 반드시 상 주실 것이다."

이와 같은 하나님 인식이 그로 하여금 그런 결단을 가능케 했습니다. 히브리서 11장 6절에 '하나님께 나아가는 자는 반드시 그가 계신 것과 또한 그가 자기를 찾는 자들에게 상 주시는 이심을 믿어야 할지니라"고 했습니다. 이와 같은 평가 속에서 히브리서 기자는 11장 24절 이하에서 모세가 바로의 왕권을 포기하고 백성과 함께 고난을 택한 것은 바로 상 주시는 하나님을 믿었기 때문이라는 설명을 덧붙이고 있습니다.

하나님은 상 주시는 분이기 때문에, 'Give & Take' 원리에 따라서 내 가장 소중한 것을 드리면 하나님께서도 내게 가장 소중한 것으로 갚아 주십니다. 하나님에 대하여 이와 같은 인식을 했던 사람이 바로 아브라함이고, 다윗이었습니다. 다윗도 골리앗을 맞이하여 생명을 걸고 나아간 것 아닙니까? 이와 같은 인식이야말로 하나님께 대한 충성과 사랑의 극치입니다. 내가 생명을 바치면 다 바친 것이니까, 하나님께서도 내게 최고의 가장 좋은 선물을 주실 것을 확신했던 것입니다.

순교자의 정신이 바로 이것입니다. 하나님의 사랑의 수준에 도전한 것입니다. 하나님도 무한대의 사랑을 갖고 계시기 때문에, 그 사랑의 절정은 자기 아들을 죽이는 것이었고, 우리를 위하여 자신의 생명을 바치신 것이 아니겠습니까? 모세가 그런 하나님의 수준에 도달했을 때, 하나님께서는 첫 번째 기도는 안 들으셨지만 두 번째 기도는 들으시고, 백성을 진멸하지 않으시는 것을 볼 수 있습니다.

셋째로, 모세는 기도의 위력을 알고 있었습니다. 기도의 위력을 생각한 사람입니다. "하나님은 반드시 기도를 들어주신다. 온 우주에 충만하신 하나님이기 때문에 어디에서나 들으신다. 기도하는 만큼 하나님께서 주신다"는 사실을 알고 있었습니다. 기도 가운데서도 가장 강력한 기도 금식 기도인 것을 알았습니다. 금식 기도는 생명을 거는 기도입니다. 인간인격의 최고봉이 바로 생명을 건 중보기도입니다. 자신을 위해서가 아닌, 남을 위해서 생명을 걸고 기도하는 그 경지, 그것이 바로 하나님을 감동시킨 행동이었습니다.

하나님도 인격자이시기 때문에, 파토스(Pathos)의 하나님께서는 생명을 걸고 죽어가면서 하나님께 부르짖는 약자의 기도는 결코 외면할 수 없는 것입니다. "기도와 금식 외에는 이러한 잡신(雜神)이 나갈 수 없다"는 예수님의 말씀도 같은 맥락에서 이해할 수 있는 것입니다. 인간의 생명의 한계는 40일까지 금식할 수 있다고 하는데, 예수님도 40일 금식하셨습니다. 이것이 바로 모세의 위대한 점입니다.

여러분은 지금 어떤 생각을 하고 계십니까? 어떤 기도를 하고 있습니까? 기도의 내용을 보면 그 사람의 영적 수준을 알 수 있다고 합니다. "대저 그 마음의 생각이 어떠하면 그 위인도 그러한즉"(잠 23:7) 기도는 자기 생각의 수준만큼 하나님께 아뢰는 것입니다.

여러분에게 사명 의식이 있습니까? 인간은 태어날 때 10억 대 1의 경쟁을 물리치고 태어난다고 합니다. 하나의 정자와 난자가 결합하기 위해서는 10억 대 1의 경쟁을 거쳐 탄생하게 되는데, 그렇다면 하나님께서 10억의 인구를 제쳐놓고 여러분을 선택하여 세상에 보내셨다면, 여러분은 분명히 하나님께서 지정해 주신 사명이 있는 것입니다.

하나님께서 얼마나 여러분을 사랑하시는지, 그 인식의 수준에 따라서 여러분의 사명 의식도 달라질 수 있습니다. 하나님의 놀라운 사랑, 복음을 전달할 책임, 이에 대하여 여러분은 얼마나 생각하고 있습니까? 우리 장신대는 세상에서 가장 훌륭한 신학대학교라고 우리가 자처하고 있고, 장자 교단으로서의 엄청난 역할을 부여받은 우리 교단의 가장 앞서가는 신학의 신학도로서 우리가 공부하고 있는 것입니다. 우리의 사명이 우리 교회에 영향을 미치고, 우리 민족에게 영향을 미치고, 또 세계 역사에도 분명히 영향을 미칠 것을 부인할 수 없는 것입니다. 우리 장신대의 이념은 '예수 그리스도의 복음 전파와 하나님 나라의 구현' 입니다. 우리가 이런 이념을 잊지 말고 항상 생각해야 할 것입니다.

'21세기 장신 비전' 은 '민족 복음화와 세계 선교를 지향하는 세계적인 신학대학' 입니다. 우리는 글로벌 마인드, 곧 세계를 책임지겠다는 비전을 갖고 학업에 임해야 할 것입니다. "장신대가 망하면 세계가 망한다"는 중차대한 사명을 가지고 여러분과 제가 이 자리에 서 있는 것입니다.

무엇이 위대한 지도자입니까? 위대한 생각을 하는 사람이 위대한 지도자입니다. 저는 대학교 때 어떤 서클 환영회에서 어떤 선배가 이런 이야기를 하는 걸 들었습니다. 각각 자기 꿈을 발표하게 되어 있었는데, 그 선배는 "나는 30억 인구와 악수하는 꿈을 갖고 있다"라고 했습니다. 당시(1966년 경) 세계 인구가 30억이었는데, 지구촌 30억 영혼을 위해서 기도하는 것이 자신의 꿈이라는 이야기였습니다. 그 선배는 키는 작았지만 엄청난 생각을 하는 사람이라는 생각이 들었습니다. 사람은 생각하는 만큼 행동하는 것입니다. 현재 지구에는 65억 인구가 살고 있습니다.

지금도 하나님은 모세처럼, 예수 그리스도처럼, 바울처럼 생명을 걸고 복음을 전할 사명자를 찾으십니다.

제 꿈이 있다면 제가 은퇴하기 전에 이루어질지 모르겠는데, 우리 학교에 '순교자의 전당'(Martyrs' Hall)을 만드는 것이고, 세계 난민 구조 태스크포스(task force)를 설립하는 것입니다. 미국의 어느 신학교에 가면 거기에 순교자의 홀이 있어서 이 사람은 어느 나라에서 순교를 했고, 우리 학교 몇 기 졸업생이다, 이런 소개를 하는 '순교자의 전당'이 있다고 합니다. 65억 인류를 섬길 지도자라면, 그와 같은 생각을 하는 사람이라면, 그런 꿈을 가르치는 신학교라면, 우리 학교가 참으로 인도네시아 해일과 루이지애나의 카트리나(태풍)와 파키스탄의 지진으로 고생하는 사람들에게 긴급하게 구조단을 보낼 수 있어야 하지 않겠습니까? 이를 위해 기독교 사회복지학과도 빨리 설립해야 하지 않겠습니까? 학생들이 해외 선교지에 견습 선교사로 갔다 오면 의식이 바뀌는 것을 봤는데, 2천여 명 전교생이 의무적으로 견습 선교사로 다녀오게 하는 그런 생각도 해 봅니다.

여러분은 얼마나 여러분의 사명을 위해서 기도하고 계십니까? 기도 없이 여러분이 어떤 사명을 감당할 수 있겠습니까? 위대한 지도자들의 한결같은 공통점은, 아브라함도 그렇고 모세도 사무엘, 예수님까지도, 조지 워싱턴, 링컨, 무디 등, 이들에게 한결같은 공통점이 있다면 그것은 그들 모두 기도하는 사람이었다는 사실입니다. 여러분의 기도의 범위는 어디까지이고, 여러분의 기도의 강도는 얼마나 강합니까?

저는 장신대 채플에 들어올 때마다 참으로 걱정하는 것이 많습니다. 장신대 채플은 우리 교단의 얼굴이고, 장차 한국 교회의 상징이요 예고편이라고 할 수 있는데, 제가 여기에 들어올 때마다 저는 시골에서 어렸을 때 듣던 봄철 개구리 우는 소리를 듣습니다. 와글와글 마치 남대문시장 같은 그런 느낌을 받습니다. 그런 생각도 해봅니다. 악화(惡貨)가 너무 많고 양화(良貨)가 적다는 생각입니다. 일찍 들어와서 기도하는 사람도 있지만, 기도하지 않고 떠드는 사람이 너무 많습니다. 기도하지 않고 잡담하는 사람은 온갖 가래침 같은 소리를 뱉어 놓는데, 그것을 씻어낼 물, 양화가 적은 것입니다.

여러분이 참으로 65억의 생명을 놓고 기도하는 지도자라면 얼마나 기도해야 되겠습니까? 얼마나 사명 의식에 투철해야 되겠습니까? 밤새 기도해도 부족하지 않겠습니까? 웨슬리는 지구위를 품고 "이 지구의 모든 인류가 내 교구요, 양 떼입니다"라는 기도를 드렸다고 합니까?

우리가 지구촌 65억 영혼들을 위해서 기도를 할 때 얻는 이익이 무엇이겠습니까? 그것은 바로 환희와 기쁨입니다. "내가 드디어 모세의 수준에 이르렀다. 예수와 바울의 수준에 도달했다. 하나님께서 독생자를 희생하는 그 사랑의 수준에 이르렀다" 하는 확신과 기쁨을 맛보게 될 것입니다. 그때부터 마음의 자유와 평안이 몰려올 것입니다. 65억이 내가 지켜야 할 양 떼라면 그 누구와 우리가 원수를 맺겠습니까?

제가 사는 아파트 1층 거주민은 담배를 어떻게 피우는지 겨울에는 밖에서 피우고 않고 아파트 통로에서 피웁니다. 그 연기가 10층까지 올라옵니다. 저는 그런 생각을 했습니다. '저 사람 이사 갔으면 좋겠다.' 그런데 그 생각을 바꿨습니다. 저 사람도 65억 가운데 한 사람이고 내가 구원해야 할 양 떼라고 생각하니까 그런 미운 마음이 없어졌습니다. 여러분은 지금 무슨 생각을 하고 계십니까, 어떤 사명을 갖고 계십니까?

■ 주후 2007년 6월 10일 설교

18

다윗의 마음, 위대한 리더십

다윗이 이스라엘에서 뽑은 무리 삼만 명을 다시 모으고 다윗이 일어나 자기와 함께 있는 모든 사람과 더불어 바알레유다로 가서 거기서 하나님의 궤를 메어 오려 하니 그 궤는 그룹들 사이에 좌정하신 만군의 여호와의 이름으로 불리는 것이라 그들이 하나님의 궤를 새 수레에 싣고 산에 있는 아비나답의 집에서 나오는데 아비나답의 아들 웃사와 아효가 그 새 수레를 모니라 그들이 산에 있는 아비나답의 집에서 하나님의 궤를 싣고 나올 때에 아효는 궤 앞에서 가고 다윗과 이스라엘 온 족속은 잣나무로 만든 여러 가지 악기와 수금과 비파와 소고와 양금과 제금으로 여호와 앞에서 연주하더라 그들이 나곤의 타작 마당에 이르러서는 소들이 뛰므로 웃사가 손을 들어 하나님의 궤를 붙들었더니 여호와 하나님이 웃사가 잘못함으로 말미암아 진노하사 그를 그 곳에서 치시니 그가 거기 하나님의 궤 곁에서 죽으니라 여호와께서 웃사를 치시므로 다윗이 분하여 그 곳을 베레스웃사라 부르니 그 이름이 오늘까지 이르니라 다윗이 그 날에 여호와를 두려워하여 이르되 여호와의 궤가 어찌 내게로 오리요 하고 다윗이 여호와의 궤를 옮겨 다윗 성 자기에게로 메어 가기를 즐겨하지 아니하고 가드 사람 오벧에돔의 집으로 메어 간지라 여호와의 궤가 가드 사람 오벧에돔의 집에 석 달을 있었는데 여호와께서 오벧에돔과 그의 온 집에 복을 주시니라 어떤 사람이 다윗 왕에게 아뢰어 이르되 여호와께서 하나님의 궤로 말미암아 오벧에돔의 집과 그의 모든 소유에 복을 주셨다 한지라 다윗이 가서 하나님의 궤를 기쁨으로 메고 오벧에돔의 집에서 다윗 성으로 올라갈새 여호와의 궤를 멘 사람들이 여섯 걸음을 가매 다윗이 소와 살진 송아지로 제사를 드리고 다윗이 여호와 앞에서 힘을 다하여 춤을 추는데 그 때에 다윗이 베 에봇을 입었더라 다윗과 온 이스라엘 족속이 즐거이 환호하며 나팔을 불고 여호와의 궤를 메어오니라 (삼하 6:1–15)

폐하시고 다윗을 왕으로 세우시고 증언하여 이르시되 내가 이새의 아들 다윗을 만나니 내 마음에 맞는 사람이라 내 뜻을 다 이루리라 하시더니 (행 13:22)

구약성경에 나오는 수많은 지도자들 가운데 다윗처럼 훌륭한 지도자는 많지 않습니다. 그는 성서 저자들이 대서특필한 인물이고, 구약성경 전체를 통하여 그에게 할애된 지면이 가장 많습니다만, 그만큼 이스라엘 백성들로부터도 가장 인기가 많았던 지도자였습니다. 그는 이스라엘의 염원인 통일 왕국의 이상을 실현한 지도자였고, 주변의 모든 나라를 굴복시켜 속국으로 거느림으로써 이스라엘 역사상 가장 부강했던 '다윗 제국'(Davidic Empire)을 건설하였습니다. 그리고 이를 통하여 이스라엘 백성에게 전무후무한 부귀와 영광과 긍지를 안겨준 지도자였습니다.

다윗 황제의 통치 아래서 이스라엘 백성들은 하나님께서 아브라함에게 약속하신 대로 "유브라데(강)에서 애굽 강까지" 뻗친(창 15:18) 방대한 영토를 차지할 수 있었으며(삼하 8:1-12; 왕상 4:21, 24), 황국의 백성답게 "은을 돌같이 백향목을 평지의 뽕나무처럼"[1] 흔하게 사용할 수 있는 풍요와 평화를 누릴 수 있었습니다.

이와 같은 다윗의 리더십에 감탄한 성서 저자들은 이구동성으로 다윗을 이스라엘 역사상 그 유례가 없는 지도자의 모델로 삼아 다윗 이후에 등장하는 이스라엘과 유다의 모든 왕들에 대한 업적 평가의 표준(standard)으로 삼았다는 사실은 결코 놀라운 일이 아닙니다. 이 표준에 따라 구약성서의 저자들은 종종 어떤 왕에 대하여는 '다윗같이' 통치하였다(왕상 15:11; 왕하 18:3, 22:2; 대하 17:3 등)는 긍정적인 평가를 내리고, 어떤 왕에 대하여는 '다윗같지 아니하였다'(왕상 11:4,6,23,33, 14:8, 15:3; 왕하 14:3, 16:2 등)고 부정적인 평가를 내리고 있음을 볼 수 있습니다.

더 나아가, 이들 역사가들은 때때로 다윗이 하나님에 의하여 '나의 종'(왕상 11:13,32,34, 14:8 등)이라 불린 대표적 군주로 언급함으로써, 그리고 여호와 하나님과 '다윗의 하나님'(왕하 20:5)을 동일시함으로써 다윗

---

1) 이 말은 솔로몬 시대의 풍요를 가리키는 데 사용되었으나(왕상 10:27), 이 말이 현실로 실현되도록 만든 그 직접적인 배후인물이 다윗이었다는 사실을 의심할 사람은 아무도 없을 것이다.

이 하나님께로부터 전폭적으로 인정받은 위대한 지도자였음을 강조합니다.

특히 오늘의 신약 본문이 밝히고 있는 것처럼 다윗은 하나님께로부터 "내 마음에 합한 사람" 즉 하나님의 마음에 꼭 들어맞는 친구와 같은 사람이라는 명예로운 별명까지 얻게 되었으며, 하나님은 그를 너무나 좋아하신 나머지 그의 후손 가운데서 메시아(그리스도)가 태어날 것과 이 메시아를 통해 다윗 왕조가 영원히 지속될 것을 약속하셨던 것입니다 (삼하 7장; 사 9:6-7, 11:1-5 등).

하나님께서는 때가 되자 이와 같은 약속을 이행하셨고, 신약성경의 첫 절에서 언급되는 바와 같이(마 1:1), 이후로 영원토록 다윗은 아브라함과 함께 만왕의 왕이시고 인류의 영원한 소망이신 최고의 지도자 예수 그리스도(메시아)의 조상으로 불리게 되었습니다.

무엇이 다윗으로 하여금 사람들은 물론 하나님께로부터도 그토록 칭찬과 인정을 받는 위대한 지도자가 되도록 만들었습니까? 다윗의 마음에 무슨 생각이 있었기에 하나님께로부터 "내 마음에 합한 사람"이라는 칭호까지 얻게 되고, 그의 어떤 생각이 그토록 진한 감동을 하나님께 안겨 드렸겠습니까?

한 사람의 행동을 보면 그의 생각과 꿈을 알 수 있다는 말, 그리고 그 사람의 생각이 어떠하면 그 위인도 그러하다는 잠언 23장 7절의 말씀처럼 다윗이 왕이 된 직후 가장 먼저 실천하는 사업을 보면 그의 생각과 꿈을 알 수 있고, 그의 마음을 지배하는 생각이 무엇인지 알 수 있습니다. 다윗이 헤브론에서 유다 지파의 왕이 되고 이어서 이스라엘 열 지파의 왕으로 추대됨으로써 명실공히 통일 왕국의 황제로 등극한 다음에(삼하 2-4장), 가장 우선적으로 착수하는 위대한 업적이 무엇인지 아십니까?

이미 말씀드린 대로 그 업적은 곧 여부스를 정복하고 그곳에 새로운 수도를 건설한 다음(삼하 5장), 곧이어서 그곳에 법궤를 이동시키고(삼하 6장) 얼마 후에 그곳에 성전을 지으려는 계획을 발표한 것입니다(삼하 7장). 결국 다윗이 왕이 된 다음에 계속 그의 마음을 지배한 생각은 가나안 땅의 중심인 예루살렘 수도에 여호와의 왕권을 상징하는 법궤를 안치하고, 그 후 때가 되면 세상에서 가장 아름다운 성전을 여호와께 봉헌하겠다는 생각이었습니다. 이러한 다윗의 마음과 생각이 뭐 그리 중요하기에 여호와 하나님께서 이와 같은 다윗의 의중을 아시고 그토록 기뻐하시고 감동을 받게 되셨을까요?

다윗의 법궤 이동 사건이 여호와의 마음을 감동시킨 동기를 살펴보려면 이스라엘 역사 가운데 법궤가 지닌 의미를 살펴봐야 합니다. 법궤의 역사는 이스라엘 국가 역사의 시발점이라 할 수 있는 시내 산까지 소급됩니다. 지금까지 하나의 나약한 부족이요 오합지졸에 불과했던 이스라엘이 시내 산에서 비로소 여호와를 왕으로 모신 여호와의 백성이 되고, 여기에서 비로소 국가의 기초인 헌법(십계명과 기타 법률)이 선포됨으로써 명실공히 하나의 국가로서의 이스라엘이 창건되었는데, 이 시내 산에서 처음으로 이스라엘의 왕이신 여호와의 임재와 통치의 상징으로서 법궤가 건립되었던 것입니다.

이후 그 법궤는 이스라엘 백성의 광야 40년 여정 가운데서 그리고 가나안 정복과 사사들의 통치 시대에 이르기까지 여호와의 언약과 통치와 임재를 대변하는 바, 이스라엘 12지파의 중심에 위치한 여호와의 보좌 (삼상 4:4; 삼하 6:2; 왕하 19:15; 시 80:1, 99:1; 사 37:16)로 간주되었고, 이스라엘 역사의 중요한 계기마다 이 법궤를 통하여 여호와 하나님의 거룩하신 임재와 권능과 언약을 확인할 수 있었던 것입니다.

이스라엘이 가나안에 진입하기 위해 요단 강을 건널 때 이 법궤를 메고 들어가자 요단 강이 갈라졌고, 이 법궤를 앞세워 여리고 성 주위를 행진할 때 수천년 동안 난공불락의 위용을 뽐내던 그 성이 무너졌으며, 이 법궤가 이스라엘의 원수 블레셋에게 빼앗겼을 때에는 이 법궤 앞에서 블레셋의 수호신 다곤(Dagon)이 엎드러지고, 그 백성들은 엄청난 재난을 겪은 뒤에 이 법궤 홀로 개선장군처럼 이스라엘 땅으로 되돌아왔던 것입니다.

결론적으로, 법궤는 여호와 하나님의 보좌와 영광과 권세와 능력의 상징으로서, 다윗에게 있어서 이 법궤는 거의 여호와 하나님 자신이나 다름이 없었던 것입니다.

다윗은 이스라엘의 왕이 되자 지금까지 수많은 역경 가운데서 자신을 구원해 주시고 마침내 자신을 이스라엘의 왕으로 세워주신 여호와 하나님의 은혜에 보답해야겠다는 생각을 했을 것이고, 아울러 목동의 신세에서 바야흐로 일국의 황제가 되어 엄청난 권세와 능력과 영광을 누리게 된 자신의 과거를 돌아보면서, 그의 별명("하나님의 마음에 합한 자")에서 엿볼 수 있는 것처럼, 하나님의 마음을 가장 기쁘시게 해드리는 일이 무엇인지 생각하였을 것임이 분명합니다.

이때 떠오른 것이 곧 블레셋에게 빼앗겼다가 극적으로 이스라엘에 돌아온, 그리고 사울의 통치 기간 동안 무관심 속에 방치되어 있었던, 아직까지도 블레셋과 유다의 경계지역인 바알레 유다(기럇여아림/삼하 6:2)에 머물고 있는, 외로운 법궤의 모습이었던 것입니다.

여호와의 왕권을 상징하는 이 법궤를 자신의 왕궁 바로 윗자리로[2] 이동하는 프로젝트를 수행함으로써 다윗은 자신이 '여호와의 종'에 불과할 뿐만 아니라,[3] 자신이 가장 소중히 여기는 왕권까지도 여호와 하나님께 바침으로써 여호와께서 자신의 참된 왕이요 주인이시요 목자 되심을 고백할 수 있었던 것입니다. 이와 같은 자신의 아름다운 마음을 보시면 여호와 하나님께서 분명 영광을 받으시고 기뻐하실 것을 확신했던 것입니다.

이와 같은 일련의 사건과 다윗이 남긴 수많은 시편들을 종합해 볼 때 우리는 다윗의 마음과 신앙적 동기를 다음과 같이 추적해 볼 수 있습니다. 다윗은 여호와 하나님을 인격적 하나님으로 이해하고 있었음이 분명하며, 특히 하나님의 인격성 가운데 가장 중요한 헤세드(시 136; 호 6:6 등 / '인자하심'), 즉 '참사랑'의 의미를 알고 있었고, 그러기에 하나님께서도 자신의 형상(창 1:26)으로 창조하신 인간으로부터 거짓이 없는 진실한 사랑, 즉 마음(레바브/심장)을 다한 순수한 사랑(신 6:5)을 기대하시며, 이러한 사랑과 찬송을 인간으로부터 받으실 때 가장 기뻐하시고, 이러한 마음을 다한 사랑으로 응답하는 한 인간을 만나시면(대하 16:9) 역시 사랑의 원리(give and take)에 따라 하나님께서도 심장(마음)을 다한 사랑과 복으로 인간에게 보답하신다는 것을 간파하고 있었음이 분명합니다.

---

2) 고대 이스라엘의 신전은 한결같이 동쪽을 향해 있었고, 다윗의 궁전도 동쪽을 향해 있었는데, 그 윗자리에 법궤가 안치되었고, 그 자리에 솔로몬은 동향한 성전을 건축하게 된다. 궁전과 성전의 이와 같은 위치와 구조를 간접적으로 표현한 것이 곧 시편 110편 1절의 신탁이다. "……내가 네 원수들로 네 발판이 되게 하기까지 너는 내 오른쪽에 앉아 있으라." 궁전과 성전이 둘 다 동쪽을 향하고 있는 상태에서 아래 자리인 궁전은 성전의 오른편에 위치하고 있으므로, 왕의 자리는 여호와(즉 법궤/야웨의 보좌) 편에서 볼 때 오른쪽이 된다.
3) 이와 같은 행동을 통하여 다윗은 자신이 '여호와 하나님의 종' 임을 고백할 수 있었다는 근거는, 법궤를 이동할 때 본래 소나 말의 우마차를 사용해서는 안 되고 오직 성전의 종으로 봉사한 레위인들이 어깨에 메어 운반하도록 되어 있었는데, 다윗은 여호와의 종으로서의 자신의 정체성을 이와 같은 상징적 행동을 통하여 고백할 수 있었던 것이다.

그러기에 다윗은 하나님이 가장 기뻐하시는 선물, 하나님께서 기대하시는 것 이상의 최선의 선물로서, 생명보다 소중한 '심장'(마음)을 하나님께 드리려 했고, 그 표현으로 자신의 소유 가운데 가장 소중한 왕권을 하나님께 드리려 했고, 그와 같은 표현의 제스처로 여호와의 왕권을 상징하는 법궤를 자신의 궁전보다 높은 자리에 이동시켜 안치하려 했던 것입니다.

이와 같은 다윗의 상징적 행동이 여호와의 마음을 얼마나 기쁘게 해 드렸는가 하는 것은 다윗에게 주신 하나님의 신탁(시 110편)과 다윗 언약(계약/삼하 7장) 사건을 통하여 확인됩니다. 다윗이 법궤와 함께 세워진 초라한(?) 이동식 성막을 화려하고 영원한(permanent) 백향목 성전(정착 신전)으로 대치함으로써 하나님께 더 큰 영광을 돌리려는 계획을 여호와께 아뢰자 이와 같은 다윗의 청원에 대한 여호와 하나님의 감탄과 칭찬이 그토록 열렬하고 장황한 것(삼하 7:4-16)을 보면 다윗의 성전 건축 계획이 여호와 하나님께 얼마나 큰 감동과 기쁨을 안겨 드리게 되었는가를 짐작할 수 있습니다. 비록 다윗의 손에 묻은 전쟁의 피가 너무 진하기에 다윗의 성전 건축의 이상을 여호와께서 사양하셨지만, 이와 같은 다윗의 계획이 얼마나 하나님의 마음을 흡족하게 해드렸는가 하는 것은 하나님께서 다윗에게 약속하신 영광, 즉 영원히 망하지 않는 왕조를 다윗에게 선물로 약속하시는 것을 보아 분명히 알 수 있습니다.

인류 역사를 주도한 감동적인 리더십의 이야기는 다윗의 이야기로만 끝나지 않습니다. 아브라함도 자신의 생명같이 소중한 독자 이삭을 하나님께 제물로 바치려 했을 때 하나님께서 감동하시고 그에게 어떤 인간도 들어본 적이 없는 '믿음의 조상'이라는 영광스런 명예로 보답하셨고, 그로 하여금 다윗과 함께 예수 그리스도의 조상이 되게 하셨던 것입니다(마 1:1).

미합중국(USA)의 뿌리라 할 수 있는 102명의 청교도들 또한 오직 하나님께 참 예배를 드리기 위하여 자신들의 본토, 친척, 아비 집을 버리고 미국으로 이주했을 때, 그리고 새로운 땅에서 제일 먼저 마을의 중심 위치에 교회를 세우고 마지막으로 자신들의 집을 지었을 때, 그리고 일 년 중 가장 좋은 계절을 추수감사주일로 정하여 지키고, 모든 돈에 "In God We Trust"라고 새김으로써 하나님께 대한 자신들의 사랑을 고백하고 모든 초등학교의 수업 첫 시간마다 '주기도문'을 외우며 기도하도록 했을 때, 하나님께서 너무나 감동하시고 기뻐하시어 그들의 후손인 오늘의 미국 국민들로 하여금 인류 역사상 가장 강력한 국가를 이루게 하시고, 가장 발전된 문화를 누리게 하시며, 달러가 지구촌 어디서든지 통용되게 하시고, 영어(American English)가 세계어가 되도록 복을 주셨던 것입니다.

결국 위대한 리더십은 하나님의 은혜를 깨닫고 그분의 주권을 인정하고 그분에게 마음을 다한 사랑을 표현함으로써 그분의 마음을 가장 기쁘시게 해드리려는 마음에서 시작되며, 하나님은 이러한 신앙적 동기를 갖고 있는 인물을 찾으시어 그에게 지혜와 능력과 위대한 성품으로 무장시켜 교회와 국가와 세계 역사를 위하여 크게 쓰임 받는 지도자가 되게 하신다는 사실을 아는 것이 중요합니다.

■ 주후 2008년 4월 15일 장신대 채플

19

십자가와 부활, 그 후 이야기

이스라엘 자손이 애굽 땅을 떠난 지 삼 개월이 되던 날 그들이 시내 광야에 이르니라 그들이 르비딤을 떠나 시내 광야에 이르러 그 광야에 장막을 치되 이스라엘이 거기 산 앞에 장막을 치니라 모세가 하나님 앞에 올라가니 여호와께서 산에서 그를 불러 말씀하시되 너는 이같이 야곱의 집에 말하고 이스라엘 자손들에게 말하라 내가 애굽 사람에게 어떻게 행하였음과 내가 어떻게 독수리 날개로 너희를 업어 내게로 인도하였음을 너희가 보았느니라 세계가 다 내게 속하였나니 너희가 내 말을 잘 듣고 내 언약을 지키면 너희는 모든 민족 중에서 내 소유가 되겠고 너희가 내게 대하여 제사장 나라가 되며 거룩한 백성이 되리라 너는 이 말을 이스라엘 자손에게 전할지니라 (출 19:1-6)

그들이 모였을 때에 예수께 여쭈어 이르되 주께서 이스라엘 나라를 회복하심이 이 때니이까 하니 이르시되 때와 시기는 아버지께서 자기의 권한에 두셨으니 너희가 알 바 아니요 오직 성령이 너희에게 임하시면 너희가 권능을 받고 예루살렘과 온 유대와 사마리아와 땅 끝까지 이르러 내 증인이 되리라 하시니라 이 말씀을 마치시고 그들이 보는데 올려져 가시니 구름이 그를 가리어 보이지 않게 하더라 올라가실 때에 제자들이 자세히 하늘을 쳐다보고 있는데 흰 옷 입은 두 사람이 그들 곁에 서서 이르되 갈릴리 사람들아 어찌하여 서서 하늘을 쳐다보느냐 너희 가운데서 하늘로 올려지신 이 예수는 하늘로 가심을 본 그대로 오시리라 하였느니라 (행 1:6-11)

오늘 설교의 요지는 우리들의 정체성과 관련된 또 다른 메시지가 되겠습니다. 다시 말하면 삶의 이유와 목적과 사명에 대한 설교를 드리려고 합니다. 왜 정체성 메시지가 중요합니까? 이것을 아무리 반복해도 지나치지 않은 이유는, 마치 활 쏘는 사람에게 과녁에 적중하는 방향을 잡아주는 것과 같기 때문입니다. 활 쏘는 사람은 계속해서 선생으로부터 과녁에 적중하는 방향을 잡아주는 그런 지도를 받게 되는 것입니다.

또 이렇게도 말할 수 있겠습니다. 서울역에 나와 있는 사람에게 묻습니다. "당신은 어디를 가려고 나와 있습니까?" 그때 "나는 잘 모르겠습니다. 저 남자가 오길래 따라왔습니다"라고 한다면 정체성에 문제가 있는 사람입니다. 장신대 채플에 참석한 여러분에게 "여러분은 왜 이 자리에 나와 있습니까?"라고 물었을 때, 엄마가 가보라고 해서 왔다든지, 그렇게 대답하면 정체성에 문제가 있는 것입니다. 분명한 이유와 목적이 있기 때문에 여기에 앉아 있는 것입니다.

오늘의 시점에서 신학도가 생각하는 정체성의 문제가 무엇이겠습니다. 오늘이라는 시점은 십자가와 부활 사건 이후 3주째이고, 성령 강림절 4주 전입니다. 이때 우리가 생각하는 질문은 십자가 사건과 부활 이후에 지금까지 2천년이라는 세월이 흘렀는데, 그동안 세상에는 무슨 일이 일어났고, 또 앞으로 어떠한 일이 일어날 것인가 라는 질문을 하게 됩니다. 그 대답은 오늘 본문 가운에 분명히 예고되어 있고, 예고된 대로 진행되어 왔습니다. 그것은 예수 그리스도 중심의 역사가 진행된 것이고, 대체로 네 가지 스토리로, 네 가지 히스토리로 요약할 수 있겠습니다.

예수께서 부활하신 뒤에, 승천하신 사건이 일어났습니다. 또 이어서 사도행전 2장에 성령 강림 사건과 그 이야기가 기록되어 있었습니다. 세 번째는 그 이후 예수 그리스도의 증인들의 역사가 이어졌습니다. 사도행전 1장 8절에 있는 대로 "땅 끝까지 이르러 내 증인이 되리라" 하신 것이 바로 2천 년 동안 지나온 인류 역사입니다. 이스라엘에서 시작한 증인들이 로마와 영국과 미국과 언더우드, 아펜젤러를 통해서, 우리 한국까지 도착한 그런 역사가 지금까지 진행된 역사입니다.

이제 남아 있는 것은 본문에 "가심을 본 그대로 오시겠다"고 하신 것처럼, 예수 그리스도의 재림이 남아 있고, 지금까지 예고된 것이 다 이루어진 것을 보면 반드시 예수 그리스도의 재림도 성취될 때가 있을 것이고, 그 이야기를 우리가 듣게 될 것입니다.

제가 오늘 초점을 맞추려고 하는 부분은 바로 세 번째 사건입니다. 증인들의 이야기입니다. 우리도 그 가운데 하나이기 때문입니다. 증인이라는 헬라어 '마르투스'(μάρτυς)라는 말이 영어로 'Martyr' 라고도 번역될 수 있는 점에 유의할 필요가 있습니다.

십자가 부활 사건 이후로 열두 명의 제자 가운데 요한을 제외하고는 열 명의 제자가 모두 기꺼이 'Martyr' 가 되었습니다. 순교자가 된 것입니다. 복음을 증거하다가 목숨을 바치고 죽은 것입니다. 그러므로 2천년 역사는 기독교적인 안목에서 본다면 증거자들, 순교자들의 행진의 역사입니다.

요한계시록 6장 11절에 역사가 언제 끝나느냐고 물을 때, 순교자들이 "우리의 억울함을 언제 신원해 주시겠습니까?"라고 물었고, 이때 예수님께서 "너희의 동료들이 너희들처럼 죽임을 받아 순교자의 수가 차기까지 기다리라"고, 순교자의 수가 차면 그때 주님이 재림하시고 종말이 있을 것을 말씀하셨습니다.

그들은 왜 순교자가 되려 했습니까? 왜 예수 그리스도의 증인으로서 목숨을 바쳤던 것입니까? 모든 기독교인은 어떤 의미에서 오늘 본문에 있는 바와 같이 순교 예정자들입니다. '너희' 라는 말은 열두 제자만을 가리킨 것이 아니라 오늘 우리 모든 크리스천을 가리킵니다.

우리 모두는 복음의 증인으로 자처하고 그것을 가장 큰 영광으로 생각합니다. 만약에 내가 이 자리에 있으면서 복음의 증인이 아니라는 생각이 있다면 그 사람은 비기독교인이거나 아마도 예수 그리스도와 상관없는 사람일 것입니다.

그들은 왜 기꺼이 생명을 바치는 복음의 증인이 되려 했습니까? 그 대답은 그들이 대각성을 체험했기 때문입니다. 마치 마태복음 13장 45절에 있는 진주 장사와 같이 가장 값진 진주를 구하는 장사가 그 진주를 찾았을 때 자신의 모든 재산을(재산하면 생명도 포함되죠) 다 바쳐서 진주를 사는 것과 같은 그런 각성이 있었기 때문에 기꺼이 순교자가 될 수 있었던 것입니다.

우선, 제자들은 십자가와 부활 사건을 뒤로 두고 그것을 묵상하면서 깨달음을 얻었습니다. 인류 역사상 죽었다가 살아난 사람은 아무도 없습니다. 그보다 더 큰 기적은 없습니다. 이 세상에 7천억이 지나갔다면 7천억 가운데 한 사람도 죽지 않은 사람이 없을 정도로 100% 모든 인간이 죽어야 하는데, 예수께서 부활하심으로써 인류 역사의 방향을 전환시킨 것입니다. 제자들은 이 십자가와 부활 사건을 자신들의 사건으로 깨달았던 것입니다. 물론 십자가의 사건은 엄청난 고난의 사건입니다.

〈The Passion of the Christ〉(그리스도의 수난)이라는 영화의 제작자는 예수님께서 십자가에 달릴 때 정적이 흐르고 큰 물방울 하나가 떨어지는 장면을 의미 깊게 삽입해 놓았는데, 그것을 가리켜 "하나님께서 흘리신 눈물이다. 하나님께서 예수 그리스도의 참혹한 죽음을 보시고 눈물을 흘린 것이다"라는 표현을 했습니다. 그 정도로 예수님의 고난은 엄청난 고난이었습니다. 그것이 고난으로 끝난 것이 아니기에 바로 제자들, 우리를 감동시키는 것입니다. 요한복음 3장 16절에 있는 것처럼, "하나님이 이처럼 나를 사랑하사"라는 자각을 이 십자가 사건을 통해서, 부활 사건을 통해서 자각했던 것입니다.

다시 말하면 내 죄가 그만큼 참혹했고, 우리가 죽어야 할 정도로 참혹한 죄를 예수 그리스도가 대신 죽어주심으로써 용서를 받았고, 그리고 예수님과 그 사건을 믿는 우리에게 하나님은 예수 그리스도의 죽음을 근거로 하여 우리를 용서하시고 영생을 주신다고 그렇게 확신하고 믿었고 고백했던 것입니다.

그래서 죄 없는 예수 그리스도의 고난은 나의 죗값을 대신한 고난이었고, 예수 그리스도의 부활 사건은 곧 나의 부활이었던 것입니다. 예수 그리스도께서 나의 죄를 용서하셨고 해결하셨기 때문에 더 이상 죄인이 아니고, 그래서 죽어도 사는, 그래서 예수 그리스도의 부활을 자신의 부활과 영생의 보증으로 확신했기 때문에 감사와 감격과 찬양 가운데에서 십자가와 부활 사건을 회고했던 것입니다. 이를 통해서 그들은 세상이 준 것 같지 않은 평안을 소유하게 됩니다. 요한복음 14장 27절에 있는 그 평안, 가장 큰 평안, 가장 큰 기쁨을 소유하게 되었던 것입니다. 기본적인 인생의 문제가 해결된 것입니다. 인간 최대의 근심과 공포는 바로 죄와 죽음입니다. 바로 그 문제가 해결되었던 것입니다.

더 나아가 이 사건을 통하여 제자들은 복음의 가치를 확인했습니다. 복음은 인류를 구원하기 위한 하나님의 계획이었고, 다시 말하면 예수 그리스도가 나의 죄를 위해서 대신 죽으셨고 그것을 믿는 자는 죄 용서함을 받고 죽음과 상관없는 영생으로의 구원을 얻는다는 이 복음, 이 복음의 가치를 깨달았기 때문에 증인과 순교자로 나섰던 것입니다.

이 복음을 믿지 않으면 영원히 구원은 불가능합니다. 예수 그리스도 십자가 사건 이전에 모든 인간이 100% 죽어야 했던, 한 사람도 살 가망이 없는 그 운명에 머물게 되는 것입니다.

복음의 가치는 그러므로 영원의 가치요, 생명의 가치요, 예수 그리스도의 가치입니다. 나의 생명이 그만큼 소중하기 때문에 예수님께서 자신의 생명과 바꾸신 것입니다. 우리에게 주신 것이고, 그만큼 복음은 예수님의 생명처럼 소중하기 때문에 그 복음을 전하는 증인으로 나선 것입니다. 더 나아가 이 전도의 가치, 증언의 가치, 이 복음을 듣지 않으면 그 누구도 이 놀라운 은혜를 누릴 수 없다는 것을 이들은 자각했던 것입니다.

이들로 하여금 증인으로서의 자의식, 순교자로서의 자의식을 갖게 했던 정체성과 소명감은 바로 '노블레스 오블리제'라고 할 수 있습니다. 어제 〈Amazing Grace〉라는 영화를 여러분이 다 보셨을 줄 압니다. 거기에 보면, 노예 무역 금지 법안을 윌버포스(Wilberforce)라는 사람이 영국 의회에 상정했을 때, 처음에는 많은 사람들이 반대했는데, 결국은 그가 감동적으로 그 의안을 제출하면서 모든 영국의 국회의원들이 동의를 하게 됩니다. 그것을 극렬하게 반대했던 한 반대자가 "우리는 노블레스 오블리제가 있다"고 해서 그 금지법안을 동의한 것을 볼 수 있습니다. 귀족들이 갖고 있는 그 명예는 바로 그 명예에 알맞는 행동으로 이어지게 되는 것입니다. 그런 행동을 요구하게 되는 것입니다.

예수 그리스도의 십자가와 부활 사건을 통해서 우리는 최대의 명예의 소유자가 되었습니다. 만왕의 왕의 아들과 딸이 된 것입니다. 예수 그리스도의 제자가 된 것입니다. 명예롭게 사는 것은 바로 예수 그리스도의 교훈과 명령대로 사는 것입니다. 그러므로 이들은 예수 그리스도의 제자로서의 가장 첫 번째 노블레스 오블리제, 가장 사명에 충실한 방법, 그리스도의 명예를 드높이는 가장 좋은 방법을 순교로 생각했던 것입니다.

기독교인들은 원하든 원하지 않든, 일단 기독교인이 되었으면 절대로 불명예스러운 행동을 해서는 안 됩니다. 그래서 세상 사람들로부터 한심한 놈, 치사한 놈, 멍청한 놈, 유치한 놈이라는 말을 들어서는 안 됩니다. 제가 군대에 있을 때 저더러 '쪼다' 라고 한 사람이 있는데, '쪼다', '머저리' 같은 욕을 들어서는 안 됩니다.

현대의 불신자들이 기독교인을 얼마나 욕합니까? 우리는 불명예의 시대에 살고 있습니다. 제가 미국에 있을 때 어떤 교인이 세상에 가장 재미있는 욕이 뭐냐면서, 현대 한국의 불신자들이 교회를 향해서 이런 욕을 하는 것 같습니다. "말똥에 미끄러져서 소똥에 코 박고 죽을 놈아."

한 섬마을의 초등학교에 두 아이밖에 학생이 없었는데, 학기말 시험을 치르게 되었습니다. 그런데 두 아이가 공부를 잘 안 했는지 커닝을 하는 것입니다. 감독하는 선생님이 와서 하는 말이 "전교에서 1, 2등 하는 놈들이 커닝을 다 하냐?"

"Noblesse oblige. Noblesse oblige." 여기에 대해서는 구약의 본문도 동일한 관점을 보여주고 있습니다. 출애굽과 홍해 도강의 엄청난 사건과 기적을 본 이스라엘 백성들에게 출애굽기 19장에서 주시는 사명은 바로 "너희가 제사장 나라가 되라"(6절)는 것입니다. '마믈레켓 코하님', 제사장 나라. '제사장'(코하님)이라는 것은 희생 제물을 드리는 사람들이고, 희생자라는 의미입니다. 자신의 생명을 백성들의 죄를 대신해서 드려야 되는데 그렇게 할 수는 없고, 그 대신 양의 생명 곧 양의 피를 몸에 지니고 성전에 들어가서 죄 용서와 구원을 백성에게 전달하는 역할이 바로 제사장인 것입니다.

도피성 제도에서 보면, 도피성으로 피한 살인자가 마지막 풀려나는 것은 대제사장이 죽었을 때, 대제사장이 그의 죄를 짊어졌기 때문에 죽어야 그 죄가 없어지는 것입니다. 다시 말하면, 이스라엘 백성들은 열 가지 재앙에서 주님의 능력을 봤고, 홍해가 갈라지는 사건을 통해서 200만이 인류 역사상 그 어떤 민족도 체험할 수 없었던 영광을 체험했던 것입니다. 이제 그들을 이렇게 부르시는 이유는 그들에게 주신 고귀한 사명(noblesse oblige), 즉 택하신 족속이요 왕 같은 제사장으로서 인류의 구원을 위해서 제사장으로서의 희생을 감수해야 된다는 것입니다. 사실, 이스라엘 백성의 역사는 온 인류의 구원을 위해서 성경이 쓰여지기까지 지금도 엄청난 고난을 당하고 있는 것을 우리는 부인할 수 없습니다.

왜 증인의 사명이 자랑스럽습니까? 가장 고귀한 일이기 때문에 그렇습니다. 흙에 불과한 인간이 영생을 누릴 뿐만 아니라 하늘나라에 가서 영원한 면류관, 의의 면류관, 생명의 면류관을 차지할 수 있는 길이 바로 증인이 될 때 가능하기 때문입니다. 마가복음 16장에 20절에 보면 "그 따르는 표적으로 말씀을 확실히 증언하시니라"라고 했는데, 우리가 증인이 될 때 비로소 바로 하나님의 임재를 체험할 수 있다는 것입니다.

마크 칼리라는 사람이 기독교 2천년 역사에서 순교를 당한 사람들의 사적을 연구하면서 다음과 같이 말했습니다. "순교자들 하나하나를 뜯어보고 그들의 발자취를 따라가 보면 한 가지 분명한 것이 있는데, 그것은 하나님의 임재였다."

우리가 진정으로 증인이 될 때, 복음의 증인이 될 때, 순교자가 될 때 비로소 예수 그리스도의 제자가 되었다는 그런 확신을 갖게 되는 것입니다. 이보다 큰 명예는 없습니다.

여러분께서는 예수 그리스도의 최후 유언을 생각해 보셨습니까? 그것을 실현하려고 얼마나 노력을 하고 계십니까? 마태, 마가, 누가, 요한 등 모두 한결같이 예수님의 마지막 유언은 복음을 전하라는 것임을 기록합니다. 오늘 본문에서도 승천하시기 직전에 바로 이 말씀을 하고 계시는 것입니다. 인류 역사는 이후로도 증인의 역사가 지속될 것이고, 남아 있는 역사는 예수 그리스도의 재림까지 전진하면서 더 많은 순교자들이 계속 이어질 것임이 분명합니다. 여러분은 그중 하나가 아니십니까?

릭 워렌(Rick Warren) 목사님의 《목적이 이끄는 삶》이라는 책에 소개된 내용을 보십시오. 릭 워렌 목사가 세계적인 전도자로서 전 세계를 누비면서 보수도 받지 않고 사명을 감당하는지 보십시오. 말하자면 그분의 캐치 프레이즈는 '총체적인 선교 동력화' 였습니다. 교회의 모든 활동을 선교에 집중한 동기를 알아보니 목사님이었던 그 부친이 살았을 때 복음이 전해지지 않은 지역에 가서 150교회를 개척했고, 그가 암으로 죽을 때에 그 마지막 임종 자리에 다 모였을 때, 릭 워렌의 부인, 자부가 이렇게 물었다는 것입니다. "아버님, 원하시는 것 있으면 말씀해 보십시오."

그때 그 노인이 마지막으로 한 말이 "주님을 위해서 한 명이라도 더 구원해야 해. 한 명이라도 더 구원해야 해. 한 명이라도 더, 한 명이라도 더, 한 명이라도 더……." 이 말을 백 번 반복하고 숨을 거뒀다고 합니다.

한 인간의 유언도 한 사람을 감동시켜 '총체적인 선교 동력화' 의 캐치프레이즈를 걸고 이렇게 증인으로 나서는데, 여러분은 어떻습니까? 나에게는 순교할 기회가 없다고 말할 분이 있겠습니까? 당장 거리에 나가서 전도해 보십시오. 내가 죽는 순교의 경험 없이는 불가능한 것입니다. 저도 주말마다 가끔 고등학교 동창들 중에 예수 안 믿는 사람이 많기 때문에 전화도 하고 그러는데, 그때마다 느끼는 것은 '정말 내가 죽는구나' 하는 마음입니다. 죽지 않으면 못하겠더라고요.

여러분, 그저 편안하게 예수 믿다가 갈 것입니까? 굿이나 보고 떡이나 먹는 생활을 할 것입니까? 명목상의 크리스천의 삶으로 끝나려 하십니까? 더 적극적인 크리스천으로서의 희열과 기쁨과 평안, 세상이 주지 않는 평안을 맛보려 하십니까?

아차산 뒷골목에 오늘도 벚꽃은 지고 있습니다. 엊그제 제가 운전하고 가면서 얼마나 많은 사람들이 몰려오는지 유심히 검토하면서 느낀 것이 많습니다. 그 가운데 꽃구경하러 혼자 오는 사람은 아무도 없었습니다. 다 짝이 있었습니다. 혼자 있는 사람은 청소부 한 사람이었습니다. 왜 그렇습니까? 좋은 것이 있으면 보여주고 싶은 것입니다. 복음이 좋지 않습니까? 예수 그리스도가 좋지 않습니까? 우리 모두 민족의 희망이 되어 세상을 구원하는 참 그리스도의 제자가 되기를 바랍니다.

■ 2009년 2월 24일 봄학기 개강 예배

20

아름답고 위대한 새 출발

여호와께서 아브람에게 이르시되 너는 너의 고향과 친척과 아버지의 집을 떠나 내가 네게 보여 줄 땅으로 가라 내가 너로 큰 민족을 이루고 네게 복을 주어 네 이름을 창대하게 하리니 너는 복이 될지라 너를 축복하는 자에게는 내가 복을 내리고 너를 저주하는 자에게는 내가 저주하리니 땅의 모든 족속이 너로 말미암아 복을 얻을 것이라 하신지라 (창 12:1-3)

할렐루야! 오늘도 우리에게 새 생명과 함께 아름다운 새 학기의 위대한 새 출발을 허락하신 하나님을 찬양하며, 하나님의 은총과 사랑이 여러분과 함께하시길 축원합니다.

우리 인간이 여타의 동물과 다른 점이 있다면, 그것은 인간만이 '미'와 '가치' 즉 '아름다움' 과 '위대함' 을 추구한다는 사실일 것입니다. 이와 같은 미와 가치의 추구는 인간이 '하나님의 형상' 으로 창조될 때부터 시작된 것이라 할 수 있으며, 천지 창조 기사의 말미에 "하나님이 보시기에 좋았더라" 라는 말씀이 여러 번 언급되어 있다는 사실은 하나님께서도 수준 높은 미와 가치를 기뻐하시며, 하나님의 형상인 우리 인간도 마땅히 아름다움과 위대한 삶을 영위할 것을 기대하신다는 사실을 증언한다고 볼 수 있습니다. 따라서 하나님의 뜻이 이루어지기를 항상 간구하는 우리가 새 학기를 시작하기에 앞서 반드시 해야 할 일 가운데 하나는, 무엇이 '아름답고 위대한 새 출발' 인지를 확인하는 것입니다.

성경에서 아름답고 위대한 새 출발을 시도한 대표적 인물은 다름 아닌 아브라함입니다. 아브라함의 새 출발은 인류 문화와 사상사에 빼놓을 수 없는 전환점과 중심축을 제공한 사건이었습니다. 결국 최종 목적지인 모리아 산(즉 예루살렘 또는 골고다, 창 22장)까지 나아간 그의 가나안 땅으로의 이동을 통해 인류 사상사의 축도 바뀌게 된 것입니다. 하나님의 전능하심과 신실하심과 사랑에 대한 전적인 신뢰에서부터 시작된 아브라함의 새 출발은 위대한 순종과 자기부인의 결단이었으며, 이 사건을 통하여 아담의 불순종에서 초래된 신과 인간, 인간과 자연 사이의 무질서와 부조화가 질서와 조화의 관계로 회복되는 길이 트이게 되었던 것입니다.

아브라함의 순종은 아담 이래로 시작된 당대의 저항 문화 또는 사탄(שָׂטָן/Satan=Adversary) 문화로 불리는 인본주의를 포기하고 소위 '이신득의' 사상을 그 핵심으로 품고 있는 신본주의 문화를 받아들인 위대한 결단이었다고 볼 수 있습니다. 아브라함은 죄인으로서의 자기정체성 속에서 하나님의 은혜를 받아들이는 믿음밖에는 의와 구원의 길이 없음을 시인함으로써(롬 4장), 하나님처럼 되어 하나님과 대결하려는 사탄과 우상의 문화(우르의 바벨탑과 하란의 월신 숭배 문화, 창 11:4) 즉 교만의 문화로부터 떠날 수 있었던 것입니다.

하나님께서 아브람에게 말씀하신 바 '지시하는 땅'으로서의 목적지를 아브라함이 어떻게 확인하였는지에 대하여는 성경에 구체적으로 언급되어 있지 않습니다. 하나님께서 자신의 뜻을 계시하시는 방법 또는 성령의 감동은 사람마다 방법이 다른데, 어떤 사람에게는 천사의 음성을 통해, 어떤 사람에게는 양심의 소리나 환상을 통해 실현되었습니다.

한 가지 우리가 유의해야 할 사실은 히브리어로 '사물, 사건, 일'(thing, event)과 '말씀'(word)은 둘 다 '다바르'(דבר)라는 하나의 용어로 되어 있다는 사실입니다. 즉 모든 사물에는 하나님의 말씀(뜻, 계시)이 담겨 있다는 사실입니다. 아브라함은 기도하는 가운데 하나님의 음성을 통하여 또는 주변에 일어나는 사건들을 통하여 하나님의 지시하시는 땅이 어딘지 확인하였을 것입니다. 이와 같이 하나님의 뜻을 확인하는 방법은 오늘의 우리에게도 마찬가지일 것입니다.

신구약 전체를 아우르는 통전적인 의미에서, 아브라함의 목적지, 곧 하나님께서 아브라함에게 알려주신 1차적인 목적지는 가나안 땅이었고, 제2차적인 목적지는 모리아 산, 즉 예수 그리스도께서 십자가에 못 박혀 죽으신 예루살렘 또는 갈보리 산이었다고 볼 수 있습니다. 신약성경의 첫 구절에서 '이신득의'의 사상으로 집약되는 신본주의는 아브라함에서 시작되어 다윗을 거쳐 (예루살렘의 골고다에서 죽으신) 예수 그리스도에 의하여 완성되었다고 볼 수 있기 때문입니다(마 1:1). 인류 사상의 최고 경지는 바로 원수까지도 사랑하셨던 예수 그리스도의 사랑의 경지, 곧 천하 만민이 굴복하는 최고 정복자의 경지인 것입니다(빌 2장).

그렇다면 우리에게 아름답고 위대한 새 출발(Beautiful & Great New Start!)은 무엇을 가리킵니까? 본토 친척 아비 집을 떠나는(Starting= Leaving) 위대함은 옛사람을 벗어 버리고 새사람을 입는 것, 곧 미움과 정욕으로 점철된 과거의 우상문화를 버리고 원수 사랑의 고지를 향해 떠나는 것, 거짓과 위선을 버리고 진실과 정직이 있는 거룩한 삶을 향해 새롭게 출발하는 것을 의미합니다. 예수님의 원수 사랑(용서)의 원리는 먼저 자기 자신의 연약성과 죄 됨을 인정할 때, 즉 모든 인간의 실수와 죄악은 무지와 연약함에서 비롯된다는 것을 베드로처럼 시인할 때 우리도 실천 가능한 원리가 될 것입니다.

　우리 인생은 일생 동안 날로 새로워지기를 추구하는 존재입니다. 떠남이 없는 새 출발은 있을 수 없습니다. 과거를 청산하고 새로운 땅을 향해 출발할 때 아름답고 가치 있는 삶이 될 것입니다. 장신대의 위치는 광나루에서부터 복음을 실은 배를 타고 서해로, 태평양으로, 인도양으로, 대서양으로, 그리고 세계와 지구촌을 향해 우리가 떠나가야 함을 상징한다고 볼 수 있습니다. 인류의 가슴 가슴마다 예수 그리스도의 원수 사랑의 복음을 수출하는 일에 우리가 앞장섬으로써 우리 모두 '복의 근원'(창 12:2)이 될 수 있기를 기대합니다.

　복음 전도자가 들고 가는 복음은 엄청난 생명력과 영향력이 있는 값진 보화와도 같은데, 이와 같은 복음 전도의 엄청난 책임을 부여받은 자로서의 자부심과 용기를 갖고 아름답고 위대한 첫 발걸음을 내딛게 되시기를 바랍니다. 이러한 아름답고 위대한 새 출발을 하는 여러분께 하나님의 동행과 은총이 넘치시기를 축원합니다. 샬롬!

■ 장신대 소식지 권두언 2009년 6월 29일

21

학기 말과 여름방학, 그리고 그다음에는

하나님 앞과 살아 있는 자와 죽은 자를 심판하실 그리스도 예수 앞에서 그가 나타나실 것과 그의 나라를 두고 엄히 명하노니 너는 말씀을 전파하라 때를 얻든지 못 얻든지 항상 힘쓰라 범사에 오래 참음과 가르침으로 경책하며 경계하며 권하라 때가 이르리니 사람이 바른 교훈을 받지 아니하며 귀가 가려워서 자기의 사욕을 따를 스승을 많이 두고 또 그 귀를 진리에서 돌이켜 허탄한 이야기를 따르리라 그러나 너는 모든 일에 신중하여 고난을 받으며 전도자의 일을 하며 네 직무를 다하라 전제와 같이 내가 벌써 부어지고 나의 떠날 시각이 가까웠도다 나는 선한 싸움을 싸우고 나의 달려갈 길을 마치고 믿음을 지켰으니 이제 후로는 나를 위하여 의의 면류관이 예비되었으므로 주 곧 의로우신 재판장이 그 날에 내게 주실 것이며 내게만 아니라 주의 나타나심을 사모하는 모든 자에게도니라 (딤후 4:1-8)

샬롬! 한 학기를 마무리하면서 하나님께 감사 예배를 드리는 장신대 가족 여러분께 죽음을 이기시고 부활하신 우리 주님의 평강과 은혜가 충만하시길 기원합니다.

제가 오늘 드리는 설교 말씀의 제목을 보고 혹자는 설교 제목 같지 않다고 말할지 모르나, 저는 다만 한 학기의 마지막 결단 예배인지라 종말론적 주제를 다루고 싶었고, 무엇보다도 이번 학기 개강 예배 설교 제목이 "아름답고 위대한 새 출발"(창 12:1-3)이었으므로 거기에 짝을 맞추려는 생각에서, 그리고 학기 초에 성경에서 처음으로 대서특필된 영웅이자 '이신득의' 진리로 인류 사상사에 전환점을 제공한 아브라함에 대하여 설교했으므로, 학기 말에는 성경에 마지막으로 등장하는 위대한 신학자요 인류 문화사의 또 다른 전환점이었던 사도 바울에 대하여 설교하는 것이 도리인 것 같아 이와 같은 본문과 제목을 갖게 되었습니다.

바울 사도의 위대함에 대하여는, 그가 신약성경 중 10개 이상의 책을 썼다는 것, 그리고 어거스틴과 루터와 칼빈 등의 개혁자들이 가장 본받고 싶어했던 신학자였다는 사실, 특히 서쪽으로 방향을 바꾼 그의 발걸음이 인류 문화사의 방향을 동쪽에서 서쪽으로 전환시키는 계기가 되었다는 사실을 생각할 때 인정할 수밖에 없습니다. 그는 당시 땅 끝으로 간주되었던 스페인까지 복음을 전하려 했던 종말론적 전도자였고, 요즘으로 말하면 지구촌 65억의 영혼들에게 전도하려 했고, 주님의 남은 고난을 자신의 육체에 채우려 했던(골 1장), 그리고 주님의 부활(빌 3장)과 인격의 최고 경지(빌 2:5-11)와 순교자로서 누리게 될 첫째 부활(계 20:4-5)의 영광에 도달하려 했던, 그야말로 엄청난 비전과 꿈의 사람이었습니다.

무엇이 사도 바울로 하여금 그토록 위대한 업적을 남기게 하였으며, 이 위대한 영웅의 신앙과 사상은 어떤 면에서 우리에게 도전과 감동을 주는 것입니까? 두 가지만 말한다면, 그 하나는 그의 순교 정신이었고, 다른 하나는 종말론적 비전이었습니다.

복음의 증인(헬라어로 '마르튀스' μάρτυς의 또 다른 의미는 '순교자' 임)으로서 마지막 피 한 방울까지 바치겠다는(딤후 4:6; 행 20:24) 순교자 정신은 인간이 하나님께 보여드릴 수 있는 신앙과 충성의 최고 경지라 할 수 있는데, 사도 바울의 이와 같은 위대한 순교자 정신은 죄인 괴수라 고백하는 자신(딤전 1:15)의 구원을 위해 생명까지 희생하신 예수님의 은혜와 사랑에 감사 감격하여, 즉 주님의 무한대 사랑에 대한 최선의 응답은 순교밖에는 없다는 생각에서 비롯된 것입니다. 그는 복음과 영생, 인간의 생명과 예수님의 가치를 동일시했기에 예수님처럼 복음을 위해 기꺼이 생명까지 바치려는 각오를 할 수 있었던 것입니다.

사도 바울로 하여금 위대한 전도자가 되게 했던 또 다른 동기는 종말론적 비전이었습니다. 그는 복음의 핵심이라 할 수 있는 이 종말론적 약속(부활+영생+영광)에 대한 확신이 있었기에, 당시에 유행하던 마라톤 경주에서처럼, 끝까지 달려갈 수 있었던 것입니다(딤후 4:7). 자신의 종말에 대한 이와 같은 확신이 분명치 않으면 마치 나침판 없는 배처럼, 인생은 방황하게 마련입니다. 시속 100km로 질주하는 에쿠스를 길가에서 짖어대는 개나 어떤 깡패도 건드릴 수 없는 것처럼, 앞에 보이는 고귀한 목표를 향해 달려가는 사도 바울을 그 어떤 환난이나 시험도 저지할 수 없었던 것입니다. 부활과 영생의 놀라운 비전을 가진 기독교인이 어떤 역경 앞에서도 좌절하거나 포기할 수 없는 이유가 바로 여기에 있습니다.

인생의 성공에 있어서 종말론적 비전이 얼마나 중요한지를 말해 주는 예화가 있습니다. 이탈리아의 우르바노 대학교 현관에는 "그리고 그다음에는"이라는 경구가 새겨져 있었답니다.

이 경구의 사연인즉, 과거 이 대학의 가난한 법대생 한 사람이 등록금을 낼 수 없어 당시 자선가였던 빌리 공(Duke Billy)에게 찾아가 도움을 청하였는데, 딱한 사정을 들어 본 빌리 공은 그에게 장학금을 건네주면서 "법대 졸업 후 자네의 계획은 무엇인가?"라고 물었고, 그 법대생은 즉시 "변호사가 되겠습니다"라고 대답했답니다. 그런데 빌리 공은 다시 "그리고 그다음에는?"이라는 말로 계속 물었습니다. 학생도 "그 다음에는 결혼도 하고 집도 사고", "그리고 그다음에는 자녀를 양육하고", "그다음에는 늙고", "그다음에는 저도 죽겠지요"라고 마지막으로 대답했는데, 빌리 공의 질문은 거기에서 끝나지 않고, 마지막으로 다시 "그리고 그다음에는?" 하고 물었답니다.

학생은 아직 그 다음에 대하여 생각해 본 적 없으므로 머뭇거리자 빌리 공은 엄숙한 어조로 "그리고 그다음에는 심판이 있고, 그다음에는 영생이 있네"라고 대답했다는 것입니다.

그 후 큰 깨달음을 얻은 이 법대생은 변호사로 성공하였고 마침내 대학 총장이 되어 이와 같은 경구를 대학 현관에 써 붙이게 되었다는 것입니다.

결코 좌절하지 말고 끝까지 달려갈 것을 가르쳐 주는 예화도 있습니다. 어떤 청년이 약간 고자세의 기질이 있는 한 여인을 사랑하게 되었는데, 계속된 구애에 응답이 없음에도 불구하고 그는 "열 번 찍어 안 넘어가는 나무가 없다"는 격언을 생각하며 계속 인내하며 열 번에 걸친 청혼을 하였답니다. 그러나 끝내 그 처녀가 자신의 청혼을 받아들이지 않자 그는 "열 번 찍어 안 넘어가는 나무도 있구나!"라고 말하면서 결국 구애를 포기하고 말았답니다. 그런데 떠나가는 그 청년을 바라보면서 그 처녀는 속으로 중얼거렸답니다. "바보 자식, 한 번만 더 찍으면 넘어가 주려 했는데……."

얼마 후 그 처녀는 다른 청년을 만나 첫눈에 반하여 결혼하였으며, 이 소식을 들은 그 청년, 즉 열 번 찍고 포기했던 그 청년이 중얼거렸답니다. "한 번 찍어 넘어가는 나무도 있구나!" 그러나 알고 보면 실상은 그 처녀는 열한 번 찍어 넘어간 나무였던 것입니다.

여러분, 우리 장신대의 학생은 모두 높은 경쟁률을 뚫고 들어왔기에 명품이라 할 수 있습니다. 무엇이 명품입니까? 사도 바울같이 순교 신앙과 종말론적 비전으로 무장되어 교문을 나서는 사람이 명품이며, 그렇지 못할 경우는 짝퉁인 것입니다. 학기말과 여름방학을 맞이하면서, 그리고 그다음에는 우리에게도 종말이 있음을 기억하며, 사도 바울처럼 끝까지 잘 달려가시기를 바랍니다.

■ 주후 2009년 8월 25일 가을학기 개강 예배

22

아차산 기슭에서 에베레스트 정상까지

할렐루야 하늘에서 여호와를 찬양하며 높은 데서 그를 찬양할지어다 그의 모든 천사여 찬양하며 모든 군대여 그를 찬양할지어다 해와 달아 그를 찬양하며 밝은 별들아 다 그를 찬양할지어다 하늘의 하늘도 그를 찬양하며 하늘 위에 있는 물들도 그를 찬양할지어다 그것들이 여호와의 이름을 찬양함은 그가 명령하시므로 지음을 받았음이로다 그가 또 그것들을 영원히 세우시고 폐하지 못할 명령을 정하셨도다 너희 용들과 바다여 땅에서 여호와를 찬양하라 불과 우박과 눈과 안개와 그의 말씀을 따르는 광풍이며 산들과 모든 작은 산과 과수와 모든 백향목이며 짐승과 모든 가축과 기는 것과 나는 새며 세상의 왕들과 모든 백성들과 고관들과 땅의 모든 재판관들이며 총각과 처녀와 노인과 아이들아 여호와의 이름을 찬양할지어다 그의 이름이 홀로 높으시며 그의 영광이 땅과 하늘 위에 뛰어나심이로다 그가 그의 백성의 뿔을 높이셨으니 그는 모든 성도 곧 그를 가까이 하는 백성 이스라엘 자손의 찬양 받을 이시로다 할렐루야 (시 148:1-4)

열한 제자가 갈릴리에 가서 예수께서 지시하신 산에 이르러 예수를 뵈옵고 경배하나 아직도 의심하는 사람들이 있더라 예수께서 나아와 말씀하여 이르시되 하늘과 땅의 모든 권세를 내게 주셨으니 그러므로 너희는 가서 모든 민족을 제자로 삼아 아버지와 아들과 성령의 이름으로 세례를 베풀고 내가 너희에게 분부한 모든 것을 가르쳐 지키게 하라 볼지어다 내가 세상 끝날까지 너희와 항상 함께 있으리라 하시니라 (마 28:16-20)

할렐루야! '할렐루-야' (Hallelu-jah)는 '너희는 찬양하라+여호와를' 을 의미하는 명령어로서, '할렐루' 라는 동사와 '야' 라는 고유명사가 합쳐진 합성어입니다. 여기에서 '할렐루' 는 '당신들은 찬양하십시오' 또는 '너희는 찬양하라' 는 뜻의 명령이고, '야' 는 '여호와' 의 약자이므로 발음할 때 이 둘 사이를 잠시 띄어서 발음하는 것이 옳습니다.

구약 언어 가운데서 가장 아름답고 고상한, 그러면서도 가장 강력한 파워를 갖고 있는 단어가 바로 이 '할렐루-야' 가 아닌가 생각합니다. 특별히 오늘 2009학년도 2학기 개강 예배에서 설교 전에 모든 교수님들이 앞에 나와 특별 찬양을 하셨는데, 아마도 8·15 해방 이후로 가장 은혜롭고 감동적인 찬양이 아니었던가 생각됩니다. 또한 방학을 마치고 건장한 모습으로 다시 캠퍼스에 돌아온 여러 학생들을 만나니, 모두들 사람 같지 않고, 천사들처럼 아름답고 고상하고 위대해 보입니다.

이렇게 칭찬을 들으면 기분이 좋지 않습니까? 인격자이신 우리 하나님께서도 극상품 피조물인 우리 인간들로부터 찬양과 칭찬을 들으시기를 좋아하십니다. 그래서 이사야 43장 21절에 보면, 하나님께서 이스라엘을 창조하신 목적이 찬송을 받으시기 위함이라고 말하고 있고, 시편 22편 3절에도 여호와 하나님은 어느 고급 아파트나 화려한 궁궐보다도 택한 백성들의 찬송 가운데 거주하시기를 더 좋아하신다고 말하고 있는 것입니다.

특히 창세기 1-2장에 보면, 하나님께서 6일 동안 우주 만물을 창조하신 다음 마지막으로 7일째 되는 날에 안식일을 창조하시고, 바로 전날 가장 공을 들여 창조하신 인간들로 하여금 이 안식일에 창조주를 예배하고 찬양하도록 제정하신 것을 보면, 하나님께서 얼마나 인간들로부터 찬송과 예배를 기대하시는지 알 수 있습니다. 지금도 이스라엘 회당에서는 금요일 6시쯤 안식일 첫 예배를 드리는데, 처음부터 끝까지 찬송으로 되어 있다는 사실도 이와 같은 하나님의 심정을 반영하는 것입니다. 유대인의 안식일은 지금도 금요일 해질 때(오후 6시경)부터 토요일 해질 때까지입니다.

인간 창조 직후 1시간도 안 되어 인간들로부터 찬양과 경배를 기대하실 만큼 하나님의 안식과 휴식은 찬송에 집중되어 있습니다. 특히 창세기 1-2장에 반영된 제사장적 신학에 의하면, 안식일은 인간들로 하여금 오로지 찬양과 경배에만 집중하도록 모든 노동과 오락을 중지시키고 있는 것입니다.

이처럼 우리 인간은 처음부터 하나님을 찬양할 때만 존재 가치가 있고, 찬송할 때만 그분의 창조 목적을 이루어 드리게 되는 것입니다. 국민이라면 국가에 대한 납세 의무와 병역의 의무 등 부여된 책임과 의무를 이행할 때 존중과 보호와 대우를 받는 것처럼, 우리도 하나님 나라의 백성으로서의 가장 기본적인 찬송의 의무를 다할 때 하나님께 인정도 받고 쓰임도 받는 것입니다. 이와 같은 관점에서 우리가 구약 시편에 나와 있는 150편의 찬송을 한꺼번에 다 부를 수 없다 할지라도, 시편의 총결론이자(시 150:6) 엑기스인 '할렐루-야' 한마디를 외칠 때 하나님은 존귀와 영광을 받으시는 것입니다.

한 걸음 더 나아가, '할렐루-야' 라는 단어는 "너희들 모두 나와 함께 여호와를 찬양하자"라는 선교적인 동기도 내포하고 있다는 사실에 유의할 필요가 있습니다. 시편에 보면 인간들뿐만 아니라 공중의 새와 바다의 물고기와 땅 위의 모든 동식물, 그리고 무생물로 간주되는 해와 달과 별, 모든 산과 작은 산들, 심지어는 아차산처럼 작은 언덕까지도 함께 여호와를 찬양할 것을 명령하고 있는데, 이것은 온전하고 총체적이고 우주적인 찬양을 명령한 것으로서, '할렐루-야' 라는 이 한 마디에 이와 같은 엄청난 비전이 내포되어 있는 것입니다.

이와 같은 동기에서 제가 "아차산 기슭에서 에베레스트 정상까지"라는 설교 제목을 내건 것입니다. 이것은 하나님의 꿈과 기대이고, 또 우리들의 꿈과 비전이라고도 볼 수 있습니다. '할렐루-야' 한 마디를 크게 외침으로써 우리는 지구촌 70억의 영혼들은 물론 우주 안에 존재하는 모든 피조물들과 함께 공동체를 이루어 주님을 찬양하겠다는 우주적인 선교 비전을 새롭게 선포하게 되는 것입니다.

사도 바울은 고린도전서 10장 31절에서 "너희가 먹든지 마시든지 무엇을 하든지 다 하나님의 영광을 위하여 하라"고 권하고 있는데, 이 말씀에 기초하여 어거스틴이나 칼빈도 인생의 목적을 '솔리 데오 글로리아'(soli Deo gloria)로 이해하고, 오직 하나님께만 영광을 돌리는 최선의 삶을 살았던 것입니다. 우리 장신대의 로고에도 이 문구가 새겨져 있는데, 여러분은 어떤 방법으로 하나님께만 영광을 돌리려 하십니까? 물론 선한 행실(마 5:16)과 구제와 전도로 하나님께 영광을 돌릴 수 있지만, 언제 어디서나 즉각적으로 하나님께 영광을 돌리는 방법은 다름 아닌 '할렐루야'를 크게 외치거나 노래를 부르는 것입니다.

찬양은 글자 그대로 하나님을 '칭찬'(praise)하는 것입니다. 제가 설교 서두에서 우리 교수님들을 칭찬함으로써 교수님들께 존귀와 영광을 안겨 드렸듯이, 그리고 칭찬을 통해 영광을 얻은 교수님들께서 기분이 좋으셨던 것처럼, 하나님께서도 그 위대하고 놀라우신 은총과 능력을 칭찬해 드릴 때 존귀와 영광과 만족을 누리시는 것입니다.

'할렐루야'가 명령형으로 되어 있다는 것은 찬양이 그만큼 소중하고 반드시 이행해야 하는 필수 과목임을 의미합니다. 찬양은 해도 되고 안 해도 되는 것이 아닙니다. 그러므로 '할렐루야' 소리를 들으면 무조건적으로 순종하여 '아멘'으로 응답해야 하는 것입니다. '할렐루야' 하고 외쳐도 '아멘'이 없다면 그 사람은 'abnormal'한 기독교인이라 할 수 있습니다. 찬양하지 않는 이유는 기쁨을 잃어버렸기 때문이고, 기쁨을 잃어버린 것은 죄 때문이고, 죄는 교만에서 비롯된 것이고, 그 교만의 배후에는 사탄이 존재하기 때문에, 찬송을 거부하는 것은 하나님을 대적하는 사탄과 한패가 되는 것을 의미합니다. 사탄이 가장 싫어하는 것이 바로 하나님을 찬양하는 것입니다.

오늘의 구약 본문 시편 148편이 그 시작과 끝을 '할렐루야'로 마치는 것은 찬송에 대한 이와 같은 이스라엘 백성의 이해와 정서를 반영하는 것입니다. 그만큼 찬양은 인간에게 있어서 소중하고, 하나님을 기쁘시게 하는 축복의 통로입니다. 재미있는 것은 이 시편에서는 "너희 용들과 바다여"(7절)라고 부르면서 용들을 향하여도 찬송을 명령하고 있다는 사실입니다. 성경에서 '용'은 거의 예외 없이 하나님의 적대 세력으로 이해된다는 사실을 고려한다면 섣불리 수용하기가 주저되는 말씀입니다. 그러나 용들까지 하나님을 찬양하도록 명령하는 것은 하나님을 대적했던 모든 세력도 결국은 하나님의 권세에 굴복해서 하나님을 찬양하도록 우리가 수고해야 함을 의미합니다.

시편 148편의 관점에서 볼 때, 우리가 하나님을 찬양해야 하는 이유가 무엇입니까? 이에 대하여 5-6절에서는 그 일반적인 이유를 말하고 있고, 13-14절에서는 구체적인 이유를 들고 있습니다. 6절까지가 전반부이고, 그 뒤가 후반부인데, 전반부 내용은 대체로 하늘과 천군 천사와 별들과 물들까지(4절) 하나님을 찬양하도록 초대하고 있습니다. 고대의 우주관에 따르면, 하늘 위에 물이 있다고 생각했습니다. 천지 만물이 하나님을 찬양해야 하는 일반적인 이유는 곧 그들 피조물들이 하나님을 찬양하고 경배하기 위해서 창조되었기 때문이라는 것입니다. 이와 같은 주장은 창세기 1, 2장에 나오는 창조 신학에 기초를 둔 것입니다.

앞에서 말씀드린 대로, 결국 하나님께서 인간을 마지막으로 창조하시고, 금요일 오후 6시쯤 해질 무렵 안식일에 하나님을 경배하고 찬양하도록 한 것은 결국 하나님께서 얼마나 찬송을 기뻐하시는지를 가리키는 것입니다. 인간이 찬양하면 해와 달과 별과 동식물까지도 따라서 찬양하게 되고, 인간이 찬양하지 않으면 만물도 탄식하면서 인간들이 주님을 찬양하기를 기다린다는 것입니다. 이와 같은 이해는 사도 바울의 로마서에서도 엿볼 수 있습니다(롬 8:19-22).

하나님께서 인간들로부터 그토록 애타게 찬송을 기대하시는 동기가 무엇인지, 좀 더 구체적으로 통전적 신학의 입장에서 설명드리면 다음과 같습니다. 하나님은 본래 사랑의 하나님이시고(요일 4:8,16), 사랑하지 않고는 존재할 수 없는 분이기 때문에, 사랑의 대상으로서 인간을 '하나님의 형상'으로 신묘막측하게 창조하신 다음, 인간으로 하여금 우주 만물과 역사를 다스리고 운영하도록 영광과 존귀로 관을 씌워 주셨고(시 8:5), 그리고 먼 훗날에는 독생자와 성령까지도 은사로 주신다는 것입니다. 이처럼 무한대의 사랑을 베푸신 하나님께서는 '하나님의 형상'인 인간들로부터 대등한 사랑의 응답을 기대하실 수밖에 없고, 그와 같은 인간 편에서의 사랑과 응답이 바로 찬송과 예배라는 것입니다.

우리가 사랑에 대하여 여러 말을 할 수 있겠지만, 가장 기본적인 사랑의 원리는 'Give and Take', 즉 사랑은 주고받는 것입니다. 여러분 가운데 짝사랑의 경험이 있으시다면 그것이 얼마나 고통스럽고 억울하고 섭섭한 것인지, 평생 잊지 못할 것입니다. 저도 아내를 만나기 전까지는 초등학교 때부터 연상의 여인을 사랑했고, 중학교 때는 연하의 여인을, 그리고 고등학교 때는 기차 통학하면서 한 여고생을, 대학 시절에는 어떤 목사님의 딸을 좋아했는데, 왜 성사가 안 되었느냐 하면 모두 다 짝사랑이었기 때문입니다. 저는 좋아했는데 그쪽에서는 필링(feeling)이 없었던 것입니다. 경험해 보신 분들은 아시겠지만, 짝사랑의 아픔이나 실연의 고통은 이루 말할 수 없는 것입니다.

하여튼 하나님께서는 우리 인간에게 우주만물을 사랑의 선물로 주셨는데, 우주 만물을 주셨으면 다 주신 것입니다. 먼저 사랑을 베푸신 하나님은 인간에게 진정한 사랑의 응답을 기대하셨습니다. 우리가 사랑을 할 때는 말로 하는 것 아닙니까? 하나님도 우선 말로 사랑을 기대하시는데, 그렇게 말로 하는 사랑이 곧 찬양 또는 칭찬(praise)입니다. 하나님의 사랑을 칭찬하고, 하나님의 위대하신 창조의 능력과 지혜와 권능을 칭찬하는 것, 그것이 바로 찬양입니다.

또한 하나님께서는 인간이 어리석은 것을 아시기 때문에, 인간이 어리석어서 자꾸만 그 은혜를 잊어버리고 찬양하지 않기 때문에, 강제로라도 찬양할 것을 명령하시는 것입니다. 강제로 하는 사랑은 진정한 의미에서 사랑이라 할 수 없지만, 하나님께서는 예수 그리스도의 사랑으로 우리를 강권하여 감동시키신 다음, 우리에게 찬양하기를 기대하시는 것입니다.

이왕 우리가 찬양에 집중된 인생을 살기로 작정했다면 가장 드라마틱하고 감동적인 찬양을 하나님께 올려 드려야겠는데, 그 방법이 무엇이겠습니까? 시편 저자, 특별히 다윗의 시편에서 가르쳐 주는 가장 역설적인 찬양의 비결은 곧 '역경 속에서 드리는 찬양' 입니다. 다윗의 시편 가운데 약 30여 개의 탄원시가 있는데, 대표적인 것이 시편 22편입니다. "엘리 엘리 라마 사박다니, 나의 하나님 나의 하나님 어찌하여 나를 버리셨나이까?" 이 시편에서뿐만 아니라 다윗의 저작으로 알려진 대부분의 탄원시에서 예외 없이 구사되는 독특한 수사학(rhetoric)이 있는데, 그것이 바로 '분위기 전환'(change of mood)이라는 것입니다.

다윗의 탄원시에서 거의 예외없이 발견되는 이 수사학적 기교를 설명드리면 다음과 같습니다. 탄원시의 전반부에서는, 시편 22편 1-21절에서 보는 것처럼 시인이 고통 가운데 하나님께 울부짖다가, 후반부(시 22:22-31)에서는 분위기가 급변하여 "하나님을 찬양할지어다. 하나님 내

기도를 들으신 것을 감사합니다"라는 식으로 환희에 찬 감사와 감격과 확신의 어조로 끝을 맺는다는 것입니다.

하나님께서 자기 기도를 들으셨다는 그런 언급이 없는데도, 이 시인은 역경 가운데서 하나님의 응답과 구원을 확신하면서 미리 하나님을 찬양하는 것입니다. 환난과 역경 가운데서도 하나님을 찬양한다면 그 이상의 믿음이 없는 것이고, 이 믿음이야말로 역사를 주관하시는 하나님에 대한 믿음이고, 결코 변치 않고 끝까지 자신을 사랑하실 하나님에 대한 믿음이며, 성도의 기도를 결코 외면하지 않으시는 하나님에 대한 확신의 표현인 것입니다. 이보다 더 하나님을 감동시켜 드리는 믿음이 없고, 이보다 더 드라마틱한 충격을 하나님께 안겨드리는 찬송도 없습니다.

제가 어려서 시골에서 자랐는데, 집집마다 개를 키우지 않습니까? 그때에는 고기를 먹을 기회가 없으니까, 조기 한 마리를 상 위에 올려놔도, 우리 식구가 여덟 명인데, 어느 부분을 먹을지 다 예약을 하고 먹지 않습니까? 고기가 귀한 시대였기 때문입니다. 주로 개를 키우는 목적은 잡아 먹으려고 하는 것이었습니다.

우리 집에 키우는 개가 거의 송아지만큼 컸습니다. 저를 따라다니면서 좋아했는데, 어느 명절인지 잔칫날인지, 우리 개를 잡는다는 것입니다. 안타까운 일인지라, 제가 그 장면을 맨눈으로 바라볼 수 없잖습니까? 그 개를 마을 중앙의 큰 광장에서 잡는데, 저는 집 뒤에 숨어서 몰래 훔쳐보는데, 어떻게 잡냐 하면, 지게를 받쳐놓고, 개 목을 밧줄로 걸어 두 막대 사이로 잡아 당겨 질식하여 죽게 하는 것이었습니다.

그런데 다 큰 개가 얼마나 강합니까? 송아지만 한 개니까 얼마나 목숨이 질깁니까? 동네 청년들이 밧줄을 잡아당기다 지쳤는지, 반죽음 상태의 개를 그냥 놔두고 잠시 쉬는 것입니다. 제가 몰래 집 모퉁이에서 내다보는데, 개는 축 늘어진 상태에서 눈만 멀뚱멀뚱 뜨고 있었습니다. 그 순간 제 눈과 그 개의 눈이 마주쳤는데, 우리 개가 저를 보더니 꼬리를 흔드는 것이었습니다. 참으로 눈물겨운 장면이었습니다. 저를 알아보고 꼬리를 흔드는 것 아닙니까? 개는 절대로 주인을 배신하지 않는다더니, 죽음의 순간에도 주인인 저를 끝까지 사랑한다는 표현을 하는 것이었습니다. 만약 그 개가 다시 살아나서 제게 돌아온다면 제가 얼마나 정성스레 그 개를 아껴주고 보살피겠습니까?

이런 비유가 역경 가운데 하나님을 찬양하는 시인의 마음을 잘 대변할 수 있는지 모르겠습니다만, "역경 가운데서라도 나는 하나님을 사랑하고 찬양합니다" 하는 고백이야말로 찬양 가운데 가장 감동적인 찬양입니다, 이 면에서 이스라엘 찬송시의 최고 경지라 아니할 수 없습니다.

시편 148편 13-14절에서는 찬양의 주체가 '하시딤'(חסידים) 곧 성도들로 나타납니다. 이들은 문자 그대로 헤세드 곧 은혜를 체험한 사람들인데, 더 구체적으로 말하면, 하나님의 사랑에 감사 감격하는 신앙인들을 가리킵니다. 이 시에서는 이 부분이 클라이맥스인데, 이와 같이 놀라운 하나님의 사랑에 감격한 사람들이 찬양을 시작해야 모든 족속이 따라 찬양하고, 모든 족속이 찬양해야 모든 산과 들과 온 우주까지도 따라서 하나님을 찬양을 하게 된다는 것입니다. "하나님은 영광을 받으시기에 합당하시다. 이보다 더 큰 사랑이 어디 있는가?"

이스라엘 백성은 애굽에서 200년 이상 종살이했을 것으로 보는데, 이름도 잃어버리고 자유도 빼앗기고, 문자 그대로 노예 중의 노예로 전락했습니다. 그렇지만 하나님의 능력으로 애굽에서 탈출하여 홍해의 기적도 보고, 광야에서 40년 동안 만나와 메추라기를 먹으며 신발이 닳지 않고 반석에서 생수가 터져 나오는 장면도 목격하면서, 그 어느 민족도 경험하지 못한 하나님의 사랑을 경험했던 것입니다. 그와 같은 놀라운 은혜의 단계에서 한 걸음 더 나아가 이제 이스라엘은 하나님께서 백성의 '뿔'을 높여주시는 장면을 바라보게 된 것입니다.

여기에서 '백성의 뿔'은, 이 시가 포로기에 작성되었다고 볼 경우 이스라엘의 영광을 가리킨다고 볼 수도 있고, 기독론적인 관점에서 '뿔'은 장차 나타날 메시아 곧 예수 그리스도를 가리키는 것입니다.

신구약을 통틀어 주님의 은혜에 감동한 사람들은 하나님을 찬양할 수밖에 없다는 것입니다. 이 대목에서 이 시인의 사상은 가히 우주적입니다. 결국 이 시인이 보여주는 비전과 이상은 구약 신학 가운데 가장 발전된 면모를 보여줍니다. 구약에서 '구원'하면 대체로 유대인만의 구원을 의미했는데, 말하자면 우리끼리만의 구원으로서 요나서에서 이 사상은 신랄하게 비판을 받습니다. 요나서보다 한 걸음 더 나아간 단계에서 이 시편의 저자는 이방인들뿐만 아니고 전 우주가 함께, 요즘 말로 하면 지구촌의 모든 영혼들이, 그리고 모든 작은 산과 높은 산까지, '아차산 기슭에서 에베레스트 정상까지' 모든 산들이 하나님을 찬양하는 그런 시대를 바라보고, 그런 스펙터클한 구원을 기대하고 있는 것입니다.

어떻게 이와 같은 비전이 이뤄질 수 있겠습니까? 신약의 본문(마 28장)으로 돌아가서 우리가 결국 온 우주로 하여금 한 공동체를 이루어 한 목소리로 주님을 찬양하기 위해서는, 먼저 사람들이 하나님을 찬양해야 하고, 사람들이 하나님을 찬양하려면 그들이 하나님을 믿고 구원을 받아야 비로소 하나님을 찬양하게 되는 것을 기억해야 합니다.

예수께서 제자들에게 갈릴리의 지정된 산에 올라가서, 그 산이 다볼산인지 아니면 헬몬 산인지 알 수 없습니다만, 어쨌든 그 산에서 제자들에게 이 명령을 하고 계십니다. "너희는 가서 모든 족속으로 제자를 삼아라." 예수의 제자를 삼아야 그때 온 백성이 하나님을 찬양하고 더 나아가서 온 우주 천지 만물이 하나님을 찬양하게 된다는 것입니다. 우리가 이와 같은 선교, 말하자면 땅 끝까지, 아차산에서 에베레스트 산까지 올라가서 모든 산을 복음으로 정복하라는 것입니다. 지금 OECD에 속한 국가가 196개국인데 그 모든 나라에는 다 산이 있습니다.

이와 같은 엄청난 하나님의 꿈 곧 예수님의 비전을 이뤄드릴 때 얻는 복은 무엇이겠습니까? 마태복음 6장 33절에 보면, 하나님께서는 이 선교의 명령을 준행할 때 주시는 보상이 있는데 "너희가 먼저 그의 나라와 그의 의를 구하면", 즉 선교를 하면 하나님 나라를 위해서 선교사로 나가든지 보내든지, 아니면 자식을 많이 낳든지 하면 "이 모든 것을 너희에게 더하시리라", 이 모든 것은 먹을 것과 입을 것과 의식주 문제, 그것을 플러스 알파로 주실 것을 약속하신 것입니다.

우리 대한민국이 이렇게 세계적인 경제 대국으로, 또 IT강국으로, 세계에서 가장 배를 잘 만들고, 핸드폰을 잘 만드는 나라로 발전할 수 있었던 계기는 대체로 1974년 이후가 아닌가 생각합니다. 1974년은 장신대를 68기로 졸업한 정성균 선교사, 한국 최초의 방글라데시 선교사가 방글라데시에 도착한 해입니다. 지상에서 가장 어려운 나라, 50만의 인구가 홍수로 몰사했던 그 방글라데시아로 정 선교사가 들어갔는데, 그때부터 한국의 경제가 부흥하기 시작했고 교회도 부흥했던 것입니다.

전도할 때 누리는 영적 축복이 무엇입니까? 무엇보다도 그것은 "비로소 내가 예수 그리스도의 제자가 되었다"는 감격과 확신과 희열입니다. 누가복음 10장 10절에 보면, 전도하러 나갔던 제자들이 돌아와서 주님께 보고합니다. "우리가 전도할 때 귀신도 항복하더이다." 이 말에 대하여 주께서는 "귀신이 항복하는 것으로 기뻐하지 말고 너희 이름이 하늘에 기록된 것으로 기뻐하라"고 하십니다. 구원받은 확신, 예수의 제자가 된 확신, 그것이 얼마나 큰 기쁨이요 영광입니까? 예수님께서 지적해 주신 것입니다.

얼마 전, 클린턴 대통령이 미국의 여기자 둘을 석방시키기 위해서 북한을 방문한 것을 알고 있는데, 강한 나라일수록 책임지고 자기 백성을 끝까지 보호하는 모습을 볼 수 있었습니다. 오늘 본문에서도 "세상 끝날까지 내가 너희와 함께 있겠다"고 약속하시는데, 선교할 때 비로소 하나님께서 우리를 끝까지 지켜주시고, 임마누엘 곧 하나님의 임재를 체험하게 하신다는 말씀 아닙니까? 마가복음 16장 17-18절을 보십시오. '너희가 만민에게 복음을 전하면 이런 표적이 따를 것이다. 그들이 내 이름으로 귀신을 쫓아내며 새 방언을 말하며 뱀을 집어올리며 무슨 독을 마실지라도 해를 받지 아니하며 병든 사람에게 손을 얹은즉 나으리라.' 선교하러 떠날 때 이런 표적을 경험하게 되는 것입니다.

사실은 오늘 아침에 여러분 모두 신종 플루로 인하여 예방 주사 맞느라 고생을 하고 난리를 피우고 있는데, 그러나 여러분 마음 가운데 정말이 선교의 열정과 각오가 있다면, '나는 선교사'라는 그런 열정과 사명감이 있다면, 이따위 신종 플루는 걱정하지 않아도 될 줄 압니다. 무엇보다도 선교사는 순교를 각오한 사람들이 아닙니까? 주님께서 재림하실 때 첫째 부활에 참여하는 그 영광을 선교하다가 순교하는 사람들에게 주실 것을 약속을 하고 있는 것입니다.

선교하지 않는 사람들은 말하자면 하나님 뜻을 이해하지 못한 사람이고, 결국 하나님 마음을 아프게 하는 사람들입니다. 김대중 전 대통령께서 "행동하지 않는 양심은 악의 편이다"라고 말씀하셨는데, 우리가 구원 받았는데 그 기쁨을 혼자만 누리려 한다면, 마치 암 특효약을 개발해 갖고 있으면서 수억의 환자들이 암으로 죽어가고 있는데도 나 몰라라 자기 혼자만 갖고 있는 것과 무엇이 다르겠습니까? 그것은 비양심적이고 행동하는 양심이 아닌 것입니다. 그것은 악과 한편이고, 결국 사탄과 한편인 것입니다.

우리 하나님께서는 장신대에 엄청난 복을 부어주셨습니다. 금년에도 신대원의 경우 300명 모집에 1,200명이 와서 800명 이상이 낙방을 했습니다. 아마 대한민국의 모든 머리 좋은 사람들이 여기에 모여 있다 해도 틀림없을 것입니다. 또 교수님들은 어떻습니까. 세계 모든 교수들이 우리 장신대를 방문하고 싶다고 저한테 편지가 얼마나 많이 오는지 모릅니다. 거의 일주일에 한 통씩 받습니다. 세계 모든 총장들이 장신대의 명품 학생들 앞에서 강의를 하게 해달라, 특강을 하게 해달라, 채플에서 설교하게 해 달라고 계속 요청을 하고 있습니다.

미국의 장로교는 지금 11,000교회인데, 그중에 5천 교회가 목회자가 없답니다. 그리고 문 닫는 신학교가 많고, 미국의 신학교들은 대개 등록금을 받으면 주식에 투자해서 이익을 남겨 학교를 운영해 왔는데, 이번의 금융 위기로 주가가 폭락하자 신학교 대부분이 망하게 된 것입니다. 그래서 목회자가 없습니다. 5천 교회가 목회자가 없는 것입니다. 그래서 미국의 은퇴한 어느 총회 총무로부터, 우리 장신대 학생들을 영어로 회화할 수 있는 정도로 훈련시켜서 미국 교회에 파송해 달라는 주문도 받았습니다. 우리의 계획은 앞으로 세계적인 언어인 영어를 우리 장신대 학생들이 회화를 할 수 있을 정도로 의무화하는 것입니다. 장신언어학원이 그래서 설립된 것이고, 더 나아가서는 미국에서 퇴출, 조퇴, 명퇴하는 교수들 가운데 우수한 교수들을 불러다가 우리 장신대의 사이버대학에서 영어로 강의하도록 하는 것입니다. 저도 한남대 다닐 때 1학년에 들어가니까 원어민 선교사가 직접 영어로 강의했는데, 처음 한 달은 잘 못 알아들었는데, 한두 달 지나니까 영어가 들리는 것입니다. 앞으로 이러한 계획을 교수님들과 의논하여 추진할 것입니다.

하나님께서 왜 우리에게 이러한 복을 주셨습니까? 우리 한국 교회가 갖고 있는 사명이 크기 때문입니다. 한국 교회는 장신대를 바라보고 있고, 하나님께서도 우리 장신대에 복을 주셨는데, 만약에 우리가 가지 않는다면 그것은 직무를 유기하는 행위인 것입니다. 아무리 에쿠스가 최첨단 기계로 중무장을 하고 있다 할지라도 가지 않는다면 그게 무슨 소용이 있겠습니까? 잉크가 나오지 않는 볼펜이 무슨 소용이 있겠습니까?

제게 컴퓨터가 두 대가 있는데, 우리 자식들이 쓰는 것과 제가 사용하는 것, 두 대가 있는데, 둘 다 셧다운이 되어, 오늘 아침 설교 원고를 학교에 와서 작성을 했습니다. 제가 오늘 설교에서 약간 횡설수설하는 이유가 원고를 제대로 작성을 못했기 때문입니다. 이렇게 작동하지 않는 컴퓨터, 계속 작동하지 않는다면, 제가 어떻게 하겠습니까? 폐기 처분해야 하지 않겠습니까?

하나님의 위대한 꿈과 비전, 그것은 곧 우리 장신대 학생들이 196개국의 모든 산봉우리마다 십자가의 깃발을 꽂는 것입니다. 지금까지는 아무도 십자가의 깃발을 꽂지 않았는데, 우리가 그곳에 그 깃발을 꽂는 비전을 갖고 있다면, 하나님께서는 결국 모든 산이 하나님을 찬양하고 모든 민족이 하나님을 예배하는 그 일을 우리를 통해서 이루실 줄 믿습니다. 윌리엄 캐리는 "하나님으로부터 위대한 것을 기대하라. 하나님을 위해서 위대한 것을 시도하라"고 젊은이들에게 외쳤습니다.

선교는 아무나 하는 것이 아닙니다. 하나님께서는 선교할 수 있는 때와 장소와 사람을 선택하셨습니다. 여러분이 바로 그 선택받은 사람입니다. 리빙스턴도 자기가 선교한 것은, 위대한 일을 한 것은, 하나님이 주신 특권이었다고 고백했습니다. 선교는 우리가 해도 되고 안 해도 되는 것이 아니라, 온 우주와 인류의 모든 영혼들이 한 목소리로 하나님을 찬양하기를 기대하시는 하나님의 소원이요, 결국 우리 가정과 교회와 국가를 살리고 온 우주를 회복하는 길입니다.

23

■ 장신 소식지 2009 겨울호 총장 권두언
2010년 1월 4일 장신대 교직원 시무 예배, 설교 요약

새 포도주는 새 부대에

그 때에 요한의 제자들이 예수께 나아와 이르되 우리와 바리새인들은 금식하는데 어찌하여 당신의 제자들은 금식하지 아니하나이까 예수께서 그들에게 이르시되 혼인집 손님들이 신랑과 함께 있을 동안에 슬퍼할 수 있느냐 그러나 신랑을 빼앗길 날이 이르리니 그 때에는 금식할 것이니라 생베 조각을 낡은 옷에 붙이는 자가 없나니 이는 기운 것이 그 옷을 당기어 해어짐이 더하게 됨이요 새 포도주를 낡은 가죽 부대에 넣지 아니하나니 그렇게 하면 부대가 터져 포도주도 쏟아지고 부대도 버리게 됨이라 새 포도주는 새 부대에 넣어야 둘이 다 보전되느니라 (마 9:14-17)

새해를 맞이하여, 하나님의 평강과 능력과 지혜가 여러분의 가정과 장신대에 충만하시기를 기원합니다.

새해가 되면서 무슨 생각들을 하십니까? 아마도 어려서부터 교회에 다닌 사람은 '새 포도주는 새 부대에'라는 설교 제목을 여러 번 들으셨을 것입니다. 새해에 나누는 영어 인사는 "Happy New Year"인데, 새해가 행복하고 기쁜 이유는 무엇입니까? 그것은 하나님께서 인간을 '하나님의 형상' 대로 창조하셨기 때문에, 즉 창조주 하나님의 형상을 닮은 인간도 하나님처럼 새것을 좋아하기 때문에, 새해가 되면 우리도 새로운 옷을 입고, 새로운 결심 가운데 새 출발을 하고 싶어한다는 것입니다. 창조주 하나님은 새 일을 행하시고, 새 하늘과 새 땅을 창조하시며, 새사람(고후 5:17), 새 예루살렘, 새 노래를 기뻐하시고, 첫 곡식과 첫 새끼 같은 새것을 제물로 받으시기를 원하시는 하나님이십니다(사 43:19). 인간에게 있어서 또 다른 1년의 새해는 새롭게 출발할 수 있는 기회로서, 마치 건

축가 앞에 놓인 넓은 땅 같고, 화가 앞에 세워진 화판의 하얀 도화지 같습니다.

새해를 맞으며 모든 사람이 기쁘고 행복한 것만은 아닌 것 같습니다. 왜냐하면 대부분 사람들은 새해에 또다시 자신들의 연약함과 한계성을 경험하게 되기 때문입니다. '작심삼일' 이라 부르는 것처럼, 대부분 새해의 새 출발은 고작 3일밖에 이어지지 못하기 때문에, 많은 사람들이 새해 벽두에 자신의 연약성을 한탄하게 됩니다.

펜실베이니아 스크랜턴 대학의 심리학 교수인 존 노크로스 박사는 주민 213명을 대상으로 새해에 한 결심을 며칠이나 실천하는지 2년 동안 조사하였는데, 그들 중 77%는 1월 첫 주, 즉 1주일 만에 자신의 결심을 깨뜨렸으며, 2월 첫 주까지 결심을 지킨 사람은 불과 21%에 불과하였다는 것입니다. "지옥의 도로는 일반적으로 사람들의 좋은 결심으로 깔려 있더라"는 심리학자 윌리엄 제임스의 말은 이와 같은 인간의 연약성과 한계성에 대한 쓰디쓴 경험을 잘 반영하고 있습니다.

왜 사람들은 이같이 새해의 새 출발에서 실패와 좌절을 경험하게 됩니까? 오늘의 성경 본문에 따르면, 그것은 새 포도주는 새 부대에 넣어야 하는데, 헌 부대에 새 포도주를 넣으려 하기 때문입니다(마 9:14-17). 새 포도주란 예수님께서 메시아로 오심을 환영하는 축제의 분위기, 즉 새신랑과 같이 온 인류에게 기쁨을 주는 전 우주적, 시대적 분위기를 가리키는데, 이와 같은 새 포도주를 낡은 가죽 부대, 즉 바리새인들의 통곡과 금식으로 표현되는 낡은 유대교 율법주의에 담으려 했기 때문인 것입니다. 더 간단히 설명하면, 새 포도주에 어울리지 않는 낡은 부대 곧 옛사람과 새 시대(새 포도주)를 매치(조화)시키려 했기 때문에, 새해의 새 출발에 문제가 생긴 것입니다.

새 포도주는 새 부대에 넣어야 부대도 보전되고 포도주 맛도 제 맛이 나는 것처럼, 새해(새 포도주)는 새로운 인간(새 부대)에만 잘 어울리는 것입니다. 문제는 어떻게 옛사람이 새로운 인간으로 변화될 수 있느냐 하는 것입니다. 그것은 본질과 본성이 새롭게 바뀜으로써, 새로운 결심을 이행할 수 있는 능력을 구비한 새사람이 될 때 가능합니다. 고린도후서 5장 17절의 말씀에 의하면, 누구든지 예수 그리스도 안에 있을 때에만 새로운 피조물로 변화될 수 있는 것입니다. 다시 말하면, 누구든지 예수님께서 그리스도(메시아)이심을 믿고, 구세주로 영접할 때에만 새로운 인간으로 창조되어 새로운 인생을 출발할 수 있게 된다는 것입니다.

"그리스도 안에"라는 의미의 '엔 크리스토'($\acute{\epsilon}\nu\ \chi\rho\iota\sigma\tau\tilde{\omega}$) 사상은 바울 서신에 자주 나타나는 신학적 개념으로, 쉬운 말로 하면 예수님을 왕과 주인으로 영접하고, 옛 주인(자아)을 새 주인으로 바꾸는 것, 즉 썩어져 가는 구습을 따르는 옛사람을 벗어버리고 새사람(엡 4:23-24) 곧 예수 그리스도로 옷 입고 예수 그리스도의 지배를 받는 것을 의미합니다. 엄밀한 의미에서 새 주인을 영접하는 것은 사도 바울과 같이 성령, 곧 거룩한 영이신 예수 그리스도의 영을 영접하는 것입니다.

성령 곧 깨끗한 영을 우리 안에 영접하기 위해서는 회개를 통해서 자신이 깨끗해져야 하는데, 더 구체적으로 자신이 죄인 괴수임을 깨닫고 회개해야 합니다. 이때 비로소 우리 영혼이 성령이 들어오실 수 있는 장소가 되는 것입니다. 이것은 마치 새로운 소프트웨어의 영입을 위해 하드웨어의 환경 설정 작업을 수행하는 것과 같다고 할 수 있습니다.

앞으로 다가올 365일이 대망의 새로운 기회이지만, 이런 철저한 회개를 통한 환경 설정이 없을 때 우리는 헌 부대일 수밖에 없는 것입니다. 예수 그리스도께서 참혹하게 십자가를 지고 돌아가신 그 원인이 우리의 죄 때문이요, 죄 없으신 주님을 십자가에 못 박은 장본인이 바로 나 자신임을 시인한다면, 죄의 질과 무게에 있어서 강호순 같은 살인마와 제가 다를 것이 무엇이겠습니까?

이런 죄인 괴수라는 철저한 회개와 거룩하신 성령 곧 예수님을 왕으로 영접할 때 우리 영혼은 철저하게 소제되고, 거룩한 성령이 우리를 채우심으로써 우리는 새사람으로 거듭나게 되는 것입니다. 만약 이와 같은 새사람으로의 변화가 없다면 헤롯 왕과 같은 교만한 모습으로 주님을 배척하는 비극을 반복하게 될 것입니다. 그는 아기 예수의 탄생 소식을 들었지만 동방 박사처럼 예수님을 왕으로 영접하는 것을 거부했을 뿐만 아니라 베들레헴의 2천여 유아들을 살해하는 엄청난 죄를 저지르게 되었습니다.

새로운 시대가 시작되었습니다. 여러분과 저는 새로운 시대에 새 인간이 되어야 하는 엄청난 요구에 직면하고 있습니다. 대한민국의 국가 위상이 G-20 정상 회담의 개최를 앞두고 크게 격상되었고, 프랑스와 일본을 제치고 UAE의 원전 수주에 성공함으로써 세계 10위의 경제권으로의 진입이 가시화되었으며, 우수한 문화적 발전을 통하여 평가절하되던 'discount Korea'가 평가절상된 'premium Korea'로, 그리고 금년부터는 명실공히 경제 원조 수혜국에서 최혜국으로 바뀌게 되었습니다.

그러나 또 한편 세계적으로, 네덜란드의 모 국회의원이 말한 것처럼, 유럽의 기독교가 아사 직전에 처해 있고, 특히 20년 내에 이슬람 인구가 유럽 인구의 25%를 점령하게 되는 상황에서 교회들이 회교 사원으로 바뀌어 가는 추세입니다. 얼마 전에는 라마단 기간 중에 술 취한 상태로 독일의 회교도 구역을 활보하던 한 독일인이 모슬렘에게 돌에 맞아 죽은 사건이 있었습니다. 한국도 저출산 풍조로 인하여 20여 년 뒤에는 남북

한 인구가 3,500만으로, 40년 뒤에는 1,800만으로 감소할 것이 분명한데, 적어도 10여 년 뒤에는 다산의 문화를 자랑하는 50만의 이슬람이 한국의 거리를 활보하게 될 것이라고 합니다. 설상가상으로 한국 교회는 갈수록 부흥이 위축되고, 기독교를 공격하는 반(反) 기독교 세력들이 거세지고 있는 것이 사실입니다.

이와 같은 시대 풍조와는 달리, 장신대의 위상은 날로 격상되고 있습니다. 세계 최고의 경쟁률을 자랑하며 수많은 명품 인재들이 몰려오고 있습니다. 통일이 코앞에 다가왔음을 피부로 느낄 정도로, 새로운 시대가 우리 앞에 놓여 있고, 그만큼 장신대 사람들은 세계와 조국의 역사 앞에서 '숭고한 의무'(noblesse oblige)를 요청받고 있습니다. 이와 같은 새 시대의 새로운 도전 앞에서 어떻게 옛사람의 상태로 새해를 맞이할 수 있겠습니까?

장신대의 귀한 어르신 가운데 한 분 은사께서 새해에 덕담을 주셨는데, 우리 학교의 계속적인 발전과 성패 여부가 '인화 단결'에 달려 있다는 것입니다. 모든 교수, 직원, 학생 및 이사회가 한마음 한뜻이 되어 전진할 때 학교는 발전하지만, 서로 불화하고 끼리끼리 어울리는 사람들이 많아진다면 아무리 장신대가 세계 최고의 신학교라 할지라도 좌초될 수밖에 없다는 것입니다. 장신대 구성원들 사이에 존재하는 불협화음의 원인은 옛사람을 벗지 못했기 때문이고 예수 그리스도를 온전히 그리고 철저하게 왕으로 모시지 못한 데서 비롯된 것입니다.

우리는 새로운 한 해를 시작하며 다시 한 번 우리 자신을 돌아보아 새 시대에 맞는 새 사람이 되어야 할 것입니다. 새 주인 예수 그리스도의 지배를 받을 때 누구나 겸손과 용서와 사랑과 지혜가 넘치는 새해를 보내게 될 것입니다.

■ 2010년 봄학기 개강 예배

24

이것은 주님의 명령입니다

여호와께서 아브람에게 이르시되 너는 너의 고향과 친척과 아버지의 집을 떠나 내가 네게 보여 줄 땅으로 가라 내가 너로 큰 민족을 이루고 네게 복을 주어 네 이름을 창대하게 하리니 너는 복이 될지라 너를 축복하는 자에게는 내가 복을 내리고 너를 저주하는 자에게는 내가 저주하리니 땅의 모든 족속이 너로 말미암아 복을 얻을 것이라 하신지라 (창 12:1-3)

열한 제자가 갈릴리에 가서 예수께서 지시하신 산에 이르러 예수를 뵈옵고 경배하나 아직도 의심하는 사람들이 있더라 예수께서 나아와 말씀하여 이르시되 하늘과 땅의 모든 권세를 내게 주셨으니 그러므로 너희는 가서 모든 민족을 제자로 삼아 아버지와 아들과 성령의 이름으로 세례를 베풀고 내가 너희에게 분부한 모든 것을 가르쳐 지키게 하라 볼지어다 내가 세상 끝날까지 너희와 항상 함께 있으리라 하시니라 (마 28:16-20)

만인에게 공통된 그리고 의미 있는 질문 가운데 하나는 자신의 '정체성'에 대한 질문, 즉 나는 누구이며 무엇을 위해 사는가 하는 것입니다. 때때로 우리는 이 질문을 잊고 살지만, 그럼에도 불구하고 이 질문에 대한 대답 없이 살아가는 사람은 마치 목적지를 모르고 인천공항에 나와 있는 사람과 같고, 나침반이 없는 배의 선장과 같다고 할 수 있습니다.

마태복음 28장의 본문은 주께서 승천하시기 전 제자들에게 주신 명령으로서, 주석가들은 이 구절의 중요성 때문에 'Ultimate Command' 즉 '지상 명령'이라 부릅니다. 마태복음의 저자의 신학을 따른다면, 이 명령이야말로 주께서 제자들에게 주신 마지막 유언이며, 그만큼 예수의 제자들이 불문고지하고 반드시 이루어드려야 할 주님의 숙원인 것입니다. 하나님께서 성도에게 직설적으로 '가라' 명하시는 명령은 구약에도 나오는데, 그것은 아브람에게 주신 바 "너의 본토……를 떠나 내가 지시할 땅으로 가라"는 것입니다(창 12:1-3).

마태를 통해 전승된 이와 같은 주님의 명령에는 기독교인들의 정체성, 즉 예수의 제자들이 무엇을 위해 살아야 하는지, 더 구체적으로 주님의 제자됨의 목적에 대한 정답이 담겨 있습니다. 이를 한 문장으로 줄여서 말하면, 땅 끝까지 가서 모든 민족에게 복음을 전하라는 것이고, 더 줄여서 말하면 이것은 '전도' 또는 '선교'에 대한 명령입니다.

'제자를 삼는다'는 용어는 마태복음의 키워드 가운데 하나인데, 전도의 핵심은 다름 아니라, 내가 먼저 예수의 참 제자가 된 다음에 다른 사람을 예수의 제자로 삼을 수 있다는 것입니다. 즉 모든 민족에게 나아가 주님의 교훈을 따라 살도록 가르쳐 지키게 하는 것이 전도 또는 선교의 핵심이라는 것입니다. 오늘의 교회의 문제는 먼저 복음을 전하는 자가 예수님의 참된 제자가 되지 않고 복음을 전하기 때문에 생기는 문제라 할 수 있을 것입니다.

좀 더 구체적으로, 예수님이 가르쳐 주신 라이프스타일, 즉 예수께서 친히 보여주신 바 전도자로서 본받아야 할 삶의 양태는 무엇입니까? 그것은 "누구든지 나를 따라오려거든 자기를 부인하고 자기 십자가를 지고 나를 따를 것이니라"(마 16:24)라는 말씀처럼 자기 생명을 부인하고 십자가를 지는 것, 즉 복음을 위해 죽는 것입니다. 예수께서 명령하신 제자 삼는 방법 가운데 하나로서 세례를 주는 것이 이 말씀과 일치한다고 볼 수 있습니다. 왜냐하면 세례(침례)는 성도가 물속에 잠겨 죽었음을 상징적으로 재현하고, 십자가상의 주님의 죽음이 자신의 죽음이었음을 고백하는 것이기 때문입니다. 어떤 목사님의 제안대로, 앞으로는 세례식 때 제자를 강가로 데리고 가서 물에 집어넣었다가 반죽음의 상태로 꺼내주는 의식을 통해, 사도 바울처럼 자기도 그리스도와 함께 이미 죽었음(갈 2:20)을 경험케 해야 할 필요가 있습니다.

결국 제자도의 핵심은 예수님의 삶을 본받는 것인데, 예수님께서 가장 핵심적으로 가르친 진리가 무엇입니까? 그것은 사랑, 즉 십자가의 사랑이고, 더 나아가 원수까지 사랑하는 것입니다. 전도자가 사랑으로 무장하지 않기 때문에 아무리 복음을 전해도 기독교를 핍박하는 원수들이 설득을 당하지 않는 것입니다. 우리는 강력한 예수님의 사랑을 경험한 만큼 어머니의 사랑보다도 더 강력하고 설득력 있는 전도자가 될 수 있습니다.

이 점에서, 예수께서 승천하기 직전 마지막 유언으로서 "성령을 받으라"는 명령을 전승한 누가의 기록은 일치합니다. 즉 전도자가 성령을 받을 때에만 원수까지 사랑할 수 있는 능력으로 무장되기 때문입니다(갈 5:22 이하). 성령을 받기 위해서는 먼저 자기가 죄인 괴수(딤전 1:15)임을 회개함으로써(행 2:38) 자기를 온전히 죽여야 합니다. 더 나아가 사랑의 왕 예수님을 영접함으로써 원수까지 사랑하신 주님의 통치를 받게 되는 것입니다.

세계 선교의 관점에서 볼 때, 이번 동계 올림픽을 통하여 대한민국의 위상이 새롭게 격상된 것은 하나님의 크신 은혜가 아닐 수 없습니다. 한국 선수들이 1만m 장거리와 500m 단거리 스케이트 경주에서 모두 금메달을 받았습니다. 우리 민족은 스케이트를 타고 가장 빨리, 그리고 멀리 땅 끝까지 갈 수 있는 가장 적합한 민족임이 입증된 것입니다. 김연아 선수의 금메달은 7조 원의 경제 효과를 초래했다고 하는데, 그보다 더 중요한 것은 세계 피겨스케이트 여왕인 김연아를 통하여 세계 만방에 한국인의 위대함이 알려졌고, 특히 세계 방방곡곡에 나가 있는 한국 선교사에 대하여도 긍정적인 이미지를 갖게 되었다는 것입니다.

주님께서는 우리에게 복음을 들고 땅 끝까지 가라고 명령하시면서 대한민국으로 하여금 G-20 의장국이 되게 하시고, 세계에서 가장 높은 버즈 칼리파(162층)를 짓게 하시고, WCC를 유치하게 하시고, 현대 선교의 필수 도구인 IT 산업의 선두주자 명령을 하셨습니다. 주께서는 인류 역사를 지중해에서 대서양으로, 대서양에서 태평양으로 이동하게 하시고, 이 태평양국 국가들의 중심축으로서 한국을 선택하셨습니다. 이와 같은 주님의 섭리에 한국 교회가 순응해야 할 것입니다.

세계 선교는 제2의 이스라엘로 선택받은 한국 교회의 노블레스 오블리제이고, 이것은 주님의 명령입니다. 그래서 무엇보다 먼저 장신대가 이 일에 앞장서야 한다는 생각을 합니다. 대한민국, 아니 세상에서 가장 들어오기 힘든 신학대학원이 장신대인데, 이것은 세계에서 가장 우수하고 머리 좋은 인재들이 우리 장신대로 몰려오고 있다는 증거로서, 하나님께서는 지구촌 복음화를 위해서, 그리고 땅 끝까지 잘 달려갈 수 있는 모세와 사도 바울 같은 우수한 인재를 양성하기 위해서 우리 장신대를 지목하셨을 것으로 생각합니다. '서풍이 불거든 비가 오고, 남풍이 부는 것을 보면 더우리라 하나니 너희는 어찌하여 하나님의 때(카이로스, καιρός)를 분별치 못하느냐', 장신대에 임재하시는 주님의 경고를 외면해서는 안 될 것입니다.

제가 총장으로 취임하면서 '총체적인 선교 동력화'에 올인하겠다는, 재산과 건강과 생명까지도 올인하겠다는 비전을 장신대 가족에게 제시한 바 있습니다. 장신대의 모든 졸업생들이 졸업하는 즉시 당시의 세계 최빈국으로 알려진 방글라데시로 달려간 정성균 선교사처럼 인류의 모든 영혼을 책임지고 지구촌 방방곡곡으로 달려가도록 교육하는 것이 바로 '총체적인 선교 동력화'의 목표인 것입니다.

수년 내에 완공될 새로운 본관의 중심 자리에는 '순교자의 전당' (Martyrs' Hall)이 들어설 것입니다. 우리에겐 앞서간 주기철, 손양원, 배형규라는 선배 순교자들이 있습니다. 이 순교자의 전당에 들어가는 모든 사람들이 순교자의 육성을 듣고 얼굴을 보고 그들의 심장을 느낄 수 있도록 만들 예정이며, 앞으로 장신대를 졸업하는 모든 학생들이 신학이든, 기독교교육이든, 교회음악이든, 어떤 형태로든 복음에 목마른 영혼들의 부르짖음을 듣고 달려가 자신의 생명을 바치는 것이 가장 큰 영광이요 기쁨임을 깨닫고 결단하도록 교육하는 것이 총장을 비롯한 모든 교직원들의 기도 제목이 될 것입니다.

선교는 주님의 명령입니다. 이것은 해도 되고 안 해도 되는 명령이 아닙니다. 이것은 주님의 간절한 소원입니다. 우리가 생명같이 소중한 주님의 사랑을 받은 자로서 어떻게 이 명령에 거역할 수 있겠습니까? 우리 장신 가족 모두가 이 주님의 명령에 순종하여, 주님 재림하실 때 참된 예수님의 제자로서의 영광과 기쁨을 함께 누리게 되시길 기원합니다.

25

■ 주후 2010년 6월 4일 봄학기 종강 예배

마지막으로 웃는 사람

하나님 앞과 살아 있는 자와 죽은 자를 심판하실 그리스도 예수 앞에서 그가 나타나실 것과 그의 나라를 두고 엄히 명하노니 너는 말씀을 전파하라 때를 얻든지 못 얻든지 항상 힘쓰라 범사에 오래 참음과 가르침으로 경책하며 경계하며 권하라 때가 이르리니 사람이 바른 교훈을 받지 아니하며 귀가 가려워서 자기의 사욕을 따를 스승을 많이 두고 또 그 귀를 진리에서 돌이켜 허탄한 이야기를 따르리라 그러나 너는 모든 일에 신중하여 고난을 받으며 전도자의 일을 하며 네 직무를 다하라 전제와 같이 내가 벌써 부어지고 나의 떠날 시각이 가까웠도다 나는 선한 싸움을 싸우고 나의 달려갈 길을 마치고 믿음을 지켰으니 이제 후로는 나를 위하여 의의 면류관이 예비되었으므로 주 곧 의로우신 재판장이 그 날에 내게 주실 것이며 내게만 아니라 주의 나타나심을 사모하는 모든 자에게도니라 (딤후 4:1-8)

모세가 모압 평지에서 느보 산에 올라가 여리고 맞은편 비스가 산꼭대기에 이르매 여호와께서 길르앗 온 땅을 단까지 보이시고 또 온 납달리와 에브라임과 므낫세의 땅과 서해까지의 유다 온 땅과 네겝과 종려나무의 성읍 여리고 골짜기 평지를 소알까지 보이시고 여호와께서 그에게 이르시되 이는 내가 아브라함과 이삭과 야곱에게 맹세하여 그의 후손에게 주리라 한 땅이라 내가 네 눈으로 보게 하였거니와 너는 그리로 건너가지 못하리라 하시매 이에 여호와의 종 모세가 여호와의 말씀대로 모압 땅에서 죽어 벳브올 맞은편 모압 땅에 있는 골짜기에 장사되었고 오늘까지 그의 묻힌 곳을 아는 자가 없느니라 모세가 죽을 때 나이 백이십 세였으나 그의 눈이 흐리지 아니하였고 기력이 쇠하지 아니하였더라 이스라엘 자손이 모압 평지에서 모세를 위하여 애곡하는 기간이 끝나도록 모세를 위하여 삼십 일을 애곡하니라 모세가 눈의 아들 여호수아에게 안수하였으므로 그에게 지혜의 영이 충만하니 이스라엘 자손이 여호와께서 모세에게 명령하신 대로 여호수아의 말을 순종하였더라 그 후에는 이스라엘에 모세와 같은 선지자가 일어나지 못하였나니 모세는 여호와께서 대면하여 아시던 자요 여호와께서 그를 애굽 땅에 보내사 바로와 그의 모든 신하와 그의 온 땅에 모든 이적과 기사와 모든 큰 권능과 위엄을 행하게 하시매 온 이스라엘의 목전에서 그것을 행한 자이더라 (신 34:1-12)

"웃음은 건강에 도움이 되지만 비웃음은 건강에 해롭다"라는 말에서 보는 것처럼, 현대 건강학에서 웃음에 대한 평가가 날로 증대하고 있습니다. 루브르 박물관에 전시된 〈모나리자〉 그림 가격이 그토록 엄청난 (수억 달러) 이유는 그 여인의 신비한 미소 때문이랍니다. 중국 속담에 "일소일소 일노일노"(一笑一少 一怒一老)라는 말도 있는데, 그 뜻인즉 '한 번 웃으면 하루 젊어지고 한 번 노하면 하루 늙는다' 는 것입니다. 서양 속담에도 "미소의 크기와 행복의 크기는 정비례한다"는 말이 있는데, 만인 공통의 여권과 같은 이 웃음의 가치를 부인할 사람은 아무도 없을 것입니다.

그렇다면 왜 웃음이 좋은 것입니까? 행복 자체니까 그렇습니다. 무엇보다도 하나님이 인간을 그렇게 창조하셨기 때문입니다. 창세기 1장에 일곱 번 반복되는 "보시기에 좋았더라"(토브)라는 말은 창조주 하나님께서 만드신 만물을 보시고 기분이 좋으셨다는 말도 되지만 하나님은 본래부터 선하신(토브) 분이라는 것입니다. 선한 것과 기쁨(행복)은 일치하는 것으로, 하나님은 인간을 선하게 창조하셨기 때문에 인간은 기쁨의 감정을 표현할 수밖에 없고, 웃을 때 이러한 행복과 기쁨을 맛보게 된다는 것입니다. 인간만 있고 다른 동물에게 없는 것이 바로 웃음보인데, 이것이야말로 하나님께서 인간에게만 주신 특권이요 행복이 아닐 수 없습니다.

무엇이 가장 귀하고 행복한 웃음이겠습니까? 그것은 마지막으로 웃는 것입니다. 중국 말로 단소승자(端笑勝者)라 표현되는 이 말은 엄밀한 의미에서 기독교인을 가리킵니다. 기독교인만이 마지막으로 웃을 수 있기 때문입니다. 이것은 기독교인은 모두 종말론자라는 말도 됩니다. 기독교인들은 이 세상의 끝을 바라보는 사람들이고, D-Day(결정적인 그날)

곧 '파루시아'(παρουσία, 주의 재림)를 기다리는 사람들이고, 이어서 부활과 영생 천국에서 천사들과 함께 영원토록 하나님을 찬양하는 때를 기다리는 사람들입니다. 요한계시록에서도 영원한 천국에는 근심도 고통도 눈물도 없는, 오직 웃음과 환희와 찬양만 있는 곳임을 가르칩니다.

그렇다면 우리가 어떻게 단소승자가 될 수 있겠습니까? 이것은 모세와 사도 바울의 생(生)의 마지막 장면에 잘 나타나 있습니다. 이 두 사람이 갖고 있는 단소승자로서의 공통된 비결은 세 가지로 요약할 수 있습니다.

첫째, 이 두 사람은 한결같이(신학적 용어로) '테오파니'(Theophany)를 경험한 사람들입니다. 현현, 신현, 하나님의 나타남, 'Dramatic Encounter with God', 즉 하나님과의 드라마틱한 만남을 경험한 사람들이라는 것이 이 두 사람의 공통점입니다. 모세는 출애굽기 3장에서 '불타는 떨기나무'(Burning Bush) 체험을 했고, 사도 바울도 다메섹 도상에서 예수님의 빛과 음성을 보고 들었습니다. 왜 이와 같은 현현 체험이 마지막으로 웃는 사람이 되는 데 필요하겠습니까? 이 경험이 있을 때 인간은 비로소 가장 원초적인 만족과 행복, 즉 하나님의 인정을 받는 기쁨을 맛보게 되기 때문입니다. 하나님께서 내 이름을 부르셨다, 하나님께서 나를 인정하셨다, 하나님께서 나를 사랑하신다는 사실을 확인할 때 우리는 마지막까지 웃을 수 있는 승자가 되는 것입니다.

제가 고등학교 시절 기차 통학을 했었는데 기차가 멈춘 사건이 있었습니다. 기차 타러 늦게 집을 나섰을 때 이미 기차는 역을 떠나고 있었는데, 제가 논두렁으로 달려가면서 "기차를 멈춰 주십시오"라고 기도를 했고, 그때 기차가 한 4-500m 전진하다가 멈춰 섰습니다. 이 사건을 통해 하나님께서 제 기도를 들으시고 저를 선택받은 자로 인정해 주신다는 사실을 확인할 수 있었고, 그때의 그 감격과 환희는 지금까지 평생 잊을 수 없는 경험이 되었으며, 무엇보다도 어떤 역경과 어려움 앞에서도 기도하면 들으신다는 확신 가운데 저로 하여금 웃을 수 있게 하고 용기를 갖게 했습니다.

사도 바울과 모세가 하나님을 만난 경험에서 발견되는 또 다른 공통점이 있다면, 그것은 자신들의 죄 됨을 확인한 것입니다. 사도 바울은 디모데전서 1장 15절에 "……죄인 중에 내가 괴수"라고 고백했습니다. 그는 스데반을 돌로 쳐죽인 장본인으로, 예수 믿는 사람들을 죽이려고 다메섹으로 가던 사람이었습니다. 엄청난 죄인임을 하나님 앞에서 항상 시인한 것입니다. 모세도 떨기나무 불꽃 가운데서 소명을 받았지만 "저는 갈 수 없습니다. 말이 둔한 사람입니다"라고 고백하면서 자신의 죄 됨과 부족함을 시인했으며, 나중에는 물을 낼 때 반석을 가리키기만 해도 되는데 "내가 물을 내랴" 하면서 교만했던 것입니다.

진정으로 하나님을 만나는 경험은 내가 죄인 괴수임을 확인할 때이며, 여기에서 자신이 겸손해지고 성령으로 충만해지는 경험을 하게 되는 것입니다. 이때 비로소 모든 인간은 하나님의 사랑과 능력과 진정한 기쁨을 맛보게 됩니다. 저도 매일 새벽 기도 때마다 빼놓지 않는 회개가 있는데, 그것은 제가 죄인 괴수 중의 괴수라는 사실입니다. 그 어떤 사람보다도 생각이 지저분한 죄인임을 고백할 때 매일 아침 주님을 깊이 만나고 성령 충만을 체험하게 됩니다.

둘째로 단소승자가 되는 비결은, 자신의 사명을 깨닫고 그 사명과 비전을 위해 일생을 투자하여 사명을 완수하는 것입니다. 모세와 바울은 둘 다 이와 같은 중차대한 사명을 받고 나름대로 그 사명을 완성했습니다. 모세는 구심적 사명(centripetal mission)을, 바울은 원심적 사명(centrifugal mission)을 완수했습니다. 즉 모세는 이스라엘 백성들을 지구의 중심인 가나안 땅으로 인도해 들이는 구심적인 사명을, 바울은 땅 끝까지 복음을 들고 달려가는 원심적 사역을 감당했습니다.

모세는 자신의 사명을 완수한 뒤, 가나안 땅을 바라보면서 여호수아를 후계자로 세우는 일까지 마쳤습니다. 디모데후서에서 바울도 디모데라는 위대한 후계자를 세우고 당시 땅끝으로 간주된 로마까지 복음을 전했음을 고백하고 있습니다. 사명에 목숨을 거는 사람들이 그 성취를 통해서 마지막에 웃을 수 있습니다. 이들의 사명감은 종말론에 집중되어 있습니다. 마지막으로 죽기에 앞서 영원한 천국과 하나님의 보상과 면류관을 기대하는 사람들, 이들이 진정으로 마지막까지 잘 달려가며 웃을 수 있는 인생입니다.

헨리 모리슨 선교사가 아프리카에서 30여 년의 사역을 마치고 뉴욕 항구로 돌아가는데, 마침 루스벨트 대통령도 아프리카에서 사냥을 마치고 같은 배로 뉴욕 항에 내리게 되었답니다. 대통령이 도착하니 백성들이 꽃다발을 들고 나와 팡파르를 울리며 환영하는데, 허리가 구부정한 모습으로 낡은 가방을 들고 배에서 내리는 늙은 모리슨 선교사 앞에는 환영 나온 사람이 아무도 없었습니다. 그래서 모리슨 선교사는 여관방에서 하나님께 불평을 했다고 합니다. "하나님, 나는 무엇입니까? 30년 동안 주를 위해 생명 바쳐 일했는데, 이것이 무업니까?"

그때 하나님께서 성령을 통해 말씀하셨답니다. "모리슨 선교사, 너는 아직 너의 고향 천국에 온 것이 아니지 않은가?" 모리슨 선교사는 이 말씀을 듣고 위로를 받았다고 합니다.

모세와 바울, 이 두 사람이 마지막까지 웃을 수 있는 사람이 된 것은 매일 매시 경험하는 현재의 기쁨과 행복 때문이었습니다. 현재 웃는 사람이 마지막에도 웃을 수 있는 것입니다. 사도 바울이 감옥에서 보낸 빌립보서에서 "……내가 다시 말하노니 기뻐하라……"고 거듭 말했던 것처럼, 그는 언제 어디서나 항상 기뻐하며 주님과 동행하는 삶을 이어감으로써 마지막까지 웃는 사람이 될 수 있었던 것입니다. 현재 슬피 울며 이를 가는 사람은 마지막에도 절대로 웃을 수 없습니다. 항상 현재 기쁘고 감사하는 사람만이 마지막에도 웃는 것입니다.

이전에도 말한 바와 같이, 장신대의 총장으로 섬기는 저에게 주신 사명은 '총체적인 선교 동력화'입니다. 이것은 제가 총장으로 재임하는 동안 모든 졸업생을 지구촌 방방곡곡에 선교사로 보내어 그들로 하여금 순교자가 되게 하는 것입니다. 왜냐하면 마지막으로 웃는 사람은 바로 순교자이기 때문입니다. 주님 재림하실 때 가장 먼저 부활하여 주님을 만나는 가장 큰 기쁨을 맛보는 사람이 순교자이기 때문입니다. 이런 순교자가 되기 위해서는 지금부터 매일 죽는 연습을 해야 합니다. 그런 의미에서 새벽 기도는 아주 훌륭한 순교적 경건 훈련입니다. 지금 내가 죽지 않고서는 금싸라기 같은 새벽 시간을 주님께 투자할 수 없는 것입니다.

선교사로 나가는 것만이, 그리고 총에 맞고 칼에 죽임을 당하는 것만이 순교는 아닙니다. 제가 매일 아침 기도하는 것처럼, "주여, 오늘도 나의 생명, 재산, 명예, 소유, 시간, 건강, 쾌락의 특권과 생각의 자유까지 모두 주님께 드립니다. 나는 이미 죽었습니다. 나는 이미 모든 것을 포기했습니다"라고 기도함으로써 우리는 순교자가 될 수 있는 것입니다.

여러분에게 지금 기쁨이 있습니까? 만족이 있습니까? 아니면 원망과 불평으로 가득 차 있습니까? 주님의 은혜를 생각할 때, 주신 사명을 생각할 때, 그리고 주님을 만날 그날을 생각할 때, 우리는 기쁠 수밖에 없고, 마지막에 웃을 수밖에 없습니다.

26

날로 새로운 영성의 기쁨

■ 이 글은 2010년 8월 24일 화요일 2010년도 가을학기 개강 감사 예배 때 선포한 메시지를 요약 정리한 것임을 밝힙니다.

여호와께서 시온의 포로를 돌려 보내실 때에 우리는 꿈꾸는 것 같았도다 그 때에 우리 입에는 웃음이 가득하고 우리 혀에는 찬양이 찼었도다 그 때에 뭇 나라 가운데에서 말하기를 여호와께서 그들을 위하여 큰 일을 행하셨다 하였도다 여호와께서 우리를 위하여 큰 일을 행하셨으니 우리는 기쁘도다 여호와여 우리의 포로를 남방 시내들 같이 돌려 보내소서 눈물을 흘리며 씨를 뿌리는 자는 기쁨으로 거두리로다 울며 씨를 뿌리러 나가는 자는 반드시 기쁨으로 그 곡식 단을 가지고 돌아오리로다 (시 126:1-6)

그러므로 우리가 낙심하지 아니하노니 우리의 겉사람은 낡아지나 우리의 속사람은 날로 새로워지도다 우리가 잠시 받는 환난의 경한 것이 지극히 크고 영원한 영광의 중한 것을 우리에게 이루게 함이니 우리가 주목하는 것은 보이는 것이 아니요 보이지 않는 것이니 보이는 것은 잠깐이요 보이지 않는 것은 영원함이라 (고후 4:16-18)

할렐루야! '할렐루야'는 오늘같이 기쁜 날에 우리가 함께 나눌 수 있는 가장 적합한 인사라고 생각됩니다. 얼마 전 우리는 광복절을 감격과 기쁨 속에서 지켰습니다. 지난 1945년 8월 15일은 우리 민족 전체가 거리로 뛰쳐나와 온종일 "대한민국 만세"를 외치며 춤을 춘 감격의 날이었습니다. 암흑과도 같았던 일제 36년의 억압에서 해방되던 그날은, 마치 눈이 감긴 채로 태어난 강아지가 며칠 뒤에 눈을 떠 세상의 빛을 보게 되는 기쁨과도 같았던 것입니다.

오늘의 설교 본문(시 126:1-6)에 언급된 '눈물로 씨를 뿌리면서도 마르지 않는 기쁨'은 이스라엘의 두 번째 엑소더스, 즉 70여 년의 바벨론 유배 생활로부터 해방된 기쁨을 표현한 말인데, 우리 민족의 광복절의 기쁨도 이와 비슷하다 할 것입니다. 이 기쁨은 시편 150편 찬송을 모두 불러도 여전히 미흡함을 느끼는 그런 경지의 기쁨인데, 이와 같은 기쁨을 우리는 '할렐루야' 한마디로 줄일 수 있을 것입니다.

지난 여름방학 동안 한국 축구 팀이 해방 후 처음으로 월드컵 16강에 진출했고, 몇 달 전에는 피겨스케이팅의 요정 김연아의 금메달 소식도 온 국민에게 기쁨을 안겨주었습니다. 이와 같은 국가적 기쁨 못지않게 우리 각자가 맛보는 개인적인 기쁨도 있습니다. "하루 동안 기분이 좋으려면 목욕을 하고, 사흘 동안 기분 좋으려면 이발 또는 미용을 하고, 일주일 기분 좋으려면 새 옷을 사 입고, 한 달 기분 좋으려면 새 집을 사고, 일 년 기분 좋으려면 결혼을 하라"는 말이 있는데, 문제는 이러한 세상적 기쁨은 한 개인에 국한된, 그리고 잠깐 있다가 소멸되는 한시적 기쁨일뿐, 모두에게 좋은 영원한 기쁨은 아니라는 것입니다.

그렇다면 '영원히 지속되고 이웃까지 이롭게 하는 기쁨' 은 무엇이며, 그런 기쁨이 세상에 존재하는지 묻지 않을 수 없습니다. 오늘의 두 번째 본문인 고린도후서 4장 16-18절은 우리에게 날로 새로운 기쁨에 대하여 말하고 있습니다. 사도 바울이 고린도 교인들에게 권하는 이 기쁨은 "속사람이 날로 새로워지는" 기쁨, 즉 영적 성장의 기쁨입니다. 이 기쁨은 세상이 주는 기쁨과 달리 하나님이 주시는 영적인 기쁨으로, 성도들만 누릴 수 있는, 언제 어디서나 기뻐하고 감사할 수 있는 기쁨입니다.

하나님의 창조 원리에 따라 모든 피조물의 겉모습은 시간이 갈수록 후패하게 마련입니다. 인간의 육체는 25세를 정점으로 퇴화하게 되는 바, 그 누구도 이에서 예외일 수 없습니다. 이를 빗대어 표현한 유머가 있습니다. 여성들은 자신들의 미모를 유지하기 위해 20대 때는 화장을 하고, 40대는 위장을 하며, 60대는 변장을 하고, 80대 때는 환장을 한다는 것입니다. 이처럼 여성들의 미모도 시간이 지나면서 퇴화하는 데 반해, 하나님의 백성들은 그 속사람(영혼)이 한 번 중생하면 그날로부터 날로 새로워지고 성숙해진다는 것입니다.

이 놀라운 사실은 많은 사람의 간증을 통해 확인할 수 있습니다. 잘 나가던 청년기에 결혼을 앞두고 갑자기 시각 장애인이 되어 자살까지 시도했던 안요한 목사님, 그는 예수님을 의지하여 온갖 어려움을 딛고 일어나 지금은 맹인들을 위해 사역하는 보람을 누리고 있고, 그 유명한 영화 〈낮은 데로 임하소서〉의 주인공이 되었습니다. 이분 외에도 몇 년 전 어떤 뺑소니 운전자가 일으킨 교통 사고로 온몸에 3도 화상을 입고 열 번 이상의 수술을 받는 고통을 겪었으나 역시 신앙으로 그 역경을 극복한 이지선 자매. 이 두 분에게 물었답니다. "시간을 되돌려 시력과 화상의 흔적이 치유될 수 있다면, 수술할 것인가?" 이 질문에 그 두 사람은 한결같이 "No!"라고 대답했다는 것입니다. 그 이유는 영적 안목으로 누리는 지금의 행복과 기쁨이 예전보다 훨씬 낫기 때문이라는 것입니다.

저는 이 두 분의 말에 전적으로 공감합니다. 20-30대 때의 제 영성을 생각하면, 정말 천방지축이었습니다. 개인적으로 미운 사람들이 많았고, 삶에 대한 원망과 불안, 두려움 등의 복합적인 요소는 제 삶을 요동치게 만들었습니다. 한시도 평안할 날이 없었습니다. 이랬던 제가 '어떻게 오늘의 성숙한 영성의 자리에 도달할 수 있었을까?' 하고 자문해 보면, 제 마음을 지배하는 영성의 차원, 특히 기도 생활의 성숙 때문이라 말할 수 있을 것입니다.

기도는 하나님과의 영적 대화로, 마치 자녀가 짐을 맡기고 부탁할 때 부모가 부담을 갖기보다는 오히려 기뻐하는 것처럼, 우리 하나님 아버지께서도 우리가 기도할 때 기뻐하신다는 것을 나이가 들수록 깨닫게 된 것입니다. 하나님께 나의 고민과 불안, 두려움, 연약함 등을 모두 말씀드릴 때, 비로소 저는 하나님이 주시는 참 평안과 위로를 경험하게 됩니다. 이 평안과 위로를 맛볼 때 더 이상 싫은 사람이나 원수도 사라지고, 오히려 모든 사람을 이웃으로 대할 수 있게 됩니다. '죄인 중의 괴수'인 나를 하나님이 사랑해 주셨는데, 내가 누굴 비판하고 싫어할 수 있겠습니까? 하나님께서 나를 사랑하신 것처럼, 똑같은 사랑으로 날 싫어하고 애먹이는 사람들도 역시 사랑하고 계시다는 사실을 깨달을 때, 그리고 내가 만나는 모든 이웃도 역시 신묘막측하게 창조된 '하나님의 형상'으로서, 그들을 위해 하나님의 독생자 예수 그리스도께서 십자가에 달려 죽으셨음을 깨닫게 될 때, 이와 같은 평안과 기쁨의 영성이 시작되는 것입니다.

주님은 우리의 영성이 예수 그리스도의 온전한 경지에까지 자라가기를 기대하십니다. "하늘에 계신 너희 아버지의 온전하심과 같이 너희도 온전하라"(마 5:48)는 말씀처럼, 하나님의 자녀인 우리도 세상 사람들에게 온전한 영성의 수준(창 17:1)을 보여주길 원하십니다. 이는 하나님을 두려워하는 가운데 거룩함을 온전히 이루어 육과 영의 온갖 더러운 것에서 자신을 깨끗하게 함으로써 가능하게 됩니다(고후 7:1). 이와 같은 영성의 차원은 인생의 목적을 세상의 명예와 권세와 경제에 두기보다는 그리스도 예수 안에서 하나님이 위에서 부르신 부름의 상을 위하여 달려갈 때 가능한 것입니다(빌 3:12-14). 주님은 오늘도 바로 이러한 온전한 영성의 차원으로 한 사람 한 사람 우리 모두를 초청하고 계십니다.

예수 그리스도 안에서 새로워지는 영성은 하나님을 만날 때만 가능합니다. 하나님과의 깊은 교제가 지속될수록 주님의 온전한 사랑의 경지를 사모하게 됩니다. 민족의 씻을 수 없는 상처 6 · 25 전쟁으로 인해

손양원 목사님은 자신의 두 아들을 잃었습니다. 너무나도 큰 아픔이자 슬픔이었지만, 손양원 목사님은 그 슬픔을 기쁨으로 바꿨습니다. "한 아들의 순교도 기쁜 일이거든, 두 명 모두 하나님을 위해 순교한 것은 얼마나 기쁜 일인가?"

손양원 목사님의 사랑은 여기서 끝나지 않았습니다. 그는 자신의 두 아들을 쏴 죽인 양재선을 양자로 삼았습니다. 이처럼 하나님과의 깊은 교제를 통하여 하나님께서 자신에게 주신 엄청난 사랑에 빠지게 되면, 더 이상 원수는 존재하지 않습니다. 많은 성도들로부터 칭송을 받았지만 정작 손양원 목사님은 자신의 부족한 부분, 연약한 부분을 하나님께 회개하며 자신의 영적 신앙이 예수님의 온전한 경지에 미치지 못함을 안타까워했습니다.

사랑의 완성, 회개의 심화, 이 두 가지를 다 이루기 위해서는 하나님과의 인격적인 만남, 곧 내 삶이 성령으로 충만할 때 가능합니다. 하나님을 만나는 가장 빠른 길은 말씀 묵상입니다. 시편 119편 9절의 말씀을 보십시오. "청년이 무엇으로 그의 행실을 깨끗하게 하리이까 주의 말씀만 지킬 따름이니이다."

사람의 지식과 능력은 한계가 있기 때문에 죄의 유혹에 쉽게 넘어질 수밖에 없으나, 하나님의 말씀은 우리의 연약한 행실을 항상 새롭게 합니다(벧전 1:22-24). 마치 시냇가에 심은 나무가 하나님의 말씀으로 인해 풍성한 열매를 맺듯이(시 1:1), 우리의 삶을 영적인 삶으로 인도하기 위해서는 지속적인 말씀 묵상이 요구됩니다.

또한 우리의 삶이 보혜사 성령님으로 충만할 때, 우리의 회개의 영성은 더욱 깊어집니다. 역으로, 이 회개야말로 성령 충만에 이르는 지름길입니다. 진리의 영이신 성령님은 우리들의 추한 모습을 점점 더 잘 볼 수 있도록 감동하실 뿐만 아니라 우리가 주님 앞에서 점점 더 순결하고 거룩한 신부가 되도록 단장시켜 주십니다. 이러한 모습은 사도 바울의 편지에 나타난 그의 고백을 통해 확인할 수 있습니다. 바울은 3차 여행 중(A.D. 54년경) 에베소에서 쓴 편지에서 자신을 "사도 중에 지극히 작은 자"(고전 15:9)로 고백하고 있으나, 그 후 로마 감옥에 수감되어 있을 때(A.D. 58-60년경) 쓴 편지에서는 자신을 "성도 중에 지극히 작은 자"(엡 3:8)로 고백합니다. 그리고 순교 직전(A.D. 62)에는 자신을 "죄인 중 괴수"(딤전 1:15)로 고백합니다.

이처럼 성령님은 영성이 깊어질수록 우리로 하여금 더욱 극악한 죄인인 것을 깨닫게 하시고, 그만큼 낮아진 자리에서 회개함으로써 온전한 영적 청소를 거치게 하시며, 마침내 지극히 청결해진 마음 공간에 온전함 충만하심으로 임재하시어 온전한 영성의 경지의 겸손과 사랑의 능력을 체험케 하시는 것입니다.

제 자신의 모습만을 놓고 보더라도 나이가 들수록 회개할 것이 더 많아지는 것을 깨닫습니다. 인간의 생각이 항상 악하다는 창세기 6장 5절의 말씀을 통하여 저 자신을 돌아볼 때, 저야말로 항상 교만하고 음란하며, 말씀에 불순종할 뿐만 아니라, 다른 성도들이 그토록 눈물을 흘리며 감사하는 그 하나님의 사랑에 여전히 무감각한, 악하기 그지없는 자신의 모습을 발견하게 됩니다. 그리고 이웃이 '하나님의 형상'으로, 그리고 주께서 보혈로 속량하신 존귀한 대상으로 느껴져야 하는데, 그렇지 못합니다.

이와 같은 죄의식을 동반한 회개의 영성은 30년 전, 아니 20년 전의 제 자신에 비하면 얼마나 깊어졌는지 제 스스로도 놀랄 정도이며, 이와 같은 깨달음이 저를 비참하게 하기보다는 오히려 이전에 느끼지 못하는 환희와 기쁨을 안겨주는 것입니다. 세상 사람들이 볼 때는 이와 같은 자신에 대한 혐오감의 표현이 자신의 명예와 사회적 지위를 깎아내리는 것처럼 보이겠지만, 자신을 부인하고 죽이는 것은 곧 자신의 영혼을 살리고 영성을 자라게 하는 지름길임을 갈라디아서 2장 20절의 말씀이 가르쳐 주고 있습니다.

그러므로 우리는 자신의 영적 상태가 예수 그리스도의 믿음 안에 있는지 항상 시험해 봐야 합니다(고후 13:5). 자신의 영성이 자라고 있는지, 죽었는지 확인하는 방법은 자신의 모습을 들여다보면 알 수 있습니다. 생명은 반드시 성장하기 마련인데, 지금 나의 영적 각성 상태가 날로 새로워지고 있는지, 그렇지 않다면 병들었거나 죽었다고 봐도 틀림없을 것입니다. 우리의 영성이 살아 있다면, 우리의 영적 성숙에 대한 갈망은 날로 강해질 것입니다. 바울이 추구한 영적 성숙의 목표는 예수 그리스도의 겸비의 온전한 차원이었음을 잊지 말아야 할 것입니다(빌 3:12).

리처드 포스터(Richard Foster)는 기쁨을 다음과 같이 정의합니다. "기쁨은 발동기와 같아 무엇이든 앞으로 가게 만든다. 무엇이든 움직이게 하여 에너지를 생산하고 강하게 한다."

하나님을 통해 공급되는 영성의 기쁨만이 우리의 삶을 평안하고 건강하게 합니다. 만약 자신의 삶이 무기력하다면, 하나님이 허락하시는 바 속사람이 날로 새로워지는 기쁨을 상실했기 때문인데, 우리 모두 이와 같은 영성의 기쁨을 회복하고 온전한 경지를 추구하는 복된 나날이 되시길 주님의 이름으로 축원합니다.

■ 주후 2010년 11월 26일 가을학기 종강예배

믿음으로 보이는 세상만사

왕이 이에 말과 병거와 많은 군사를 보내매 그들이 밤에 가서 그 성읍을 에워쌌더라 하나님의 사람의 사환이 일찍이 일어나서 나가보니 군사와 말과 병거가 성읍을 에워 쌌는지라 그의 사환이 엘리사에게 말하되 아아, 내 주여 우리가 어찌하리이까 하니 대답하되 두려워하지 말라 우리와 함께 한 자가 그들과 함께 한 자보다 많으니라 하고 기도하여 이르되 여호와여 원하건대 그의 눈을 열어서 보게 하옵소서 하니 여호와께서 그 청년의 눈을 여시매 그가 보니 불말과 불병거가 산에 가득하여 엘리사를 둘렀더라 아람 사람이 엘리사에게 내려오매 엘리사가 여호와께 기도하여 이르되 원하건대 저 무리의 눈을 어둡게 하옵소서 하매 엘리사의 말대로 그들의 눈을 어둡게 하신지라 엘리사가 그들에게 이르되 이는 그 길이 아니요 이는 그 성읍도 아니니 나를 따라 오라 내가 너희를 인도하여 너희가 찾는 사람에게로 나아가리라 하고 그들을 인도하여 사마리아에 이르니라 (왕하 6:14-19)

예수께서 무리를 보시고 산에 올라가 앉으시니 제자들이 나아온지라 입을 열어 가르쳐 이르시되 심령이 가난한 자는 복이 있나니 천국이 그들의 것임이요 애통하는 자는 복이 있나니 그들이 위로를 받을 것임이요 온유한 자는 복이 있나니 그들이 땅을 기업으로 받을 것임이요 의에 주리고 목마른 자는 복이 있나니 그들이 배부를 것임이요 긍휼히 여기는 자는 복이 있나니 그들이 긍휼히 여김을 받을 것임이요 마음이 청결한 자는 복이 있나니 그들이 하나님을 볼 것임이요 화평하게 하는 자는 복이 있나니 그들이 하나님의 아들이라 일컬음을 받을 것임이요 의를 위하여 박해를 받은 자는 복이 있나니 천국이 그들의 것임이라 나로 말미암아 너희를 욕하고 박해하고 거짓으로 너희를 거슬러 모든 악한 말을 할 때에는 너희에게 복이 있나니 기뻐하고 즐거워하라 하늘에서 너희의 상이 큼이라 너희 전에 있던 선지자들도 이같이 박해하였느니라 (마 5:1-12)

할렐루야! 한 학기를 잘 마칠 수 있도록 우리 건강과 생명을 지켜주신 하나님께 모든 영광과 감사를 드립니다. 아울러 다가오는 겨울방학이 재학생에게는 실력을 충전하는 기회가 되고, 졸업생들에게는 새로운 사역지에서 새 출발의 행복과 기쁨을 누리게 되시길 기원합니다.

오늘 우리에게 주신 성경 말씀에는 재학생과 졸업생, 그리고 교직원 모두가 귀담아 들어야 할 교훈이 담겨 있습니다. 교훈의 핵심은 눈이 잘 보여야 행복한 삶을 누리게 된다는 것입니다. 여기서 눈은 영안을 가리키므로, 영적인 눈이 잘 보여야 사람은 행복하고 가치있는 삶을 영위하게 된다는 것입니다.

우선 구약의 본문에서, 게하시와 그 스승 엘리사가 엄청난 시각의 차이를 보이고 있습니다. 아람 군대가 그들이 세운 모든 작전이 실패하는 원인을 알고 보니 이스라엘의 선지자 엘리사 때문이었습니다. 한국도 엘리사 같은 천리안을 갖고 있는 선지자가 있었다면 북한의 연평도 폭격을 미리 막을 수 있었을 것입니다. 엘리사를 잡기 위해 아람 군대가 도단 성을 포위한 것을 게하시가 보고 겁에 질려 떨고 있을 때 엘리사가 말했습니다. "우리와 함께한 군대가 아람 군대보다 훨씬 더 많다." 엘리사의 기도로 게하시의 영안이 열리고, 수많은 불말과 불병거가 엘리사의 집을 에워싸고 있음을 보게 됩니다. 이후 엘리사의 기도로 눈이 먼 아람 군대는 사마리아 성에 끌려가 수치를 당하게 됩니다.

신약 본문(마 5장)의 팔복 이야기에서도 세인들과 예수님이 생각하는 복의 관점 사이에 엄청난 차이가 있음을 볼 수 있습니다. 보통 사람들은 가난과 슬픔과 멸시 천대를 불행한 것으로 간주하지만, 예수님은 이러한 조건들을 복으로 여기셨습니다. 심지어 복음을 위해 멸시와 핍박을 받을 때 춤을 추며 기뻐하라고까지 말씀하십니다(눅 6:23).

우리의 삶 가운데서 보는 것, 즉 시각이 얼마나 중요한지는 자주 경험합니다. "사람의 몸이 1천 냥이면 그중 눈은 900냥이다." 즉 사람의 몸이 1천만 원이면 그중 눈은 900만 원이라는 속담도 있습니다. 미국 플로리다 주의 디즈니월드 공원을 창안한 사람은 월트 디즈니(W. Disney)입니다. 그가 직장에서 정리 해고를 당하자 집에 들어가지 못하고 노숙자처럼 창고에서 잠을 자게 되는데, 거기서 쥐들이 오가며 재미있게 노는 것을 보고 영감이 떠올라 평화와 자유의 상징인 미키마우스를 주제로 놀이공원을 창안하게 되고, 오늘날 세계 모든 사람이 가보고 싶어하는 어린이의 천국 디즈니월드(Disney World)를 만든 것입니다.

성도를 가리켜 '영안이 열린 사람'이라 부릅니다. 예수께서도 마태복음 6장 22-23절에서 "눈은 몸의 등불이니 그러므로 네 눈이 성하면 온 몸이 밝을 것이요"라고 말씀하심으로 영안의 중요성을 가르치셨습니다(계 3:18 참조).

영안이 멀어 있는 사람은 영적으로 낫 놓고 기역자도 모르는 사람입니다. 요즘 빈번하게 보도되는 어린이 유괴범도 반드시 잡히고 수치를 당하게 마련인데, 왜 이런 범죄가 벌어집니까? 하나님의 존재는 물론 완전 범죄가 없다는 사실을 모르기에, 죄인들은 한 치 앞에 나타날 자신의 수치도 보지 못하는 것입니다.

기독교인이 갖고 있는 영안을 네 가지로 요약할 수 있는데, 하나님이 보이고, 자기 정체성, 이웃과 세상, 그리고 역사와 종말이 보인다는 것입니다.

첫째, 믿음의 눈에는 하나님이 보입니다. 믿음의 눈으로 세상을 바라보면, 마치 강아지가 눈을 뜬 것처럼, 모든 것이 신비하기 그지없습니다. 강아지가 눈을 뜨기까지 약 7일 정도 더듬거리며 엄마 젖을 찾는데, 성도가 처음 하나님을 만나 죄를 회개하고 구원을 체험하고 전능하신 하나님이 나의 아버지임을 깨닫는 순간 맛보는 그 기쁨과 감격은 이루 다 표현하기 힘든 것입니다. 이후의 삶은 하나님의 존재를 모르던 그 이전의 삶과는 비교가 안 되는 것입니다.

둘째, 믿음의 눈에는 자기 정체가 똑바로 보입니다. 대체로 세상 사람들은 인간을 비극적인 존재로, 즉 80년 또는 100년 뒤에 죽어 한 줌의 흙으로 돌아갈 비참한 존재로 봅니다. 개나 돼지의 생명과 다를 바 없는, 북한의 유물론적 변증법적에 따르면, 핍박하고 학대해도 상관없는 물질로 보는 것입니다. 영생이 약속된 하나님의 자녀(요 1:12)로서의 고귀한 정체성을 망각할 때, 인간은 자신을 쥐라고 생각하는 한 청년처럼, 초조한 삶을 살 수밖에 없습니다. 구약적인 맥락에서 바라볼 때 우리는 '여호와의 종'입니다.

제가 초등학교 5학년 때 은혜를 받고 목사가 되기로 서약한 이래 예비 목사로서 누린 확신과 기쁨은 이루 다 설명하기 힘듭니다. 이와 같은 자기 정체성 가운데 사도 바울(고전 10:31)과 칼빈처럼 오직 하나님의 영광을 위한(*soli Deo gloria*) 삶을 영위하게 되는 것입니다.

셋째, 영안이 열리면 이웃과 세상이 보입니다. 더 이상 이웃은 미움과 경쟁과 지배의 대상이 아니라 사랑과 존경과 섬김의 대상 곧 하나님의 형상이요, 예수께서 목숨을 바쳐 구원하려 하셨던 나의 이웃이요 가족으로 보이는 것입니다. 영안이 열리면 사탄의 권세 아래 고통당하는 이웃이 보이기 시작하고, 김일성이나 김정일 같은 악질 사탄으로부터 그들을 해방시키기 위하여 핍박 가운데서라도 생명을 바쳐 복음을 전하게 됩니다.

넷째, 영안이 열리면 역사와 종말이 보입니다. 예수를 믿으면 자신의 앞날이 보이고 먼 종말의 세계까지 보게 됩니다. 마치 자동차 헤드라이트가 100m 전진하면 또 다른 100m를 보여주는 것처럼, 하나님께서는 제게도 이런 경험을 보여주셨습니다. 인류 역사는 분명히 성경적 안목에서 볼 때 서진(西進)이며, 이 서진은 아직도 계속되고 있습니다. 복음이 이스라엘에서 시작되어 지중해와 대서양과 태평양을 거쳐 한국까지 왔고, 앞으로 중국과 이슬람교 지역을 거쳐 다시 이스라엘까지 전진할 것입니다.

이와 같은 역사관과 비전 속에서 장신대의 총장인 저는 '총체적인 선교 동력화' 라는 비전을 내걸었습니다. 왜냐하면 하나님께서는 우리 민족과 한국 교회, 특히 세상에서 가장 우수한 인재가 몰려드는 우리 장신대에게 중국과 이슬람교 지역과 이스라엘까지 복음을 들고 가야 할 고귀한 사명을 맡겨 주셨기 때문입니다.

이 비전을 실현하기 위하여 우선적으로 경건과 학문 훈련의 필수 도구, 곧 전교생을 선교 마인드와 순교 마인드, 더 나아가 선교 언어인 영어로 무장시킬 수 있는, 생활관과 글로벌정보 도서관과 총회 역사박물관 건립을 추진하게 된 것입니다. 어려서 하루에 꼴 한 짐을 베어 오기 위해 먼저 낫을 예리하게 갈았던 것을 기억합니다. 이와 같은 시설들이 하나님의 선교에 있어서 예리한 낫처럼 쓰임을 받게 것입니다.

1974년 2월 장신대를 졸업하자마자 8월에 정성균 선교사가, 당시 50만 명의 인구가 해일로 사망한 방글라데시로 달려간 그때부터 한국 경제는 부흥하기 시작했습니다. 먼저 그의 나라와 그의 의를 구하면 이 모든 것 곧 경제적 부흥까지 책임져 주시겠다고 주님께서 약속하셨는데(마 6:33), 우리 민족의 역사 가운데 이미 확인된 이 약속을 거울로 삼고, 또 한편으로는 다가오는 미래에 대한 종말론적 비전을 바라보며, 우리 장신대의 모든 졸업생이 지구촌 산봉우리마다 복음의 깃발을 꽂는 그날이 속히 오기를 기도합니다.

28

■ 주후 2011년 3월 2일 봄학기 개강 예배

'하나님 나라'의 비전과 영광

그러므로 너희는 이렇게 기도하라 하늘에 계신 우리 아버지여 이름이 거룩히 여김을 받으시오며 나라가 임하시오며 뜻이 하늘에서 이루어진 것 같이 땅에서도 이루어지이다 오늘 우리에게 일용할 양식을 주시옵고 우리가 우리에게 죄 지은 자를 사하여 준 것 같이 우리 죄를 사하여 주시옵고 (마 6:9-12)

어찌하여 이방 나라들이 분노하며 민족들이 헛된 일을 꾸미는가 세상의 군왕들이 나서며 관원들이 서로 꾀하여 여호와와 그의 기름 부음 받은 자를 대적하며 우리가 그들의 맨 것을 끊고 그의 결박을 벗어 버리자 하는도다 하늘에 계신 이가 웃으심이여 주께서 그들을 비웃으시리로다 그 때에 분을 발하며 진노하사 그들을 놀라게 하여 이르시기를 내가 나의 왕을 내 거룩한 산 시온에 세웠다 하시리로다 내가 여호와의 명령을 전하노라 여호와께서 내게 이르시되 너는 내 아들이라 오늘 내가 너를 낳았도다 (시 2:1-7)

"할렐루야, 샬롬!" 제가 히브리어를 20년 이상 가르치면서 깨닫게 된 것은 '할렐루야'와 '샬롬'보다 더 아름답고 의미있는 말이 없다는 것입니다. 이 둘은 '하나님 나라' 백성의 비전과 영광을 선포하는 말이기 때문입니다. '할렐루야'는 '할렐루'(너희는 찬양하라)와 '야'(여호와)의 합성어로서, '너희는 여호와를 찬양하라' 또는 "(나와 함께) 여호와를 찬양합시다"라는 명령과 권유입니다.

이사야 43장 21절을 보면, 하나님이 사람을 창조하신 목적이 바로 하나님을 찬양하도록 하기 위해서인데, 일생을 '솔리 데오 글로리아'(soli Deo gloria)를 위해 살았던 칼빈처럼 우리도 입으로 매일 주님을 찬양하고 영광을 돌려야 할 것입니다.

'샬롬' 이라는 말은 '샬렘' (끝내다, 완성한다)이라는 동사에서 파생했는데, 빚쟁이가 빚을 다 갚고, 전쟁에서 원수를 다 정복한 뒤에 누리는 온전한 평화를 가리킵니다. 예수께서 부활하신 후 막달라 마리아에게 주신 첫 인사가 바로 '샬롬' (평안하뇨!)인데, 우리의 무거운 죄의 빚을 청산해 주시고 악한 원수 마귀 죽음의 권세를 이기시고 부활하신 예수 그리스도의 샬롬과 평강이 새 학기를 맞은 장신대 모든 가족에게 함께하시기를 축원합니다.

여러분은 새 학기를 맞으면서 어떤 꿈과 비전을 갖고 계십니까? 감히 여러분께 말씀드리고 싶은 것은, 여러분이 소지한 모든 꿈과 비전을 이제 다 버리시기 바랍니다. 왜냐하면 인간의 모든 꿈과 비전은 다분히 자기중심적이고, 이기적이고, 악하고, 더럽고, 한시적이기 때문입니다.

이사야 41장 14절에 의하면, 주께서 이스라엘을 '버러지 같은 야곱' 이라 부르시며 인간을 버러지에 비유하셨는데, 그 버러지같이 더럽고 이기적인 욕망을 버리시고 그 자리를 예수 그리스도의 꿈과 비전으로 채우시기 바랍니다. 예수님의 꿈과 비전만이 영원하고 거룩하고 아름답기 때문입니다. 우리는 하나님의 형상이요 하나님 나라의 백성으로서, 거기에 걸맞은 영원하고 거룩하고 위대한 비전으로 충만해야 할 것입니다.

오늘의 시편 본문은 바벨론 포로 이후의 메시아 왕국에 대한 종말론적 비전을 제시하고, 마태의 본문 곧 주기도문도 '하나님 나라', 'Kingdom of God' (하나님의 왕국), 즉 왕이신 하나님께서 다스리는 왕국, 특히 종말론적인 왕국에 대하여 말하고 있습니다. 누가의 주기도문에서는 마태의 일곱 가지 항목을 다섯으로 줄이고, '뜻이 하늘에서' 를 '당신의 나라가 임하옵소서' 에 포함시켰습니다. 그만큼 예수님의 기도는 '하나님 나라' 에 집중되어 있습니다.

마태복음 6장 33절의 말씀, "너희는 먼저 그의 나라와 그의 의를 구하라"는 말씀도 같은 맥락에서 이해할 수 있습니다. '하나님 나라'가 무엇이기에 주께서는 거기에 집중하시고, 우리에게도 그러한 꿈과 비전을 소유할 것을 명하시는 것입니까?

하나님 나라가 어떤 나라인지 알려면, '하나님 나라'와 '세상 왕국'을 비교할 때 금방 드러납니다.

첫째, 이 두 나라는 왕(지도자)의 정체에 있어서 다릅니다. 이 세상의 인간 나라는 요즘 신문에 자주 나오는 리비아 대통령 카다피와 김정일을 예로 들 수 있을 것입니다. 카다피는 거짓말쟁이요, 교만하고 잔인하여 2천 명의 시위대를 향해 미사일을 발사하여 죽였고, 비자금 70조 원을 해외에 도피시켰습니다. 백성들은 옥수수 한 알이 없어 굶어 죽는데도 유럽에서 아이스크림을 공수하여 먹는 김정일의 왕국, 그것이 바로 세상 나라입니다. 세상 나라는 이처럼 거짓 왕이 다스리는 교만한 나라입니다. 반면에, 하나님 나라는 사랑의 왕 예수가 다스리시는, 백성을 구원하기 위해 왕이 생명까지 바치는 나라입니다. 2천억 개의 별이 있는 태양계보다도 더 넓은 광대무변의 영토를 갖고 계신 전능하신 창조주 만왕의 왕께서 무한대의 사랑과 공의로 통치하시는 나라가 바로 하나님 나라입니다.

하나님 나라는 이처럼 감동적입니다. 그 나라의 왕이신 하나님의 독생자 예수께서 세상의 그 어떤 인간보다 낮아지시어 인류의 죄를 대신 지시고 죄인 괴수의 누명을 쓰고 십자가에 달려 죽으사 무덤까지 내려가셨는데, 이것은 순전히 우리를 살리려는 사랑 때문이었습니다(요 3:16). 아울러 3일 만에 부활하셔서 원수 마귀 사탄의 권세, 즉 죽음의 권세를 이기시고 우리에게 온전한 '샬롬'을 제공하셨습니다. 이와 같은 엄청난 주님의 사랑과 겸손에 감동받지 않는 인간이 어디 있겠습니까?

나폴레옹이 말년에 탄식한 말을 들어보십시오. "알렉산더와 시저와 나 나폴레옹은 어떻게 제국을 건설했는가? 칼과 창으로 건설했다. 예수 그리스도 그는 어디에 제국을 건설했던가? 그는 사랑 위에 제국을 건설했다. 오늘날 알렉산더와 시저와 나폴레옹을 위해 죽으려는 사람은 한 사람도 없지만, 예수 그리스도를 위해 순교하려는 사람은 수없이 많다."

이것이 바로 하나님 나라, 샬롬의 왕국입니다. 하나님 나라와 세상 나라는 낙원과 지옥만큼이나 다릅니다. 하나님 나라에는 인간 차별이 없습니다. 세상 나라에서는 여성들이 남성의 노리개 또는 노예로 취급당합니다. 세상 나라는 이처럼 약자와 죄인과 어린이와 여성을 멸시 천대합니다. 한국에 기독교가 들어온 이후부터 남녀 차별이 사라지고, '남존여비'의 뜻이 '남자의 존재 이유는 여자의 비위를 맞추는 것이다'라 말할 정도로 여성이 존중을 받는 사회가 된 것입니다.

또한 하나님 나라는 죄인일수록 환영받는 나라입니다. 바울과 막달라 마리아와 삭개오처럼 죄인 괴수일수록 환영받는 나라가 바로 하나님 나라입니다. 세상 나라는 이기주의로 세워진 나라이므로 반드시 망하게 되어 있습니다. 화무십일홍(花無十日紅)이요, 권불십년(權不十年)이라는 말은 세상 나라를 가리키는 것입니다. 하나님 나라는 영원한 나라이기에 그 백성도 영원합니다. 이 나라의 기본 원칙은 이타주의, 곧 희생적 사랑입니다. 왕의 성품을 본받아 모두 사랑과 겸손과 진실로 충만한 그리스도의 왕국인 것입니다.

어떤 사람이 죽어서 천국과 지옥을 관람했는데, 지옥 사람들은 모두 피골이 상접하고 팔이 오그라들었는데, 천국 사람들은 모두 강호동처럼 건장한 모습에 팔이 뻗쳐 있는 것을 보고 천사에게 그 이유를 물었더니,

지옥은 서로가 먼저 밥을 퍼 먹으려다가 팔이 안으로 굽었고, 천국에서는 서로가 밥을 먹여주다 보니 팔이 뻗치게 되었다는 것입니다.

제가 지난 2월에 김 교수님과 함께 한 주간 동안 코트디부아르를 방문했는데, 놀라운 것은 원주민 교회마다 찬송을 부를 때 춤을 추는 것이었습니다. 더없이 행복한 표정으로 찬송할 때마다 모두 일어나 춤추는 모습이 너무나 아름웠습니다. 특히 아기를 업은 성가대원도 있었는데, 너무나 태연하게 아기를 업고 찬송부르는 모습이 신기했습니다. 그곳은 보통 남자의 한 달 수입이 10달러밖에 되지 않는 가난한 나라입니다. 우리가 진정 천국 백성이라면 코트디부아르의 기독교인들처럼 감동적으로 춤을 추면서 찬송을 부를 수 있어야 하지 않겠습니까? 저는 그게 하나님 나라 백성의 정상적 자세라 생각합니다.

또 코트디부아르에서 원주민들에게 세례를 주면서 – 동행하신 김 교수님이 동영상을 찍어놨습니다만 – 참으로 진귀한 장면을 보게 되었습니다. 그것은 세례를 줄 때 수세자에게서 귀신이 나가는 장면이었습니다. 21세기 최첨단 과학 시대에 어떻게 귀신 이야기를 하느냐 의아해하겠지만, 실제로 제가 한 흑인 청년에게 세례를 주는데, 세례를 베풀기 전에 발작을 일으키며 발악을 하는데 장정 셋이 붙들어도 제어하기 힘들었습니다. 가까스로 세례를 주자 귀신이 떠나고 조용해졌습니다. '예수 그리스도 이름' 앞에 귀신도 벌벌 떠는 것을 보았습니다.

여러분도 굿 하는 데 가면 무당이 제발 떠나 달라고 부탁하지 않습니까? 이는 귀신이 예수님을 무서워하기 때문입니다. 사실입니다. 한번 해 보십시오. 이처럼 강력한 권세를 갖고 있는 나라가 바로 하나님 나라입니다. 우리는 그 나라의 백성입니다.

또 한편, 하나님 나라는 종말론적 메시아 왕국으로서, 복음이 땅 끝까지 전파되면 예수께서 재림하시어 세우실 영원한 나라입니다. 여러 가지 말세의 징조들을 볼 때 주님의 재림이 가까워지고 있습니다. 종말이 다가오는 시점에서 우리는 어떻게 살아야 하겠습니까? 하나님께서 우리에게 요구하시는 신국(神國) 백성으로서의 라이프스타일은 무엇이겠습니까?

어제 삼일절을 보내면서 안중근 의사와 윤봉길 의사를 생각했는데, 조국을 위해 생명을 바친 그들의 충성이 얼마나 숭고합니까? 보이는 나라를 위해서도 이토록 충성하거든 하물며 보이지 않는 영원한 천국의 비전을 갖고 있는 사람들이 훨씬 더 하나님 나라에 충성해야 되지 않겠습니까? 사도행전 1장 8절에서 "오직 성령이 너희에게 임하시면 너희가 권능을 받고 예루살렘과 온 유대와 사마리아와 땅 끝까지 이르러 내 증인이 되리라"라고 했습니다. 즉 순교자가 될 것이라 말씀하시는데, 하나님 나라 백성이 왜 순교자가 되어야 하겠습니까?

마귀는 자기 백성을 쉽게 놓아주지 않기에, 영적 전쟁이 불가피합니다. 그러나 이 마귀와의 전쟁을 두려워할 필요가 없습니다. 마귀는 이빨 빠진 호랑이처럼 무장 해제된 패잔병입니다. 예수께서 마귀의 최대 무기인 죽음의 권세를 깨뜨리셨습니다. 마귀는 최후의 발악을 할 뿐입니다. 마귀에게 사로잡힌 백성들은 생명까지 주는 감동적인 사랑이 아니고서는 절대로 돌아오지 않습니다. 사랑의 순교자가 많으면 많을수록 그만큼 빨리 복음은 땅 끝까지 전파될 것이고, 주의 재림과 종말론적 하나님 나라도 앞당겨지게 될 것입니다.

제가 총장으로 취임하면서 내건 비전이 바로 '총체적인 선교 동역화'(All-in Energization of Mission)입니다. 선교와 순교는 같은 것으로, 순교 없는 선교는 '빛 좋은 개살구' 입니다. 신명기 6장 5절 말씀대로, 마음을 다

하여 올인(all-in)할 비전은 다름 아닌 땅 끝까지 복음을 전하여 하나님 나라를 확장하는 것입니다. 우리 장신대는 세상에서 가장 우수한 인재들이 몰려오는, 세계에서 입학 경쟁률이 가장 높은 신학대학입니다. 주께서 주신 지상 명령, 땅 끝까지 복음을 전해야 할 거룩한 비전에 올인해야 할 것입니다. 채플이 성령의 용광로가 되어 '마라나타!' 주님의 오심을 기다리는 자리가 되게 해야 할 것이며, 더 이상 구약학, 조직신학, 교회사가 아니라 선교학적 구약학, 선교학적 조직신학, 선교학적 교회사를 가르쳐야 할 것입니다. 전교생이 졸업하기 전에 견습 선교사로 나가 선교 훈련을 받게 되기를 바라고, 무엇보다 선교 언어인 영어나 불어를 능숙하게 구사할 수 있는 실력을 갖추어야 할 것입니다.

우리는 비상하는 독수리입니다. 독수리가 날려면 튼튼한 날개 곧 필수적인 하드웨어도 갖추어야 할 것입니다. 영성 생활관, 글로벌 정보 도서관, 총회 역사박물관, 합계 260억 원의 공사가 금년 7월부터 시작되는데, 위하여 기도해 주시기 바랍니다.

제가 하나님께 늘 기도드리는 제목입니다만, 장신대가 이 시대에 가장 많은 선교사를 배출하고, 최근에 순교한 배형규, 배윤선 같은 동문들이 우리 장신대에서 가장 많이 배출되기를 바랍니다. 새로운 건물들의 중심에 세워질 '순교자의 전당'이 뜻 깊은 장신대의 명소가 될 것입니다. 그곳은 주기철, 손양원 목사님을 비롯한 역대 모든 순교자들을 만나보고, 존 칼빈처럼 심장을 주님께 즉각 드리기로 다짐하는 감동적인 자리가 될 것입니다.

주님은 심은 대로 거두게 하시고, 행한 대로 상 주시는 분이십니다. 우리 모두 하나님 나라를 위해 심는 자가 되어 영광의 면류관을 차지하는 충성된 종들이 되시기를 기원합니다.

■ 주후 2011년 11월 25일 금요일 가을학기 종강 예배

29

성탄의 서곡

여섯째 달에 천사 가브리엘이 하나님의 보내심을 받아 갈릴리 나사렛이란 동네에 가서 다윗의 자손 요셉이라 하는 사람과 약혼한 처녀에게 이르니 그 처녀의 이름은 마리아라 그에게 들어가 이르되 은혜를 받은 자여 평안할지어다 주께서 너와 함께 하시도다 하니 처녀가 그 말을 듣고 놀라 이런 인사가 어찌함인가 생각하매 천사가 이르되 마리아여 무서워하지 말라 네가 하나님께 은혜를 입었느니라 보라 네가 잉태하여 아들을 낳으리니 그 이름을 예수라 하라 그가 큰 자가 되고 지극히 높으신 이의 아들이라 일컬어질 것이요 주 하나님께서 그 조상 다윗의 왕위를 그에게 주시리니 영원히 야곱의 집을 왕으로 다스리실 것이며 그 나라가 무궁하리라 마리아가 천사에게 말하되 나는 남자를 알지 못하니 어찌 이 일이 있으리이까 천사가 대답하여 이르되 성령이 네게 임하시고 지극히 높으신 이의 능력이 너를 덮으시리니 이러므로 나실 바 거룩한 이는 하나님의 아들이라 일컬어지리라 보라 네 친족 엘리사벳도 늙어서 아들을 배었느니라 본래 임신하지 못한다고 알려진 이가 이미 여섯 달이 되었나니 대저 하나님의 모든 말씀은 능하지 못하심이 없느니라 마리아가 이르되 주의 여종이오니 말씀대로 내게 이루어지이다 하매 천사가 떠나가니라 (눅 1:26-38)

전에 고통 받던 자들에게는 흑암이 없으리로다 옛적에는 여호와께서 스불론 땅과 납달리 땅이 멸시를 당하게 하셨더니 후에는 해변 길과 요단 저쪽 이방의 갈릴리를 영화롭게 하셨느니라 흑암에 행하던 백성이 큰 빛을 보고 사망의 그늘진 땅에 거주하던 자에게 빛이 비치도다 주께서 이 나라를 창성하게 하시며 그 즐거움을 더하게 하셨으므로 추수하는 즐거움과 탈취물을 나눌 때의 즐거움 같이 그들이 주 앞에서 즐거워하오니 이는 그들이 무겁게 멘 멍에와 그들의 어깨의 채찍과 그 압제자의 막대기를 주께서 꺾으시되 미디안의 날과 같이 하셨음이니이다 (사 9:1-4)

할렐루야! 샬롬! '할렐루야'는 지구상의 모든 인간과 우주 만물을 향하여 "너희는 여호와를 찬양하라"고 권고하는 일종의 선교적인 선포이고, '샬롬'은 다윗과 솔로몬 시대에 유행하던 말인데, 특히 주께서 부활하신 직후 막달라 마리아와 나눈(평안하뇨!) 의미있는 인사였습니다.

오늘 제가 '성탄의 서곡'이라는 제목으로 설교하는 이유는, 우선 멀리서 성탄의 북소리처럼 은은하고 아름답게 다가오는 캐럴 소리를 들으며 금년에도 우리 모두 더욱 아름답고 감동적인 성탄절을 맞이하기를 기대하는 마음에서, 그리고 세상에서 가장 아름답고 드라마틱한 성탄절을 보낸 마리아처럼 진한 감동이 있는 성탄절을 보내길 기대하기 때문입니다.

인류 역사상 가장 아름답고 감동적인 성탄절을 보낸 사람은 마리아와 요셉일 것입니다. 성서 저자들이 요셉보다 마리아에 대해 더 길고 자세하게 소개한 것을 보면 분명 마리아가 더 진한 감동 가운데 성탄절을 보냈음을 알 수 있습니다. 성모 마리아를 신격화하는 천주교의 전통을 액면 그대로 받아들일 수 없지만, 인류 역사에 등장한 수백억(?)의 여인들 가운데 신의 은총("은혜를 받은 자여", 눅 1:28)을 가장 풍성하게 누린 여인은 분명 마리아이고, 첫 여인 하와의 범죄 이후 예정된(창 3:15) 메시아 사건을 위해 특정된 여성이라는 점에서 그녀야말로 가장 온전한 진선미의 모델임을 부인할 수 없습니다.

대작 오페라에는 항상 아름다운 서곡(Overture)이 있게 마련인데, 비록 비제의 〈카르멘 서곡〉이나 로시니의 〈윌리암텔 서곡〉이 아름답다 할지라도 하나님의 대작 '성육신'(Incarnation)의 서곡이라 할 수 있는 '마리아 수태 고지'(Annunciation)보다 더 감동적이지는 못할 것입니다. 여기에는 하나님의 진실과 선하심과 정교하심이 들어 있고, 하나님의 초청에 순응하는 한 여인의 가장 순수하고 아름다운 순종과 사랑이 담겨 있습니다. 아담과 하와를 주전 4천년경으로 잡는다면 무려 4천년 동안 하나님께서 다듬고 공들인 대작 오페라가 바로 이 성육신 사건이고, 마리아야말로 하나님의 아들을 자궁에 잉태하는 놀라운 기적과 영광을 경험했을 뿐만 아니라 이 메시아를 33년 동안 가장 가까운 거리에서 지켜본, 오늘의 본문에 언급된 것처럼 하나님께 가장 큰 은혜를 받은 여인인 것입니다.

예수님의 탄생 직전 베들레헴에는 노처녀가 많았다고 하지 않습니까? 선지자 이사야는 메시아가 처녀에게서 태어날 것을 예고했고(사 7:14), 미가도 베들레헴에서 메시아가 탄생할 것을 예언했는데(미 5:2-3), 이에 따라 수많은 여인들이 메시아 잉태를 위해 결혼도 하지 않고 베들레헴에서 때를 기다리고 있었는데, 하나님께서는 그 많은 노처녀들을 마다하시고 갈릴리 나사렛의 마리아를 찾아가신 것입니다. 구약에 '나사렛'이란 이름이 한 번도 언급되지 않는 것을 보면, 그리고 나다나엘이 빌립에게 '나사렛에서 무슨 선한 것이 날 수 있겠느냐'라 물은 것을 보면(요 1:46), 나사렛은 가난하고 비천한 마을이었음이 분명합니다.

이토록 사회의 변두리 인생으로 왕따당한 나사렛 사람들 가운데서 마리아가 인류 구원의 대서사시적 드라마의 여주인공으로 선택을 받았다는 것은 의외일 수밖에 없고, 하나님 편에서 그럴 수밖에 없으셨던 이유와 동기를 분석해 보면 실로 감동적이지 않을 수 없습니다. 성경을 보면 천지 창조 당시에 하나님 "보시기에 좋았더라"라는 말이 일곱 번 반복되는데, 아마도 마리아를 만나 보시고 "보시기에 심히 좋았더라"를 열 번 이상 반복하지 않으셨을까 생각됩니다.

마리아의 어떤 모습이 하나님께 그토록 기쁨과 감동을 드렸을까요? 우선 마리아는 최악의 위기를 최선의 기회로 바꾼 여인입니다. 마리아라는 이름은 본래 '미리암'이라는 히브리어의 헬라식 발음인데, 그 어원은 '마라' 곧 '쓰디쓰다', '거역하다'라는 뜻으로, 아마도 미리암의 아버지 또는 마리아의 아버지가 불순종한 하와를 경계하기 위하여 지어

준 이름인 듯합니다. 그런 의미에서 마리아는 첫 여인 하와와 비교되는 여성이요, 또 다른 최악의 위기 상황 곧 하나님의 명령을 거역할 수 있는 상황을 절대 순종의 기회로 역전시킴으로써 다윗처럼 하나님의 마음을 시원케 해 드리는 주인공으로 인정받게 된 것입니다.

말라기 이후, 사람들은 하나님과의 소통이 단절되어 있었습니다. 하나님께서 "내가 너희들을 사랑했다"고 말씀하셨으나, 당시 유대인들은 "하나님이 어떻게 우리를 사랑했습니까?" 하고 대들었으며(말 1:2), "너희가 하나님의 것을 도둑질했다"고 경고하면 "우리가 어떻게 하나님의 것을 도둑질했습니까?"라고 대들었던 것입니다.

이보다 400여 년 뒤, 마리아 당시의 상황은 더욱 심각했던 것입니다. 천사가 외세에 수없이 짓밟혀 온 갈릴리 지역의 구석진 나사렛을 방문했을 당시, 이사야 9장 2절 말씀처럼 그곳은 칠흑같은 어둠 가운데 더 이상 하나님과 인간 사이의 의사소통이 불가능한 것처럼 보였습니다. 이 같은 최악의 상황에서도 실낱같은 한 줄기 빛처럼 마리아를 통해 하나님과 인간 사이의 소통의 길이 열린 것입니다. 이와 같은 소통을 가능하게 한, 어리고 나약한 한 여인의 순종은 그에 앞서 소개된(눅 1:20) 늙은 남자 제사장 스가랴의 침울하고 답답한 불순종과 비교할 때 더욱 돋보입니다.

마리아가 하나님 말씀을 순종할 수 있었던 배경과 동기는 무엇입니까? 마리아는 분명히 천사를 통해 전달된 하나님의 말씀 앞에 엄숙한 자세로 귀 기울여 들었습니다. '순종'은 헬라어로 '휘파쿠오'(ὑπακούω)로, 아래에서 종의 자세로 주인의 말을 듣는 것을 의미합니다. 신명기 6장 4절 이하의 '셰마'(들으라)와 사무엘상 15장 22절, "순종이 제사보다 낫고 듣는 것이 숫양의 기름보다 낫다"는 말씀의 가치를 충분히 알고 있었고,

이에 따라 평소부터 주님의 말씀에 여종처럼 경청하는 습관을 갖고 있었기에 마리아는 수치스런 죽음을 당할지도 모르는 위기의 순간에도 말씀을 믿고 순종하는 결단을 감행할 수 있었던 것입니다.

인간은 생각하는 대로 말하고 생각에 따라 행동하기 마련입니다(잠 23:7). 마리아가 하나님께 절대적으로 순종하기에 앞서 무슨 생각을 했겠습니까? 그 생각이 본문 마지막 절(38절)에 잘 나타나 있습니다. "주의 계집종이오니 말씀대로 내게 이루어지이다." 개역개정판에서는 '여종'이라 번역했지만, 이 경우에 '계집종'이 더 잘된 번역입니다. 남녀 평등사상에 따라, 특히 가부장적인 요소를 제거하려는 동기에서, '여종'이라 번역한 것 같은데, 주전 1세기 당시 마리아의 입장에서 볼 때, 하나님 앞에서 자신을 비하시킬 수 있는 용어는 '계집종' 또는 '계집종년'이었던 것입니다.

이 고백을 통해 마리아는 창조주이신 하나님의 정체성과 피조물인 자신의 정체성을 분명히 인식하고 있었고, 흙처럼 무가치한 자신의 본래 모습으로 돌아가 철저히 자기를 부인하고 비하시킬 수 있었던 것입니다. 마치 이 강대상 앞의 마이크처럼, 마이크를 제작한 사람에게 순종하지 않으면 폐기처분당할 수밖에 없는, 무가치하고 비천한 존재임을 겸손하게 시인한 것입니다. 이 마이크가 주인의 명령에 순종하여 제 기능을 다할 때만 주인께 인정을 받고 존귀하게 쓰임 받는다는 것을 알았던 것입니다.

마리아의 순종은 생명을 건 순종이었습니다. "제가 사내를 알지 못하는데, 어찌 이런 일이 일어날 수 있겠습니까?"라는 마리아의 질문이 이를 반영합니다. 당시의 정혼한 처녀는 약 일 년 동안 친정집에 머물다가 신랑이 와서 데려갈 때까지 절대 임신을 해서는 안 되었습니다. 임신한 사실이 드러나면 돌로 쳐 죽이게 되어 있었던 것입니다. 요셉이 마리아의 임신을 알고 망설인 것도 이같은 당시 상황에서 이해할 수 있습니다.

여러분은 어떻게 마리아와 요셉처럼 복되고 아름다운 성탄절을 보내시길 원하십니까?

첫째로, 마리아처럼 철저한 자기 정체성 의식을 갖게 되시길 바랍니다. 나는 하나님 앞에 피조물이라는 사실, 이것을 잊어버리면 교만할 수밖에 없고, "교만은 패망의 선봉이요 겸손은 존귀의 앞잡이"라는 말씀처럼 교만하면 절대로 망하고, 겸손하면 하나님께서 높이 들어 써 주신다는 사실을 기억해야 할 것입니다.

둘째로, 사도 바울처럼 자신이 죄인 괴수임을 항상 고백하십시오(딤전 1:15). 적어도 하루 일곱 번 이상 저처럼, 만약 저보다도 더 악한 죄인이라 생각하시면 열 번 이상, 자신이 "죄인 괴수 중에, 괴수 중에, 괴수 중에…… 괴수"임이 느껴질 때까지 반복한 후 만왕의 왕 예수님을 주인으로 영접하십시오. 그리하면 그 누구 앞에서도 교만할 수 없고 다만 하나님 말씀 앞에 서 있는 (계집) 종으로서 귀 기울여 순종하게 되고, 예수님처럼(빌 2:5-11) 마구간까지, 아니 무덤까지 낮아져 섬김으로써 하나님께 존귀하게 쓰임을 받는 명예와 행복과 은혜를 누리게 될 것입니다.

■ 2012. 2. 28. 봄학기 개강

30

깊은 데로 가서 고기를 잡으라

여호와께서 아브람에게 이르시되 너는 너의 고향과 친척과 아버지의 집을 떠나 내가 네게 보여 줄 땅으로 가라 내가 너로 큰 민족을 이루고 네게 복을 주어 네 이름을 창대하게 하리니 너는 복이 될지라 너를 축복하는 자에게는 내가 복을 내리고 너를 저주하는 자에게는 내가 저주하리니 땅의 모든 족속이 너로 말미암아 복을 얻을 것이라 하신지라 이에 아브람이 여호와의 말씀을 따라갔고 롯도 그와 함께 갔으며 아브람이 하란을 떠날 때에 칠십오 세였더라 (창 12:1-4)

할렐루야! 우리는 어렸을 때 시골에서 여름에는 개구리 잡고, 가을에는 메뚜기를 잡아 구워 먹으면서 자랐습니다. 가끔 참외와 수박 서리와 콩천대도 즐겼습니다. 요즘 젊은 청소년들의 주된 오락은 컴퓨터 게임인 것 같습니다.

한 초등학생이 컴퓨터 게임 중 목이 말라 옆방에서 TV를 보고 계신 아빠에게 부탁했답니다. "아빠, 목말라요. 물 좀 갖다 주세요." 아빠가 "나도 지금 바쁘다. 네가 와서 가져가라" 대답했지만, 얼마 후 똑같은 부탁을 반복하는 아들에게 아빠가 "한 번만 더 부탁하면 가서 혼내줄 거다" 호통치자, 아들이 뭐라 했습니까? "그럼 아빠! 혼내 주러 올 때 물 좀 갖다 주세요."

이처럼 즐거운 컴퓨터 게임보다 더 재미있는 것이 물고기 잡는 것입니다. 제 기억으로는 개울 양쪽을 막고 물을 퍼낸 다음, 그 자리에 남은 붕어, 메기, 가물치, 미꾸라지 등을 잡았는데, 정말 시간 가는 줄 몰랐습니다. 베드로가 고기를 잡은 방법은 그런 것이 아니고, 투망 즉 그물로 잡는 것이었습니다. 지금도 갈릴리 호수에 가면 식당에서 '베드로 고기'(Peter's Fish)를 기름에 튀겨 파는데, 그 맛이 일품입니다. 그런 고기를 베드로가 투망으로 잡았는데, 그날 아침에는 저녁 작업을 마치고 해변으로 나와 그물을 씻고 있었습니다. 마침 예수께서 그에게 다가와 배를 해변에서 좀 띄우기를 부탁하신 다음 수천 명의 군중에게 복음을 전하셨습니다. 아침 바람은 바다에서 육지로 불기 때문에, 마이크 시설이 없던 당시 예수님께 그 같은 조치가 필요하셨을 것입니다.

설교를 마친 다음 예수님은 베드로에게 다가와(성경에는 나오지 않지만) 아마도 배를 빌려준 대가를 보상키 위해 베드로에게 '깊은 데'로 가서 그물을 내려보라고 말씀하셨습니다. 베드로는 "선생, 밤새도록 깊은 데서 그물을 던져보았지만 한 마리도 못 잡았는데, 당신 말대로 한 번 더 그물을 내려보겠소"라고 대답하며 순종했습니다.

그런데 어쩐 일입니까? 갈릴리 바다의 모든 고기가 베드로의 그물로 몰려들어, 그물이 찢어질 정도가 되어, 다른 배에 있던 요한 형제에게 도움을 요청하게 되었고 마침내 두 배에 가득 차도록 고기를 잡은 것입니다. 이런 경험은 난생처음인지라 베드로는 예수께 대한 두려움마저 느끼며 "주여! 나를 떠나소서. 나는 죄인입니다"라고 고백하며, 엄청난 영적 각성에 돌입합니다. 이건 신적 능력이 아니고는 불가능하기에 두려운 생각마저 든 것입니다. 그런 베드로에게 주께서는 "무서워하지 말라. 이후로는 네가 사람을 취할 것이다"라고 예고하십니다. 이후 베드로는 모든 것을 버려두고 예수님을 따르는 제자가 됩니다.

우리는 여기에서 '깊은 데'라는 하나의 메타포에 유의할 필요가 있습니다. 상징적 의미 때문에 본문의 저자도 이 용어를 사용하고 있음이 분명합니다. 헬라어 '바토스'(βάθος)는 '깊은 곳' 곧 수심이 깊은 곳을 가리키는데, 베드로는 이 말을 들을 때 간접적으로 이의를 제기합니다. 왜냐하면 그곳은 베드로가 밤새껏 그물을 내려 이미 실패한 장소인데, 그곳으로 가서 다시 그물을 내려보라 하니 주저되었던 것입니다. 아마도 우리 같으면 "나를 뭐 생각 없는 사람, 또는 돌대가리 취급하는 것 아닌가?" 하고 중얼거렸을 것이고, "당신은 목수인데, 어부인 나보고 무슨 말이오?"라고 대꾸했을 법합니다.

예수의 고향 나사렛과 갈릴리의 벳세다(가버나움)는 사실 걸어서 다닐 수 있는 가까운 거리였는데, 그렇다면 아마도 예수님과 베드로가 이미 서로 아는 사이였을 것입니다. 예수님이 목수라는 것을 베드로는 분명히 알고 있었을 텐데, 목수가 어떻게 어업 전문가인 자신에게 그런 요구를 하는지 의아해했을 것입니다.

예수님의 제안은 시기적으로도 불합리합니다. 대체로 아침에는 물고기가 사람들이 버린 먹이를 찾아 바닷가로 나오게 되어 있고, 호수 깊은 곳은 비어 있었을 것입니다. 그러므로 '깊은 곳'이라는 용어는 본문의 메시지를 밝히는 데 있어서 매우 중요한 수사학적인 도구라고 할 수 있습니다. 그 의미를 네 가지로 요약할 예정인데, 결론적으로 말하면 예수님 말씀을 순종하는 장소, 그곳이 '깊은 곳' 아니겠습니까? 베드로는 자기의 상식을 포기하고 주께서 지시하시는 '깊은 곳'으로 나아감으로써 놀라운 신비를 체험할 수 있었던 것입니다.

첫째, '깊은 곳'은 인간의 이성으로 몰상식하고 불합리해 보이는 하나님의 말씀을 상징합니다.

또한 이 용어는 모험과 미스터리의 세계, 즉 전혀 가보지 않은, 말씀을 순종할 때 무슨 일이 일어날지 전혀 상상하기 힘든 그런 세계를 가리킵니다. 창세기 본문에서 아브라함에게 "내가 지시하는 곳으로 가라"고 말씀하셨을 때, 그곳은 아브라함이 전혀 가보지 않은 곳이었고, 히브리서 11장 8절 해설처럼 아브라함은 갈 바를 알지 못하고 떠났는데, 이 '깊은 곳'은 주께서 아브라함에게 지시하신 미지의 땅을 가리키는 것입니다.

선지 동산에 올라와 새 인생을 출발하는 신입생들에게는 모든 것이 '깊은 데' 요 미지의 땅이라 할 수 있습니다. 신학, 교회음악, 기독교교육을 공부하러 선지 동산에 올라온 것 자체가 '깊은 데'로 뛰어든 것입니다. 주께서 주시는 비전을 따라 여기까지 올라왔는데, 과연 베드로가 경험한 그 기적과 신비와 환희를 느끼며 맛보고 있는지 한번 물어보고 싶습니다.

우리에겐 신앙 자체가 '깊은 데'라 할 수 있습니다. 보이지 않는 하나님께 순종한다는 것, 요한복음 3장 16절 한마디를 믿고 기뻐하는 것이 '깊은 데'가 아니고 무엇이겠습니까. 처음 예수님을 하나님의 아들로 믿고 고백했을 때 맛본 그 환희와 기쁨을 여러분 모두 다 체험했을 줄 압니다. 그렇지 않다면 자신에게 한번 물어보시기 바랍니다. 아무리 일류대를 나와 Ph.D. 학위를 열 개나 갖고 있다 할지라도 이러한 영생 천국의 확신이 없다면 그 사람은 초등학교 문에도 가보지 못하고 하루 종일 시장에서 호파를 펴놓고 장사를 한 우리 어머니만도 못한 것입니다. 왜냐하면 우리 어머니는 그 기쁨과 환희를 알고 있었기 때문입니다.

둘째로, '깊은 데'는 기도의 기쁨과 신비를 가리킨다고도 볼 수 있습니다. 기도는 귀찮고 시간 낭비처럼 보이는 어리석은 행동일 수 있습니다. "너는 내게 부르짖으라 내가 네게 응답하겠고 네가 알지 못하는 크고 은밀한 일을 네게 보이리라"는 예레미야 33장 3절 말씀을 보십시오.

아이슈타인 박사는 세상에 두 가지 인생이 있다고 말하는데, 하나는 기적이 없다는 사람이고, 또 하나는 존재하는 모든 것이 기적이라고 믿는 사람입니다. 이미 재학생들에게 누차 간증한 바와 같이 저는 고교 시절, 삽교에서 홍성까지 기차 통학을 했는데, 그날은 너무 늦게 집을 떠난 연고로 기차가 이미 역에 도착한 후 출발하는 기차를 따라가면서 "하나님, 기차를 멈춰 주십시오"라고 기도하였습니다. 그때 달리던 기차가 멈추어 섰고, 저는 기차 안으로 들어가지 않고 트랩에 서서 바람을 맞으며 홍성에 도착하기까지 감격과 눈물로 주를 찬양했던 것입니다.

셋째, '깊은 데'는 전도하고 선교하는 삶을 가리킵니다. 세계 복음화의 큰 꿈을 품고, 마태복음 28장 16절 이하의 말씀처럼, 땅 끝까지 가서 모든 족속을 제자 삼고 성삼위의 이름으로 세례를 주고 주께서 주신 교훈을 지키도록 가르치는 삶을 가리킵니다. 여기에서 신약의 본문은 엄청난 비약을 보여줍니다. 비린내·나는 물고기, 그걸 잡아도 기쁘지만, 사람을 낚는 기쁨과 신비는 그 무엇과도 비교가 되지 않을 정도라는 것입니다. 하나님의 형상인 사람, 온 우주 역사의 청지기로 부르심을 받은 그 인간은 온 우주를 다 팔아도 살 수 없는, 천하보다 소중한 생명이라고 주님께서 말씀하셨습니다.

저는 가끔 제 두뇌의 가치를 생각해 보는데, 가로 세로 20cm가 안 되는 이 작은 바가지 속의 브레인이 얼마나 신비한지, 온 우주를 이 브레인에 집어넣고도 남을 정도로 큰 것입니다. 지금도 눈만 감으면 애틀랜타 에모리 대학 캠퍼스를 볼 수 있고, 285번 순환도로 전체는 물론 어릴 적 제 고향의 수만 평 들판이 제 머리에 저장되어 있습니다. 어려서부터 지금까지 읽고 생각하고 경험한 모든 것이 들어 있는, 신묘막측하기 그지없는 인간의 두뇌만 해도 수천억 원의 가치가 있습니다.

하나님께서 영원히 살 수 있도록 '하나님의 형상'으로 창조하신 인간에게 복음을 전한다는 것은 그 영혼을 지옥에서 천국으로 인도하는 것만큼 소중한데, 이 놀라운 일에 여러분이 일생을 걸려고 발걸음을 내딛은 것입니다. 제가 10여 년 전에 보았던 최춘선 할아버지, 맨발의 최춘선 할아버지의 동영상 자료를 여러분도 이미 보신 줄 압니다만, 그분은 일본에서 유학한 사람이고, 그 부친은 김포공항 입구에서 인천에 이르는 국도까지의 땅 전체를 소유한 큰 부자였는데, 그가 물려받은 그 엄청난 재산을 다 팔아 가난한 사람들에게 나눠주고 맨발로 걸어 다니면서 전도하였고, 이 때문에 미친 남자로 오해받기도 했던 것입니다.

넷째로, 여러분의 '깊은 데'는 어디입니까? 그것은 '원수까지 사랑하라'는 주님의 새 계명(요 13:34)에 순종하는 것입니다.

> "네 이웃을 사랑하고 네 원수를 미워하라 하였다는 것을 너희가 들었으나 나는 너희에게 이르노니 너희 원수를 사랑하며 너희를 박해하는 자를 위하여 기도하라"(마 5:43-44).

사실 원수를 사랑한다는 것은 우리 상식과 능력으로 실천하기 어리석은 짓일 수 있습니다. 구약에서는 이는 이로, 눈은 눈으로, 즉 저쪽에서 나를 상해했으면 나도 그만큼 보복하는 것이 세상을 살아가는 방법이었고, 그와 같은 원리에 따라 모든 법정의 판결이 내려졌던 것입니다. 그러나 우리는 예수 외에 그 어떤 철학자도 가르쳐 준 적이 없는 "원수까지 사랑하라"는 교훈에 따라, 정말 아무도 가보지 않은 '깊은 데'로 여러분과 함께 들어가 보려 하는 것입니다. 사실 원수까지 사랑한다는 것은 얼마나 힘든 일입니까? 어떤 할아버지가 "나는 이제 원수가 없다"

고 말하였고, 그 놀라운 비결을 묻자, "나도 과거에는 원수가 많았는데, 다 죽었어!"라고 대답했다 하지 않습니까?

그러나 우리는 주님께서 우리에게 보여주신 모범을 기억해야 합니다. 주께서는 자기에게 칼을 겨누고 침 뱉은 로마 병정들을 위해 "저들이 알지 못해서 그럽니다"라고 기도하셨습니다. 적과 원수가 나를 미워할 때 그것은 알지 못해서, 즉 하나님을 알지 못해서 그런 것입니다. 하나님을 알았다면 그런 실수를 하겠습니까?

알렉산더가 세인트헬레나 섬에서 마지막 생을 보내면서 부르짖은 유명한 탄식을 여러분도 다 아실 줄 믿습니다. "알렉산더, 시저, 나폴레옹, 우리 세 사람은 어떻게 제국을 건설했는가? 우리는 칼로 제국을 건설했다. 예수 그리스도 그는 어디에 그의 나라 건설했던가? 사랑 위에 건설했다. 오늘날 알렉산더와 시저와 나폴레옹을 위해 생명을 바치려는 사람은 아무도 없지만 예수를 위해 죽으려는 사람은 수없이 많다."

이것이 원수까지 사랑하는 능력이고, 주님이 걸어가신 땅이고, 우리가 도달해야 할 '깊은 곳' 입니다.

모세가 가나안 땅을 정탐하기 위해 열두 지파에서 한 사람씩 대표를 뽑아 보냈는데, 열 명은 와서 하나님을 원망했지만, 갈렙과 여호수아는 "하나님이 함께하시면 하나님이 약속하신 땅을 우리가 정복할 수 있다"고 말했습니다. 결국 누가 가나안에 들어갔습니까? 여호수아와 갈렙만 들어간 것입니다. 다른 열 명은 모두 광야에서 죽지 않았습니까?

이왕이면 큰 꿈을 가지고 '깊은 데' 로 가서 그물을 던져보십시오. 그러면 여러분은 사람을 낚는 것과 같은 놀라운 환희와 기쁨을 맛볼 것이요, 비록 환난이 가득한 세상 속에서도 약속의 땅 가나안에 들어가 천국과 같은 삶을 누리면서 하나님께 영광 돌리게 될 것입니다. 샬롬!

| 판 권 |
| 소 유 |

아차산 기슭에서 에베레스트 정상까지

2013년 2월 1일 인쇄
2013년 2월 5일 발행

지은이 | 장영일
발행인 | 이형규
발행처 | 쿰란출판사

주소 | 서울특별시 종로구 이화동 184-3
TEL | 02-745-1007, 745-1301, 747-1212, 743-1300
영업부 | 02-747-1004, FAX / 02-745-8490
본사평생전화번호 | 0502-756-1004
홈페이지 | http://www.qumran.co.kr
E-mail | qrbooks@gmail.com
qrbooks@daum.net
한글인터넷주소 | 쿰란, 쿰란출판사

등록 | 제1-670호(1988.2.27)

책임교열 | 김영미 · 김유미

값 12,000원

ISBN 978-89-6562-427-1 93230

* 이 책은 2012년 8월 31일 출판된 것으로 개정판은 본사에서 출판된 것임을 알려드립니다.
* 이 출판물은 저작권법에 의해 보호를 받는 저작물이므로 무단 복제할 수 없습니다.
   잘못된 책은 교환해 드립니다.